国家社会科学基金青年项目（13CTY037）
成都体育学院中华国术院资助项目

龚茂富／著

武术文化

一种资源的创造性转化

Wushu Culture:
THE CREATIVE TRANSFORMATION OF RESOURCES

社会科学文献出版社
SOCIAL SCIENCES ACADEMIC PRESS (CHINA)

序

龚君茂富，邳州人氏。其地古称下邳，乃古今兵家必争之地，英雄豪杰聚集之乡，楚霸王会盟举义兵之所，关云长土山约三事之处；抗日战争徐州大捷，解放战争淮海战役战场。当年因建成都体育学院博物馆，余曾专赴彼处寻觅征集古代体育文物。茂富嘱其朋辈以"把子肉"待余。甫进餐馆，食者众多，络绎不绝。良久取肉而归，但见土制陶碗盛大肉数块，厚两三公分，宽五六公分，长十余公分，肥多瘦少，见之骇然。挟肉进口，满嘴冒油，浓香绕舌，大呼过瘾。食之再索，告之每客限购一碗，想食下次再来。遥想古人到此，仰饮沛公酒，豪啖把子肉，食毕抹嘴摔碗，拎刀出门，白云飞扬，高歌大风，壮士横行，血染沙场！

高岗深涧必有虎啸龙吟。茂富习武出身，豹眼浓眉，阔口直鼻，虎背熊腰，英气逼人。余观其演武，或拳或剑，或棍或刀，大开大阖，刚猛无俦，闪展腾挪，气势磅礴。兼善摔拿、传统弓射之道。其弓开泰然自若，矢发雷奔电掣，真壮士哉！时余在北京体育大学任体育新闻传播学博士生导师，茂富造访欲从余攻读博士。余闻之甚讶，盖在体育学科，余属"学科"，彼属"术科"，学科专业颇不相干。但茂富之意甚坚。余由是告之：余师承蜀中著名历史学、考古学和道教学者王家佑先生一脉。家佑师之学术传自近代史学大师蒙文通及青城道教宗师易心莹。欲从余学，须遵师门做人原则与治学方法。做人原则，唯仁、忍、韧三字。治学之道，务真、务实、务用而已。茂富允之，遂收为弟子，屈指已十余年矣。

茂富以"术科"入"学科"，知识理论技能更新转型困难不可谓不小。

余嘱其当以武学为体，以历史学、传播学、社会学、文化人类学诸学科理论方法为用，"术"以载"学"，"学"以证"术"，"学""术"合一，以期有成。余又为之定下"青城山道家武术传播"研究方向，以当今"青城道家武术"为旗号的民间武术为研究对象，综合运用文献、口述、田野调查等方法研究其历史脉络、观念形成、结社方式、技术特征、符号生产、仪式行为、公关建立、生存样态，以及这些民间武术组织及个人如何运用活动传播与现代媒体进行包装、宣传、推广等。这一课题所涉及的理论、方法、技术皆茂富此前未曾涉猎，难度甚大。茂富志气坚韧，锲而不舍，不惧艰辛，对青城武术进行了深入调查，与民间武术家建立了良好的关系，获得了大量一手资料。数年之功，终于有成，顺利完成了博士论文《中国民间武术生存现状及传播方式研究》并获得评审答辩专家一致好评，也为自己今后的研究奠定了基础。

茂富学成后任教成都体育学院，继之赴美国常春藤名校康奈尔大学进行博士后深造，功力益进，境界渐高，硕果累累，先后发表十数篇学术论文及《中国民间武术与社会变迁：基于四川地区民间武术的研究》等专著，年未及不惑已递升教授、博士生导师，为一代学术之栋梁矣。此诚师门有幸，亦为本门后学之楷模。

余观茂富新作《武术文化：一种资源的创造性转化》，该书延续彼之传统武术文化研究路子，但其视角已经从微观转向宏观，从对一个起源于西南腹地武术门派的观察分析入手，进而对一个地区武术历史文化进行探索，再拓展至更广阔的武术文化资源的考察。通过该书，能看到"遭遇西方"的中国传统武术的现代化命运非仅"冲击—回应"可以诠释。茂富通过把梳当代武术发展的社会机遇、演进脉络、转化逻辑及其结果影响，将武术文化资源置于"文化与强国"的宏大叙事中进行考察，探讨其超越具体文化结构的可能性，力图揭示传统武术文化资源的内生性动力，阐释武术作为一种文化资源之于当下的重要意义。这无疑有助于加深国人对自身文明所处境况的理解与认知。

阅茂富新作，余甚感欣慰。彼能以"术"为基，以"学"为用，以多学科理论为支撑，解构武术文化资源内部运作的微妙结构关系，呈现当代武术文化资源的诸种形态与联系，以崭新而深刻的方式串联起了各个迥异的主题，跨越了多个领域，提供了一种传统武术文化复兴的思路与方法，亦显示茂富丰厚学术功底与素养。

先师王家佑先生曾嘱余：做人做事，实为一体。做人即做事，做事即做人。余观茂富之做人做事，颇合先师之教诲。《论语》有言："士不可以不弘毅，任重而道远。仁以为己任，不亦重乎？死而后已，不亦远乎？"茂富正当华年，宜修身治性，劳心苦志，大志坚韧，继续精进，以期不负使命，终得大成。

天谷散人 郝勤

癸卯年四月于不三不四斋

前　言

武术文化是中华优秀传统文化的代表。如何推进武术文化资源的创造性转化是促进文化强国建设、推动武术文化发展面临的重要问题。为进一步推动文化强国建设进程中武术文化资源的创造性转化，本书对武术文化资源创造性转化的关键、转换路径等问题展开深入研究，这既是为推进实现文化强国以及体育强国提供必要的理论探索，又是为保证传承民族文化血脉而采取的实际步骤。

本书以文献资料法、田野调查法、问卷调查法以及专家访谈法为核心，同时辅以历史分析法、逻辑分析法等研究方法，在定性与定量相结合、整体研究与重点分析相结合、理论分析与实地调研相结合的基础上，重点对武术文化资源的概念、内涵、特征、价值及其评估等方面进行了深入的探讨与厘定，建构了武术文化资源价值评估的指标体系。在此基础上，本书选取当前文化强国建设进程中表现较为典型的武术文化遗产资源保护、学校武术教育、武术文化资源与城市文化建设以及地方社会发展中的武术文化资源转化机制或模式等问题进行了具有洞察力的辨析，指出了存在的问题，提出了切实的应对策略。根据武术文化资源的现实表现，本书总结提炼了武术文化资源的"文化传承型"模式、"文化资本型"模式、"文化产业型"模式、"文化整合型"模式以及"健康转化型"模式等五种转化类型模式。在此基础上，本书提出基于"积淀式创新"和"返本开新"相结合的模式来统领创造性转化，建立基于国家、社区、社团、企业、个体的综合创新机制，以推动武术文化资源实现创造性转化，承担起武术文化资源在文化强国建设过程中的责任，用世界眼光明确未来走向，完成创造性转化与创新性发展。

本书共由八章组成：第一章为导论，对选题意义、研究目标、研究框架、国内外研究现状、基础概念界定等方面进行了交代；第二章对武术文化资源的概念、内涵、多维构成以及价值呈现进行了分析；第三章围绕武术文化遗产资源的保护与开发，对武术文化资源创造性转化问题进行了阐释；第四章细致地审视了武术文化资源在青少年学校教育中的转化问题与症结所在；第五章基于成都市的"太极蓉城"个案，通过定性分析和量化统计相结合的方式对城市建设中的武术文化资源开发利用问题进行了研判与分析；第六章将论述的重点转向区域武术文化资源与地方社会发展的关系问题，对中国武术文化资源的区域聚集、资源整合、开发模式等方面进行了探讨；第七章对武术文化资源的创造性转化的模式、机制与路径选择进行了讨论；第八章是结语，简洁地提出了本研究的具体观点和结论。

本书认为，武术文化资源的创造性转化是一个复杂的系统化问题。在时间和空间维度，武术文化资源创造性转化都有着精彩的展现。在文化强国建设语境下，武术文化资源已经成为社会资源的重要构成部分和经济发展产业链中不可缺少的重要环节。对价值以及对价值转换的关注，始终是本书探寻武术文化资源创造性转化无法离开的核心基点。武术文化资源在经济、文化、社会、精神、历史、审美、健康等价值领域都非常理想地进行了价值增值的创造，基于此本书建立了武术文化资源价值评估指标体系，试图在武术文化资源开发中兼顾经济效益和社会效益，推进武术文化资源进行更加科学有效的转化。通过对武术文化资源在文化遗产保护、青少年学校教育、城市文化建设、地方社会发展等诸多领域创造性转化的不同表现形式与价值发挥的研判与分析，本书指出了武术文化资源转化在这些方面取得的相应成就、存在的问题以及需要采取的相应策略。本书还指出基于促进文化强国建设的武术文化资源创造性转化的模式、机制以及路径选择，即坚持文化自信，深度融入文化强国建设进程之中，为中华民族复兴凝聚武术文化力量；坚守武术文化传统，又要不断创新，融入社会的现代化进程；坚持融入人们日常生活，重建武术文化资源创造性转化的生成逻辑；坚持世界眼光，面向全球推进武术文化资源的创造性转化。唯有如此，武术文化资源才能在文化强国建设进程中最大限度地实现从文化逻辑向资本逻辑的转化。

目 录

第一章　导论 ··· 001
　第一节　文化与强国 ·· 001
　第二节　何为文化资源 ··· 005
　第三节　文化资源与文化资本 ·· 008
　第四节　文化资源创造性转化的中国思考 ·································· 010
　第五节　武术、文化与文化资源：武术文化资源观的形成 ············· 015
　第六节　主要研究内容与研究方法 ··· 021

第二章　武术文化资源的多维构成及其价值呈现 ··························· 027
　第一节　武术文化资源的概念与内涵 ·· 027
　第二节　武术文化资源的特征 ··· 031
　第三节　武术文化资源的表现形态与多维构成 ···························· 034
　第四节　武术文化资源的价值及评估 ·· 040

第三章　武术文化遗产资源的保护与开发 ···································· 060
　第一节　武术物质文化遗产的保护与开发 ·································· 061
　第二节　武术非物质文化遗产的保护与开发 ······························· 079

第四章　武术文化资源的教育转化 ··· 093
　第一节　武术文化资源教育转化的历史寻踪 ······························· 093

第二节　先秦至民国时期武术文化资源教育转化过程中的价值实现 …………………………………………………………… 123
第三节　当代武术文化资源教育转化的发展及困境反思 ……… 137

第五章　城市建设中的武术文化资源：太极与成都 …………… 156
第一节　在成都发现太极拳 ………………………………………… 157
第二节　一个城市文化品牌的提出："太极蓉城" ……………… 159
第三节　"太极蓉城"建设与武术太极文化资源的开发与利用 … 166
第四节　武术太极文化资源之于城市建设的价值创造 ………… 176
第五节　"太极蓉城"折射出的武术文化资源的转化困境反思 … 183

第六章　区域武术文化资源与地方社会发展 …………………… 186
第一节　中国武术文化资源的区域聚集 ………………………… 187
第二节　区域武术文化资源整合 ………………………………… 196
第三节　区域武术文化资源开发的模式 ………………………… 212

第七章　武术文化资源创造性转化的模式、机制与路径选择 … 222
第一节　武术文化资源创造性转化的模式 ……………………… 223
第二节　武术文化资源的创造性转化："积淀式创新"
　　　　与"返本开新" …………………………………………… 228
第三节　武术文化资源创造性转化的机制创新 ………………… 231
第四节　武术文化资源创造性转化的发展方向与路径选择 …… 233

第八章　结语 ……………………………………………………… 237

参考文献 ……………………………………………………………… 241

后　记 ………………………………………………………………… 247

第一章

导论

第一节 文化与强国

  文化可以对国家认同、人民的价值观、生活幸福感等方面产生深刻影响，也能够创造出国家发展需要的经济与社会效益，因此它是民族的血脉和灵魂，没有哪一个国家和民族不重视文化的传承与发展。以"世界文化旗手"自诩的法国早在1959年就在戴高乐总统的支持下创建了文化部，并树立了"培养法国人民发明与创造的能力、自由表达才华和接受艺术教育的机会；为人民保存国家、地方或各种社会团体的文化遗产；鼓励艺术创作，促进法国艺术文化与世界文化的自由对话"的崇高使命。无论哪一届法国政府都有强烈的文化责任担当，将文化发展视为一项关键性事务，始终将文化资产的保存与活用、当代创作与展演的扶持推动、艺术教育与个人文化活动习惯的养成、法国文化在国际上的发扬，以及全民共享文化成果等作为国家文化的发展目标。[1] 法兰西民族对文化的重视不仅仅停留在政策层面，1996年的《文化政策再造》报告显示，法国文化预算保持在政府总预算的1%已经成为全国性共识。[2] 十年后的2006年，仅巴黎的文

---

[1] 〔法〕Pierre Moulinier：《44个文化部：法国文化政策机制》，陈羚芝译，台北：五观艺术事业有限公司，2010，第1~17页。

[2] Jacques Rigaud, *Pour une refondation de la politique culturelle*, Paris, La Documentation français, 1996, pp. 174–175.

化预算就高达 2.6 亿欧元。① 与法国不同，美国没有文化部，但是美国采用在本土和全球之间双向运行的文化体制，创造了举世瞩目的文化发展成就，使美国文化一举成为世界的主流文化。这是美国精心策划的结果，美国制定并实施了以确立自身全球霸主地位为目标的国际文化战略，并不断地调整其文化战略和战术，以维护美国的霸权地位。为什么没有文化部的美国文化能影响全球？法国学者费雷德里克·马特尔为了解开这个谜，在历时 4 年考察了美国 110 个城市后，认为美国文化发展运作过程中有一个看不见又无处不在的政府在起作用，依靠市民社会获得了源源不断的文化活力，形成了多样性的文化模式。② 同样作为发达国家，日本在进入 21 世纪后，文化战略成为国家战略的重要一环。日本在探索构筑文化战略的过程中，通过制定与发布一系列相关法律、法规、政策和文件，确立了明确的国家文化战略，形成了包括文化振兴、文化产业和文化外交在内的三位一体战略推进机制，并取得了令人瞩目的成效。③ 日本在以文化立国的实践中，尤其重视文化资源，并将其作为日本文化振兴战略的重点。日本政府将传统文化与现代生活的各个方面，如武士道、歌舞伎、能乐、茶道、卡通、游戏、街道、景观、食品、遗产等，都视为文化资源。同时，日本政府认为日本文化资源不仅存在于大城市，而且在地方也异常丰富。日本宽广的文化资源视野，将日本带入自信的"文化资源大国"行列。这一定位来自日本政府的文化资源战略观，在它们看来，文化资源具有特别的价值，应对文化资源进行重新评估，加以有效利用，并向海外传播，以提升日本魅力，树立日本文化大国形象。

作为东方文明古国，中国历来重视文化发展问题。但是，中国把文化上升到国家战略层面的文化自觉还是比较晚近的事情。在长期实践和理论探索基础上，2011 年，党的十七届六中全会明确提出了"建设社会主义文化强国"的战略目标。2012 年，党的十八大又发出了"扎实推进社会主义

---

① 〔法〕费雷德里克·马特尔:《论美国的文化:在本土与全球之间双向运行的文化体制》，周莽译，商务印书馆，2013，第 432 页。
② 〔法〕费雷德里克·马特尔:《论美国的文化:在本土与全球之间双向运行的文化体制》，周莽译，商务印书馆，2013，第 430~460 页。
③ 崔世广:《21 世纪初期日本的文化战略探析》，《日本文论》2019 年第 1 期。

文化强国建设"的动员，同时指出，建设社会主义文化强国要建设优秀传统文化传承体系，弘扬中华优秀传统文化，增强全民族文化创造活力。这标志着中国政府的新文化观逐渐走向成熟。

2017年，党的十九大报告进一步指出，"坚定文化自信……激发全民族文化创新创造活力，建设社会主义文化强国"。文化兴则国运兴，文化强则民族强，这成为中国政府和人民在当代的新共识。2020年，党的十九届五中全会明确提出到2035年建成文化强国。文化强国建设时间表的确立，标志着中国共产党对文化建设重要地位及其规律认识的进一步深化，表明中国政府对文化建设规律和重要作用的认识达到了新高度。中国再次吹响了深入推进社会主义文化强国建设的号角，并为继续推进社会主义文化强国建设提供了重要遵循。中国政府在2021年出台的《中华人民共和国国民经济和社会发展第十四个五年规划和2035年远景目标纲要》指出，要"深入实施中华优秀传统文化传承发展工程，强化重要文化和自然遗产、非物质文化遗产系统性保护，推动中华优秀传统文化创造性转化、创新性发展"①。不难发现，近些年来中国政府在文化事业上关注颇多，政策供给达到历史新高，发展成果也十分引人注目。在正本清源、守正创新中，中国文化的创造性转化与创新性发展不断取得历史性成就。中国正在发生的前所未有的文化事业变革与突破为其文化资源再生产提供了绝佳环境的同时，也昭示出这一新时代的文化强国运动需要更多的文化资源投入。

历史悠久、传承有序的中国武术是中华民族"活化石"般的文化遗产，也是文化强国建设可资利用的特色文化资源。建设文化强国、实现民族复兴，需要内在的文化基因和文化链接，需要对传统文化资源进行创造性的资本转化。因此，中国武术文化资源在文化强国建设中将发挥越来越重要和特殊的作用。从建设文化强国背景的复杂系统中选取中国武术文化资源的资本转化问题进行探讨，以促进文化强国建设正是本书的立意之

---

① 《中华人民共和国国民经济和社会发展第十四个五年规划和2035年远景目标纲要》，中国政府网，2021年3月13日，http://www.gov.cn/xinwen/2021-03/13/content_5592681.htm。

所在。

20世纪初以来,武术以前所未有的姿态在强国强种、改造社会等方面发挥了重要作用,被誉为"国术""国粹"。武术引起了学术界以及社会的广泛关注,研究领域涉及面广,成果丰硕。中国武术文化资源丰富,但并没有得到应有的重视和充分的资本转化,甚至有些武术文化资源被忽视和遮蔽。武术文化资源资本转化的不足,导致其难以满足文化强国建设的需要,也难以发挥在促进体育强国以及社会发展方面的应有作用。因此,如何进一步推动中国武术文化资源的创造性转化成为新时代不得不思考的问题。在此,进一步研究武术文化资源创造性转化的关键问题、转换路径,既是为推进实现文化强国以及体育强国提供必要的理论实践,又是为保证传承民族文化血脉而采取的实际步骤。

对武术文化资源创造性转化展开探究具有丰富的理论与现实意义。首先,对武术文化资源向文化资本转化进行研究,为推动文化强国建设提供具有可操作性的政策建议。尽管文化强国建设提出已久,但文化强国战略目标的实现路径等微观层面的政策措施仍不够明确。我们需要通过对武术文化的深入研究,为传承与弘扬中华优秀传统文化提供切实、科学的建议。其次,研究可以挖掘潜在的武术文化资源,实现其价值再生产与增值,增强武术文化的创造活力。自觉地认识到中国武术的独特地位和价值,自觉地担当起中国武术文化资源创造性转化的历史重任,不言而喻,这对于增强民族文化创造活力具有重要意义。最后,本研究还彰显出明确的学术价值。第一,在特定条件下,本研究将探索实现武术文化资源创造性转化的路径。建设文化强国,将打破我国文化资源发展的现有格局,武术的发展将面临新的机遇。弘扬武术传统文化,不仅要传承武术文化传统,更要实现由文化逻辑向资本逻辑的转化。本研究将找到适合的路径,并贴合一定的理论与实践基础。第二,本研究将立足国情,探讨实现武术文化资源资本化转化的模式。实现武术文化资源向文化资本的转化,面临不同的要求与问题,通过创造性转化来实现武术的价值增量效应,是一种有益的研究尝试,在学术上具有积极的理论价值。第三,在文化强国建设背景下,本研究将尝试对武术文化资源的统筹发展展开探讨。本研究综合运用体育学、社会学、传播学、文化经济学、管理学等学科理论知识，从系统工程的角度研究武术文化资源在文化强国建设过程中的统筹发展与创新，拓展该领域的研究。

第二节 何为文化资源

20世纪90年代以来，文化资源的重要价值逐渐引起了社会各界的重视，学术界对文化资源概念的认知与理解不断走向深入，文化资源学逐渐成为一门显学。但由于相关研究逻辑起点的不同以及研究立足点的差异，人们对文化资源概念的界定尚未达成共识。

文化资源是由"文化"与"资源"连接而成的合成词，文化属性与资源属性构成了文化资源的两大核心属性。"文化"本身的复杂性与多样性，导致了文化资源多样化的语义内涵。① 在文化属性方面，文化资源更多地表现为某种文化形态。从现有的文化定义看，文化形态异常丰富，包括各种有形物质的表现形式，如相关的技术、组织、制度、历史、知识、信仰、道德、艺术、法律、习惯、思想、价值观、符号等，以及从事文化生产与再生产的各类专门性人才，不一而足，大致可以归类为物质文化资源、精神文化资源、文化人才资源、符号性文化资源等。英国学者爱德华·伯内特·特纳在1871年给文化下定义的时候也强调了文化的不同形态。以一种文化形态为表征的文化资源是在人类社会漫长历史发展过程中所积淀凝聚而成的，它通过文化的创造、积累和延续所形成，表现为一种

---

① 庞朴先生曾经指出："关于文化，在这门学科的历史上面，有人统计已有160几个定义了，这其中还不包括中国的。如果加上中国的，大概有170多个。"参见庞朴《文化的民族性与时代性》，中国和平出版社，1988。美国的文化人类学家克罗伯（A. L. Kroeber）和克拉克洪（C. Kluckhohn）在《文化：概念和定义批判分析》（*Culture*：*A Critical Review of Concepts and Definitions*）这本书里，罗列了从1871年到1951年164种关于文化的定义。根据这些定义内容侧重点的不同，将其分为A~G，即描述的定义、历史的定义、规范的定义、心理的定义、结构的定义、发生的定义以及不完整性定义7种。参见 A. L. Kroeber and C. Kluckhohn, *Culture*：*A Critical Review of Concepts and Definitions*, Cambridge, Massachusetts, U.S.A, Published by the Museum, 1952, pp. 41 - 78。

能够满足人类精神文化需求的物质产品和精神产品。①

资源属性是文化资源的核心属性之一，文化资源也是资源的组成部分。早期，资源的概念来自经济学，即满足人类生产生活的各种要素的总和，包括物质资源、社会资源和文化资源等，它们可以被开发利用，创造出财富。人们对资源的理解是从物质资源向社会资源以及文化资源逐渐扩展和加深的。资源的构成日益多样化与复杂化，将文化视为可以创造价值与财富的资源是资源观念的新发展。文化资源的转化过程本身就是文化再生产与价值的增值，对文化资源进行创造既产生了经济财富也产生了文化财富。文化资源与物质资源截然不同，它主要是伴随着人类生产生活过程积累形成的。文化资源蕴藏在历史文化传统之中，存在于社会文化现状之中，弥散在整个物质生产、精神生产的过程之中，它既以一种可感知的物质化、符号化形式存在，又以一种思想化、智力化、想象性的形式存在，主要以人为载体。② 资源是在一定的自然或社会环境下形成的，它的价值能够为人所利用，为人的发展提供服务。

目前，对文化资源的分类主要存在两种模式。第一种模式将文化资源一分为二为物质资源和精神资源。这一划分主要从广义文化的二分法定义演变而来。程恩富等提出，文化资源可以分为有形的物质文化资源和无形的精神文化资源。③ 物质文化资源包括一些有形的物质文化要素，比如特色鲜明的自然景观、有形的历史遗产和文物，以及用于文化生产的设施与设备等。精神文化资源主要表现为非物质文化遗产、精神传统、审美、价值观、教育、文化艺术、品牌等可以用于文化再生产的许多重要内容。这些也是文化软实力重要的组成部分。第二种模式是指胡惠林等在这个基础上，加入文化人才资源要素，将文化资源扩展为物质文化资源、精神文化资源以及文化人才资源，形成三分法模式。文化人才是文化领域竞争的最重要的资源，文化人才资源的引入无疑丰富了文化资源的结构，也使文化

---

① 姚伟钧：《文化资源学》，清华大学出版社，2015，第10页。
② 姚伟钧、任晓飞：《中国文化资源禀赋的多维构成与开发思路》，《江西社会科学》2009年第6期，第219页。
③ 程恩富主编《文化经济学通论》，上海财经大学出版社，1999，第5页。

资源的定义更为完整。文化主要是由人创造出来的，人本身也是文化产品创造与生产的核心组成部分，因此把人才放进文化资源也是合理的。但是很明显，三分法模式也并没有完全覆盖文化资源的内容，比如制度、组织、符号等资源。对文化资源的二分法或三分法模式，存在讨论界域过宽或覆盖面不够的问题，在分析性与可操作性上打了折扣，不利于我们后面对武术文化资源进行透彻分析与操作。

"文化"的众说纷纭的确给文化资源的界定带来了不少困难。澳大利亚学者戴维·思罗斯比（David Throsby）从经济学角度对文化资源展开分析时也苦恼不堪。尽管本部分的重点并非"文化"的概念，也无意对"文化"概念展开进一步讨论，但由于思罗斯比在文化资源研究方面的代表性，笔者不得不引入他对文化的理解，以促进我们对文化资源的界定。他在《经济学与文化》一书中说道："尽管存在种种困难，仍然有可能将文化定义的范围提炼为两个层面，这两个层面实为'文化'的双重含义。"在第一个层面，思罗斯比认为可以使用广泛的人类学与社会学框架下的"文化"来描述一整套为某一类人所共有或共享的态度、信仰、传统、习俗、价值观和惯例。这样有助于考察文化在经济绩效中的作用、文化和经济发展之间的关系等论题。在第二个层面，更侧重于实用方面的考虑，表现为与生活中的智力、道德和艺术方面相关的人类活动与活动成果。此处的文化与促进心智开发及教育的活动相关，而与纯技术或职业技能的获得无关。[①]

思罗斯比对文化及其资源属性的解读无疑对本研究有着积极的借鉴意义，但他强调对技术与职业技能的否定与舍弃是无法接受的。技术与技能本身的资源属性非常鲜明，也是非物质文化的重要组成部分，对武术而言尤其如此。不建立在武术技术或技能基础之上或与之紧密联系的武术文化资源都容易落入玄谈的陷阱。

综合来看，从结构主义的视角引入文化的物质、制度、精神三层次结构来分析文化资源才能进一步完善对文化资源的理解。文化资源的物质与精神层面前文已交代得比较清楚了，这里从制度层面对文化资源再稍做阐

[①] 〔澳〕戴维·思罗斯比：《经济学与文化》，王志标、张峥嵘译，中国人民大学出版社，2011，第3~4页。

释。制度文化资源主要是介于物质文化资源与精神文化资源之间的一种文化资源形态，表现为组织、行为规范、准则、道德、民俗、信仰、社会关系资源等，它反映出相应人群的观念、思想与心态等。

不难看出，文化资源是人类在漫长的社会生活过程中所创造、积淀、传承，并能够借以用来进行再生产和增值的各种物质、制度、精神、人才等客观存在的总和。

第三节 文化资源与文化资本

1973 年，法国思想家布尔迪厄（Bourdieu）首先提出了文化资本（cultural capital）概念。随后，诸多学者对其进行了深入探讨，由于研究立场的差异以及侧重点的不同，形成了对文化资本这一跨学科概念的不同理解，相关代表性研究整理如表 1-1 所示。

表 1-1 国外文化资本理论研究主要观点与问题

代表人物	布尔迪厄（Bourdieu）	古尔德纳（Gouldner）	思罗斯比（Throsby）
代表作	《文化生产与社会再生产》《资本的形式》	《新阶级与知识分子的未来》	《什么是文化资本》《经济学与文化》
侧重点	用资本考量资源分配差异以及权力的支配和再生产	用文化资本解释新阶级的崛起和社会结构力量的变化	用文化资本构架经济学和文化之间的鸿沟
主要贡献	将资本概念引入社会学领域，首次提出文化资本概念	提出文化资本取代物质、货币资本成为社会统治的基础	将文化资本引入经济学，使其成为文化经济的基础理论工具

布尔迪厄是文化资本研究的代表性人物之一，他在文化资本领域最具代表性的成果是《文化生产与社会再生产》与《资本的形式》。布尔迪厄将资本概念引入社会学领域，用以分析社会资源分配的差异以及权力的支配和再生产等问题。他最初是在研究教育问题的过程中把文化资本作为一种理论假设而引入研究的。布尔迪厄把马克思的资本概念进行外延，把确保收益的权力关系扩大到了经济生活之外的社会、文化、符号等领域。在布尔迪厄的三种资本形式划分中，文化资本可以与经济资本和社会资本实现转化，但经济资本是根源。他认为我们必须假定经济资本是其他类型资

本的根源。① 尽管布尔迪厄没有明确提出文化资本的定义，但他阐述了文化资本的三种存在形式：第一，内化的形式，即以精神或性情存在的形式，这需要通过教育来逐渐积累，随着人的生命终结而消亡；第二，客观化的物质形式；第三，制度化的形式。

布尔迪厄的文化资本思想在《文化生产与社会再生产》与《资本的形式》中形成了系统的理论，在其后续的著作如《实践理性》《实践感》《学术人》《国家精英》等中，他也探讨了文化资本积累的影响因素与社会功能，为该领域研究做出了重要的贡献，他的研究成果也成为文化资本研究的旗帜和标杆。

美国社会学家古尔德纳对后工业社会研究发现，旧的劳资关系已经无法再起到主宰作用，文化资本已经取代了旧的物质资本。他认为，社会上已经出现由人文知识分子和技术知识分子组成的新阶级，并引用文化资本来解释这个新阶级的崛起以及随之出现的社会结构力量的变化。他预测几个世纪以后，这一阶级将因为掌握的文化资本而一跃超过所谓的资产阶级，成为社会的"代言人"。与此同时，文化资本也将取代物质、货币资本成为社会统治的基础。

古尔德纳更强调文化资本的收益，他没有对文化资本、经济资本以及人力资本的区别进行详细解释。古尔德纳提出，新阶级的特殊文化就是可以为个人创造出大量收入的资本。② 这一点与布尔迪厄有很大区别，布尔迪厄认为文化资本往往首先作为一种符号资本而起作用。也就是说从文化资源到文化资本的再生产有其自身的发展规律，首先应该是符号的生产。古尔德纳的文化资本理论较为理想化，在实际应用中存在一定的困难，但他突出了文化资本形成中的知识分子、专业技术人员、大众知识人等主体的价值所在，引起了人们对文化资本的高度重视。

澳大利亚经济学家思罗斯比成功地将文化资本应用到经济学之中，用文化资本架构经济学和文化之间的桥梁，使其成为文化经济的基础理论工

---

① 薛晓源、曹荣湘主编《全球化与文化资本》，社会科学文献出版社，2005，第19页。
② 〔美〕阿尔文·古尔德纳：《新阶级与知识分子的未来》，杜维真、罗永生、黄薏瑜译，人民文学出版社，2001，第16页。

具,产生了较大的影响。思罗斯比认为,从文化资源中衍生出的文化产品兼具文化价值和经济价值的特性,是文化资本概念得以建立的基础,如果将文化产品仅看作传统类型的经济资本的产物,则不能充分解释其对人类发展和经济的影响。[1]在从布尔迪厄那里获得灵感的同时,思罗斯比将经济学中的"价值"要素引入文化资本,使其成为物质资本、自然资本、人力资本之外的第四种资本形式。在思罗斯比看来,可以将文化资本划分为两大类:一是有形的文化资本,诸如被赋予了意义的建筑、遗址、绘画、雕塑、工艺品等;二是无形的文化资本,主要指特定群体共享的思想、习惯、信仰和价值观等,表现为文学、音乐等公共商品的艺术品。在某种意义上,思罗斯比有时将文化资本与文化资源进行置换,但他并没有很好地解释清楚这二者之间的互动关系。

作为文化资源向文化资本转化的中间环节,整合环节也受到了部分学者的关注,他们更多关注文化资源与旅游、城市建设、经济发展中价值的发挥,较为一致地认为要有效整合文化资源,加强旅游文化产品的针对性和适应性,重视文化在加强城市形象和经济中的重要作用。[2]

第四节 文化资源创造性转化的中国思考

中国文明未曾中断,其主要原因在于中国善于在不断地传承自身文化并坚持吸收外来有益文化的过程中实现对文化资源的创造性转化。中华民族的当代复兴与中国特色社会主义市场经济的深入推进,让文化资源的资本属性在中国的现代化进程中进一步被深入洞察。在市场经济环境下,中华文化的影响力逐渐被人们所感知,文化在区域经济发展中的作用逐渐受

---

[1] 陈镭:《文化资本与北京文化创意产业》,社会科学文献出版社,2018,第28页。
[2] P. Bendixen, "Cultural Tourism—Economic Success at the Expense of Culture?" *International Journal Cultural Policy* 4 (1997): 21–46; S. Britton, "Tourism, Capital and Place: Towards a Critical Geography of Tourism," *Environment and Planning D: Society and Space* 9 (1991): 451–478; R. Verhoeff, "High Culture: The Performance Arts and Its Audience in the Netherlands," *Tijdschrift voor Economische en Sociale Geografie* 85 (1994): 79–83.

到重视。一些学者甚至提出了"文化就是产业""文化就是经济"的论断。① 有学者提出了"文化力"的概念，并把文化力与经济力、政治力并列为推动社会主义现代化建设的三种根本力量。"文化力"主要包含四个方面的内容：一是智力因素，二是精神力量，三是文化网络，四是传统文化和传统美德。文化力是市场经济发展的内在驱动力。② 文化力是基于对市场经济和国家综合国力的考量而提出的概念，含有文化资源转化思维，不仅没有局限于经济层面，还涉及了精神与道德等层面。文化力与文化资源既有相同之处又不完全相同，不过这个概念的提出表明文化资源已经在中国受到了前所未有的重视。

儒家文化是中华传统文化的核心与要义，儒学内部蕴含着中国现代化发展所需要的丰厚传统文化资源。儒学的当代复兴以及儒学的现代转化，在理论和实践两大领域都取得了积极的成效，因而也成为中国传统文化资源创造性转化的表征之一。在西方文化的强势冲击下，作为儒学基础的社会结构发生了巨大的变化，儒家文化因此也面临生存挑战与危机。杜维明先生提出，儒学面临的最大危机是在中国新文明秩序的建构过程中，在人间伦理秩序的建构方面，能不能提供现实的精神资源。儒学的复兴在于能否对西方文化的强势冲击提供有创见性的回应，儒学内部能够进一步发展或转化。③ 因此，如何推进儒家文化的创造性转化、如何挖掘儒家传统文化的价值、如何充分利用儒家文化资源，以回应人类永久性生存的重大问题，推动世界文明的发展以及儒学自身的复兴与重建，已然成为当代新儒家孜孜以求的重要目标。

从以梁漱溟、熊十力、马一浮、贺麟等为代表的第一代新儒家，到以唐君毅、冯友兰、牟宗三、徐复观、钱穆、张君劢等为代表的第二代新儒家，再到以杜维明、成中英、刘述先为代表的第三代新儒家，他们不断探寻并推出儒学的新形式、新义理、新观念，以促进儒家文化的创

---

① 胡兆量、阿尔斯朗、琼达等编著《中国文化地理概述》，北京大学出版社，2001，前言。
② 贾春峰：《"文化力"论》，《东岳论丛》1998年第6期，第19~22页。
③ 杜维明：《关于传统文化创造性转化的几点思考》，《中央社会主义学院学报》2019年第4期，第102页。

造性转化。第一代新儒家如梁漱溟等,设想的是如何以中国文化,即儒家精神之体吸收和接纳西方的民主与科学的价值观;第二代新儒家则进一步考虑如何从儒家精神之体中开出民主与科学的新外王,"良知坎陷""反本开新"都是这个意思;而第三代新儒家心目中的儒学发展则是对西方文化的挑战做出"创建性的回应"并进行创造性综合。依据综合的结果所形成的第三期儒家文化不仅是中国文化而且是世界文化;不仅是现代文化而且是后现代文化;不仅是对西方文化挑战的回应,也是对它的批判和挑战。① 儒家文化在每一个发展时期中均展现了积极的价值,推动了社会的进步,儒学发展的历史就是很好的明证。在第一期儒学历史发展中,儒家文化走出发源地曲阜,经历从先秦到汉代的数百年发展,成为中原文明的主体;在第二期儒学历史发展中,以宋明儒学为代表的儒家文化走出中国,走向海外形塑了东亚文明,其中的朱子学、阳明学影响了包括韩国、越南、日本在内的整个东亚地区;第三期儒学正在形成与发展之中,需要走向世界,促进不同文明之间的对话交流,回应人类发展遇到的重大问题是其创造性转化的宿命所在。杜维明先生指出,第三期儒学的转化需要讨论身心性命的基本问题,否则儒家的慧命就基本被抛弃了。②

儒家学者不断深入挖掘儒家文化资源,对儒家文化中的关键理念进行再定义和价值开掘,试图给这个世界找到正确的方向,杜维明先生在这方面无疑是领军人物。他关于儒家文化资源转化的文章见地深刻,例如他在《儒家传统的现代转化》一文中指出,儒家的恕道(己所不欲,勿施于人)和仁道(己欲立而立人,己欲达而达人)可以作为全球伦理的基本原则,他对儒家文化核心价值"仁、义、礼、智、信"赋予了新的洞见,并对"圣王""三纲"进行了深刻的批判。③

新儒家尝试积极调动儒家文化资源,创造性地诠释儒学的精义,将儒

---

① 乔清举:《新儒家与儒学的现代转化》,《战略与管理》1994年第5期,第117页。
② 杜维明:《关于传统文化创造性转化的几点思考》,《中央社会主义学院学报》2019年第4期,第102页。
③ 杜维明:《儒家传统的现代转化》,《浙江大学学报》(人文社会科学版)2004年第2期,第5~10页。

家文化的终极关怀、道德理想等文化要素融入当代社会文化体系，乃至融入人类新文化体系。郭齐勇先生指出，现代生活非常复杂，发扬儒学在现代生活中的价值，必须实现儒学的创造性转化和创新性发展。① 对于在儒家文化的创造性转化中，如何将儒学与当代社会联系起来，充分调动儒学资源以回应时代的需求和挑战，成为这一议题的讨论核心。在实践层面，儒家学者正推动儒家文化走进日常生活，使儒家的仁、义、礼、智、信、忠、孝、廉、耻等儒学核心价值在国人的心中扎根，开创"生命儒学"之新，从而实现安立世道人心的转化目标。

从经济人类学的视角审视民族文化资源与民族发展的关系，让我们对中国文化资源创造性转化耳目一新。马翀炜对民族文化资源转化的社会背景、现实基础以及社会结构与文化权利、人力资本与地方性知识、文化变迁与发展空间、制度融合与社会发展等一些问题的关系展开了深入的探讨。他提出，民族文化资源进行资本转化的实践活动是民族发展可资利用的一种方式。运用民族文化资源的资本转化去获得经济利益是可能的也是必要的，而更为重要的意义在于这些实践活动还有可能是对规范经济运行规则的修改与制订，从而具有了争夺生存空间的意义，并且民族文化资源的资本转化的意义还在于对人类多种可能的生活方式的寻求。② 与其他研究者不同，马翀炜高度重视人力资本在民族文化资源资本转化过程中的重要价值，认为行动者本身对民族文化资源资本转化的成败具有重要意义。事实上，人不但是文化资源资本转化的受益者，也是文化场域中的资源向资本转化的过程中的主体。他强调民族文化资源资本转化的研究必须在重视人力资本的同时，更加关注人力资本得以实现的文化背景。积极地进行民族文化的资本化运用的实践，是使民族义化、民族的地方性知识成为人力资本的重要途径。③

中国西部民族文化的资本化运营引起了学者的专门性关注。李富强研

---

① 郭齐勇：《中国思想的创造性转化》，上海教育出版社，2018，第166页。
② 马翀炜：《民族文化资本化论纲》，《云南大学学报》（社会科学版）2004年第1期，第30~37页。
③ 马翀炜：《人力资本的经济人类学分析》，《广西民族研究》2003年第3期，第20~24页。

究指出，全球语境中民族文化资源资本化运营的意义在于可持续发展，同时让经济与文化嵌合是民族文化资源资本化运营的依据。① 李富强的研究强调了民族文化资源对于民族地区经济发展的重要性，但遗憾的是他并没有阐释清楚民族文化资源进行资本化运营的机制。李义杰从媒介的角度探讨了中国武术文化资源资本转化问题，其侧重点在于媒介如何作用并影响文化资源资本转化。② 该研究将武术文化资源当作典型的中国文化资源形态进行分析，基于此论述了媒介对武术文化资源资本转化的"价值维度和形态维度"以及符号、经济、文化价值转化的形态构成，探讨了媒介视野下武术文化资源资本转化的机制和模型，对本研究具有一定的参考价值，是值得关注的研究成果之一。类似的研究还有徐金龙的《从资源到资本——民间文学与国产动漫的整合创新研究》③、孙京海的《旅游资源资本化研究》④ 等。

在针对民族文化资源资本转化的研究中，陈庆德教授提出了民族文化资源资本转化的三个层面的论题：第一个层面是民族文化资本化属于历史的事实；第二个层面是民族文化资本化既生成于"边缘"参与"主流"的过程中，也强调了不同的民族共同体只有在"参与"中才能获得自我保护与生存的基本条件；第三个层面则是文化或制度的融合与创新。⑤ 民族文化资源是怎样进行资本转化的呢？有研究者提出，民族文化资本化离不开文化持有者的文化自觉，离不开文化持有者的积极参与以及政府的政策支持。文化资本的生产及转化是文化资源的总动员过程，是在场域和行动者行为倾向等变量的共同作用下创造出来的。⑥ 这在一定程度上呼应了马翀炜所

---

① 李富强：《让文化成为资本——中国西部民族文化资本化运营研究》，民族出版社，2004，第29~40页。
② 李义杰：《媒介与文化资本——基于中国武术文化资源资本转换的研究》，博士学位论文，浙江大学，2012，第1~5页。
③ 徐金龙：《从资源到资本——民间文学与国产动漫的整合创新研究》，博士学位论文，华中师范大学，2011。
④ 孙京海：《旅游资源资本化研究》，博士学位论文，中国矿业大学，2010。
⑤ 陈庆德：《民族文化资本化论题的实质与意义》，《云南大学学报》（社会科学版）2004年第2期，第25~34页。
⑥ 李秉文、赵利生：《文化资本与民族地区城乡一体化》，《云南社会科学》2011年第4期，第62~76页。

提到民族文化资源转化过程中的人力资本。

综观中国文化资源的转化研究不难发现，民族文化资源的资本转化是热点所在。在民族文化资源资本化的过程中，政府是重要的参与因素，甚至直接扮演着核心的管理者角色，但政府的指导和调控行为也表现出一定的滞后性。几乎所有的研究都指向了经济财富，民族文化资源转化成推动地方社会经济发展的资本是文化持有者参与经济发展的一种方式。人力资本的价值体现还在于当事主体的文化自觉和文化参与是文化资源转化的重要条件。当然，在探寻文化资源转化的过程中，在经历经济发展、社会发展之后，人的发展最终也成为受关注的对象。文化资源不但是经济社会发展的一个支点，还是满足人性需求的要素。因此，非物质文化遗产也得到了这方面研究应有的关注，人的发展问题得到强化：人是文化资源的基本载体及创造者，人的现代化发展是推进文化资源积累和实现更好发展的关键。旅游往往是推动民族文化资源向经济资本转化的有效媒介。政府或企业的经济资本注入使文化资源向文化资本的转化变得更易于实现，但同时也带来了产权关系、主体性受挫等一系列困境。

文化资源转化的中国本土思考涉及的领域较为宽泛，其研究范式从最初的宏观研究逐渐向微观个案研究推进。这方面的研究探讨了传统文化资源创造性转化的困境与可持续发展、产权关系、文化资源转化的市场规律和价值转换、文化资本生成的权力建构逻辑和场域置换等现实问题，涉及文化学、传播学、文化产业、文化人类学、社会学等层面。在取得一系列成果的同时也存在研究视角受限、思维僵化、转化机制把握不够等问题。无论是在研究方法还是理论创新上都有待于进一步深入探究。

第五节 武术、文化与文化资源：武术文化资源观的形成

将文化引入武术研究或将武术视为一种文化的研究最早可以追溯至20世纪80年代末90年代初。将文化引入武术研究为武术文化观打开了一扇窗，武术的文化属性受到了学界的重视，围绕武术文化研究产生了一批重

要的学术成果，武术的文化价值、内涵等逐渐清晰起来。这一时期涌现了一大批武术文化研究的先行者，如旷文楠、郝勤、程大力、邱丕相、峻骧、程志理、李成银、路云亭等。其中，成都体育学院的旷文楠先生的研究最具代表性，他结合文化学与历史学视角，在1988年就发表了《中国武术文化的历史作用与地位》① 一文，深入梳理了武术文化的历史脉络，阐明了武术文化在中华文化中独特的地位与作用。随后他又连同郝勤、程大力等在1990年出版了《中国武术文化概论》② 一书，对武术的文化形态、哲学渊源，以及武术与兵家、宗教、中医、社会、娱乐、美学、文学等方面的关系进行了全方位的论证，该书直接确立了他在该研究领域奠基者与开拓者的角色和身份。一时间，武术文化成为武术学术研究的热门关键词。一批学者及时跟进，产生了一批具有影响力的学术成果。如，峻骧的《中华民族独特的人体文化——"武术文化学"刍议》③、程志理和谢坚的《武术的文化特征分析——武术文化的三层次》④、程志理的《武术与中国文化精神的几个侧面——武术文化论稿之四》⑤ 《武术文化之两极：实战性与仪式化——少林拳与太极拳异同略论》⑥、李成银和周培启的《论中国传统武术文化》⑦、李成银的《试论中国武术文化的结构》⑧、邱丕相的《中国太极拳修心养性的价值与修为的效果》⑨、路云亭的《中国武术文化三题》⑩、程大力的《中国武术——历史与文化》⑪、郝勤的《道教与武术》⑫ 等成果。

---

① 旷文楠：《中国武术文化的历史作用与地位》，《体育文史》1988年第4期。
② 旷文楠等：《中国武术文化概论》，四川教育出版社，1990。
③ 峻骧：《中华民族独特的人体文化——"武术文化学"刍议》，《体育文史》1989年第2期。
④ 程志理、谢坚：《武术的文化特征分析——武术文化的三层次》，《天津体育学院学报》1990年第1期。
⑤ 程志理：《武术与中国文化精神的几个侧面——武术文化论稿之四》，《天津体育学院学报》1991年第1期。
⑥ 程志理：《武术文化之两极：实战性与仪式化——少林拳与太极拳异同略论》，《天津体育学院学报》1991年第4期。
⑦ 李成银、周培启：《论中国传统武术文化》，《体育科学》1991年第3期。
⑧ 李成银：《试论中国武术文化的结构》，《体育科学》1992年第4期。
⑨ 邱丕相：《中国太极拳修心养性的价值与修为的效果》，《上海体育学院学报》1992年第1期。
⑩ 路云亭：《中国武术文化三题》，《山西大学学报》（哲学社会科学版）1992年第2期。
⑪ 程大力：《中国武术——历史与文化》，四川大学出版社，1995。
⑫ 郝勤：《道教与武术》，文津出版社，1997。

这一时期是武术文化观的形成时期，相关研究成果在研究类型上属于对武术文化特性进行阐释性与分析性的基础研究，研究方法上更多的是使用文献资料法与逻辑分析法。各研究成果对武术的文化定位达成了共识，对武术文化的概念、精神、本质、内在结构等进行了深入讨论。但是，武术的文化资源属性没有得到有效的认知。

随着武术研究的深入，武术的文化资源属性逐渐引起了研究者们的关注，但是资源意识仍然比较模糊，在研究上并没有表现出明确的文化资源指向。20世纪90年代初至2000年，武术的文化观仍在继续发展，部分学者仍在探寻武术文化的内蕴。比如，戴有祥等对武术文化中的传统哲理的探讨[1]、关文明对武术文化特征与发展前景的讨论[2]等。随着对武术认知的逐渐加深，人们在武术训练、武术教学、武术竞赛、武术走出去、武术入奥、武术史等方面的研究都有很好的发展。

值得注意的是，对武术价值展开探讨的研究成果也逐渐出现，主要集中在武术的教育价值、健身价值、社会价值、产业价值等方面。李连生指出，武术是中国传统的教育内容和体育项目，是中国民族文化的优秀遗产。武术教育主要包括两个方面：一是武德思想教育，二是身心健康教育。武术教育的价值是在思想得到教育的同时取得锻炼身心的效果。武术教育为增强中华民族的体质、丰富中华民族的文化、振奋民族精神、巩固加强国防建设和维护社会治安做出了巨大贡献。[3] 围绕武术对身体健康的促进作用也产生了很多富有价值的研究，其主题主要是武术健身的特点与作用、武术健身方法等。比较有代表性的成果有陈照斌的《武术进入全民健身体系的前景与展望》[4]、呼美兰的《浅论武术健身的特点

---

[1] 戴有祥、张晓林、王会儒：《论武术文化中的传统哲理》，《上海体育学院学报》1997年第3期，第8~11页。

[2] 关文明：《中国武术的文化特征与发展前景》，《华南师范大学学报》（社会科学版）1998年第4期，第107~113页。

[3] 李连生：《学校武术教育的价值及实施方法》，《教育评论》1990年第4期，第42~43页；李连生：《从中国武术教育的历史沿革谈武术教育的作用》，《教育科学》1990年第3期，第40~42页。

[4] 陈照斌：《武术进入全民健身体系的前景与展望》，《上海体育学院学报》1998年第S1期，第117~119页。

及作用》①、张明强和黄大伟的《试谈武术应成为我国人民的主要健身方法》② 等。在武术的社会文化价值方面,谢惠蓉论述了武术文化对民族文化心理的影响,指出武术文化对民族自立、自尊、自强和凝聚发展有着重要的作用。③ 王岗则从社会学理论出发,指出武术在社会控制、健康促进等方面具有积极的社会价值。④ 除上述各方面外,武术的产业化以及竞赛市场也成为探讨的议题之一。杨少雄和李碧珍研究认为,武术的商业化过程包括武术从业者的商品化与武术产业的产品及商业化过程两个方面。武术产业化发展具有消费群体庞大、民族情结高涨、市场资源丰富等优势,但武术产业发展非常滞后,不成规模与体系,难以适应市场经济的需要。武术竞赛活动还停留在搭台的配角阶段,其商业价值并未得到大多数人的认同。⑤ 张选惠对武术竞赛市场进行了专门性研究,指出我国武术竞赛市场尚处于启动阶段,不但市场规模小,而且市场主体弱。散手竞赛市场正在逐步形成,但套路竞赛市场尚待开发。社会武术竞赛活动大多停留在"武术搭台、经贸唱戏"阶段,武术只是推动经贸活动的手段,是搭台的配角,并未向经营的主体转化。⑥

对武术价值的关注与解读为武术文化资源的转化奠定了一定的理论基础,彰显出学术界把武术作为一种资源的理念正在形成。但由于此方面研究刚刚起步,所以相关研究仍缺乏深度,研究方法也较为单一,理论分析居多,实证研究偏少。

随着社会的发展和武术研究的深入,武术的文化资源属性逐渐清晰起来,进入21世纪,相关研究数量增长迅速,研究内容逐渐丰富,研究广度与深度逐渐拓展。笔者以"武术文化"作为关键词,对中国知网数据库进

---

① 呼美兰:《浅论武术健身的特点及作用》,《商丘师专学报》1999年第2期,第3页。
② 张明强、黄大伟:《试谈武术应成为我国人民的主要健身方法》,《北京体育大学学报》1999年第1期,第19页。
③ 谢惠蓉:《武术文化对民族文化心理的影响》,《山东体育学院学报》1998年第3期,第4页。
④ 王岗:《试析武术在现代化社会中的社会学价值》,《体育文史》1998年第3期,第3页。
⑤ 杨少雄、李碧珍:《论武术产业走向》,《体育文史》1999年第2期,第42~43页。
⑥ 张选惠:《试论武术竞赛市场》,第五届全国体育科学大会论文摘要汇编,北京1997年11月18日,第55页。

行检索。查询显示，2000年至2005年，有222篇相关研究成果发表，2006年至2010年，研究成果数量呈增长态势，共检索到391篇相关文章，从2011年开始研究成果数量增长迅猛，直至2015年，共有942篇文章发表。即使是从2016年至2019年，也有793篇相关成果问世。这与2011年党的十七届六中全会明确提出"建设社会主义文化强国"战略目标，并且随后该战略一直得以被重视与实施的宏观社会背景有密切关系。

综观这些研究，对武术文化的资源属性的理解更加深刻，相关成果更加务实，更多的是结合社会发展需要立足于本土的现实思考。研究侧重点主要集中在以下几个方面。

（1）武术文化在国家文化建设中的意义

康戈武、邱丕相、戴国斌等学者从国家文化建设的角度提出要将武术上升到国家文化战略高度。① 蔡仲林、王岗、郭玉成、冉学东、方国清等学者认为，中国武术是国家的典型文化符号，武术国际传播对于构建国家形象、推动文化输出、提升国家文化软实力与影响力具有重要作用。②

（2）武术文化教育与传承

栗胜夫、马剑、李龙、徐伟军、洪浩等学者较为一致地认为，武术承载着文化与教育使命，建议通过武术教育弘扬民族精神、提升身体修为、促进和谐社会建设。③

---

① 康戈武、邱丕相、戴国斌：《从文化好奇到文化战略》，《体育文化导刊》2004年第6期，第12~13页；邱丕相等：《武术文化传承与教育研究》，高等教育出版社，2011。
② 蔡仲林、汤立许：《武术文化传播障碍之思考——以文化软实力为视角》，《天津体育学院学报》2009年第5期，第379~382页；王岗、邱丕相、包磊：《重构学校武术教育体系必须强化"国学意识"》，《体育学刊》2009年第9期，第1~6页；郭玉成、刘韬光：《文化强国视域下武术国际传播方略》，《成都体育学院学报》2012年第4期，第7~11页；冉学东、王岗：《对中国武术文化"走出去"战略的重新思考》，《体育科学》2012年第1期，第71~76页；方国清、骆红斌：《中国符号：武术文化传播与国家形象的建构》，《首都体育学院学报》2012年第1期，第15~19页。
③ 栗胜夫、李富刚：《中华崛起进程中的武术演变与展望》，《体育科学》2009年第10期，第76~82页；马剑、邱丕相：《武术教育观需要一次境界跨跃：从技能教育转向文化教育》，《成都体育学院学报》2016年第1期，第46~50页；李龙：《历史学视野下的中国武术教育》，博士学位论文，上海体育学院，2007；徐伟军：《中华身体观视角下的武学修为》，《北京体育大学学报》2010年第9期，第1~3页；洪浩：《论中国传统武术现代化走向》，《成都体育学院学报》2012年第7期，第45~49页。

(3) 武术文化资源产业化

这部分研究主要集中在区域武术文化资源开发和武术文化产业化发展研究两个方面。韩雪、张小林、黄聪等学者提出了品牌化发展策略，并指出我国对现有的武术资源挖掘不够、武术市场的开发较为薄弱等问题。① 陈青讨论了城市与武术文化资源转化之间的密切关系，他指出城市具有天然的优势，能够有效地帮助武术占据城市人的生活空间，使其向着体育生活"器具"方向发展。②

(4) 武术与健康促进

杨建营、李源等学者从宏观角度强调了武术促进健康发展的生态化走向和武术促进健康的价值判断两方面内容。③ 施振文、倪红莺等学者从微观层面侧重于太极拳对体质健康、心理健康、辅助康复促进的健身机理研究。④

当前，有学者从市场和资源配置等传统经济学角度出发对文化资源到文化资本转化这一问题进行了有益探讨，为武术文化资源在文化强国建设中发挥作用提供了一定的理论支持。中国关于武术文化资源的研究取得了一定的理论成果，但总体上还处于起步阶段，仍然存在系统性研究偏少、研究领域不够全面、微观层面研究不够深入等缺陷，尤其是对武术文化资源资本化与经济学、管理学等学科的结合研究还有待加强。该方面研究应从以下几点做进一步努力与完善：一是加强对武术文化资源的系统研究，解决因视角不同出现的困境；二是注重结合文化强国建设的实际以及我国社会发展的宏观背景，把握武术文化资源资本转化的方向、目标与路径选

---

① 韩雪、杜胜林：《开发河南武术资源发展武术产业的战略思考》，《山西师大体育学院学报》2000年第3期，第82~83页；张小林：《峨眉武术文化资源开发与产业化运作的思考》，《西安体育学院学报》2009年第2期，第182~186页；黄聪等：《武术文化资本化与全球化语境下的武术发展》，《西安体育学院学报》2012年第6期，第702~705页。
② 陈青：《武术资源城市化》，《搏击》（武术科学）2010年第4期，第2页。
③ 杨建营、邱丕相、杨建英：《学校武术的定位及其教育体系的构建》，《山东体育学院学报》2008年第9期，第73~76页；李源：《从养生视阈论传统武术的价值与现代健身思想的契合》，《山东体育学院学报》2010年第3期，第39~42页。
④ 施振文、刘静、张龙龙：《太极拳运动与健身走运动对中老年人心理健康影响的比较》，《中国老年学杂志》2016年第14期，第3552~3554页；倪红莺等：《太极拳：老年女性体适能健康促进》，《中国体育科技》2013年第5期，第99~102页。

择等关键所在；三是深化对武术文化资源资本化的理论创新研究，将经验层面的认识提高到理论共性的高度。

第六节 主要研究内容与研究方法

本研究在对武术文化资源进行整体性的充分讨论与深入分析的基础上，针对武术文化遗产资源的保护与利用、武术文化资源在青少年学校教育中的价值发挥、城市文化建设中武术文化资源的转化、区域武术文化资源的聚集整合与开发等当前文化强国建设进程中具有代表性的武术文化资源创造性转化的样本和热点进行了分析。研究重在分析武术文化资源在这些不同类型的创造性转化中的逻辑展现与发展症结所在，并提供可操作性的应对策略，最终指明文化强国建设进程中武术文化资源进一步创造性转化的发展方向与路径选择。

一 主要研究内容

本研究的主要研究内容由以下几个部分构成。

第一部分是武术文化资源的概念、内涵、多维构成及其价值呈现，主要包括：武术文化资源的概念与内涵、武术文化资源的特征、武术文化资源的表现形态与多维构成、武术文化资源的价值及评估。

第二部分是武术文化遗产资源的保护与开发，主要包括：武术物质文化遗产的保护与开发、武术非物质文化遗产的保护与开发。

第三部分是武术文化资源的教育转化，主要包括：武术文化资源教育转化的历史寻踪、先秦至民国时期武术文化资源教育转化过程中的价值实现、当代武术文化资源教育转化的发展及困境反思。

第四部分是城市建设中的武术文化资源，主要包括：太极蓉城文化品牌的提出、"太极蓉城"建设过程中武术太极文化资源的开发与利用、武术太极文化资源之于城市建设的价值创造等。

第五部分是区域武术文化资源与地方社会发展，主要包括：中国武术文化资源的区域聚集、区域武术文化资源整合、区域武术文化资源开发的模式。

第六部分是武术文化资源创造性转化的模式、机制发展方向与路径选择。

二　主要研究方法

鉴于武术文化资源资本转化研究内容较为复杂、涉及面广，因此在研究方法的选取上以文献法、田野调查法、问卷调查法与专家访谈法为核心，同时辅以历史分析法、逻辑分析法等研究方法，在定性与定量相结合、整体研究与重点分析相结合、理论分析与实地调研相结合的基础上，开展研究工作。

（一）文献法

为获取参考资料进行必要的理论分析，本研究通过中国知网数据库、超星数据库、读秀中文学术搜索等网络数据资源库查阅期刊论文 1200 余篇，直接引用 230 余篇，参考 200 余篇，通过成都体育学院图书馆、四川大学图书馆、成都市图书馆、美国康奈尔大学图书馆、中国国家图书馆借阅或文献传递著作 110 余部，参考引用 40 余部，为本研究的顺利开展奠定了扎实的文献基础。

（二）田野调查法

本研究涉及的地理范围广泛，为了能够深入了解武术文化资源创造性转化，研究有重点地在国内选取了四川、重庆、河南、湖北、山西、广东等省市进行了田野调查。对国内的田野调查充分利用寒暑假以及周末等时间来安排进行，时间段较为集中的田野调查主要分布在 2014 年 1 月 20 日至 2 月 16 日、2015 年 7 月 23 日至 8 月 20 日、2016 年 1 月 18 日至 2 月 12 日、2017 年 7 月 20 日至 8 月 25 日。其中，2014 年 1 月 20 日至 2 月 16 日、2017 年 7 月 20 日至 8 月 25 日两个时间段的田野调查主要由课题负责人带领研究生完成，2015 年 7 月 23 日至 8 月 20 日、2016 年 1 月 18 日至 2 月 12 日两个时间段的田野调查主要由课题组其他成员完成。利用出国做博士后的机会，在 2015 年 2 月至 2016 年 2 月课题负责人对美国纽约州伊萨卡市进行了田野调查。在 2018 年暑假期间，根据结题报告撰写情况，课题负责人又带领研究生进行了必要的回访性调研。

在田野调查过程中，执行调查的课题组成员根据工作时间的安排尽可能地参与一些武术事件，如武术比赛、民俗活动、武术发展会议等，"设身处地"地洞悉事件的本质，或直接观察研究主体的日常，获得真切的直观体验。同时，在田野调查中执行对部分研究主体的深入访谈，为研究的开展提供第一手的实质性材料。通过田野调查，课题组获得了图片1000余张、有效访谈录音200余小时。另外，课题组还拍摄了大量的奖章、证书、县志等资料。这些都为课题的顺利进行奠定了扎实的基础。

（三）问卷调查法

本研究主要对武术文化资源价值评估指标体系的确定以及城市文化建设中武术文化资源转化的研究使用了问卷调查法。

1. 武术文化资源价值评估指标体系问卷调查

（1）武术文化资源价值评估指标体系问卷的设计

在专家访谈的基础上，课题组初步将武术文化资源价值评估指标体系的一级指标定为"经济价值"与"文化价值"，重点分析了武术文化资源的经济价值、文化价值、社会价值、精神价值、历史价值、审美价值六大价值，但接受该访谈的16位专家中的大多数认为一级指标不宜过于复杂。同时文化价值与社会价值、精神价值、历史价值、审美价值多有重叠之处。专家们建议在宏观层面上可以用文化价值来统领社会价值、精神价值、历史价值、审美价值。

经过查阅资料结合专家访谈，课题组初步拟定了武术文化资源价值评估指标体系三级评价指标问卷，并对问卷进行信度与效度检验后正式向专家们进行问卷发放与回收，请专家们帮助确定各级指标的具体内容。

（2）武术文化资源价值评估指标体系问卷的信度与效度检验

采用专家问卷方式就问卷的内容、结构等信度和效度对7名专家进行问卷发放。问卷的信度与效度得到了相关专家的认可。问卷的内容、结构信度与效度均符合研究要求，如表1-2至表1-6所示。

表1-2 武术文化资源价值评估指标体系问卷信度与效度检验专家组成情况（$N=7$）

单位：人，%

	教授	副教授	副研究员	事业单位管理人员	总计
频数	4	1	1	1	7
占比	57.1	14.3	14.3	14.3	100.0

表1-3 武术文化资源价值评估指标体系问卷内容信度评价（$N=7$）

单位：人，%

	非常可信	比较可信	一般	比较不可信	不可信
频数	4	2	1	0	0
占比	57.1	28.6	14.3	0.0	0.0

表1-4 武术文化资源价值评估指标体系问卷结构信度评价（$N=7$）

单位：人，%

	非常可信	比较可信	一般	比较不可信	不可信
频数	5	1	1	0	0
占比	71.4	14.3	14.3	0.0	0.0

表1-5 武术文化资源价值评估指标体系问卷内容效度（$N=7$）

单位：人，%

	非常高	较高	一般	较低	低
频数	3	3	1	0	0
占比	42.9	42.9	14.3	0.0	0.0

表1-6 武术文化资源价值评估指标体系问卷结构效度（$N=7$）

单位：人，%

	非常高	较高	一般	较低	低
频数	5	2	0	0	0
占比	71.4	28.6	0.0	0.0	0.0

（3）武术文化资源价值评估指标体系问卷的发放与回收

课题组对愿意参与的16位专家进行了问卷发放与回收，发放方式为当面发放回收以及邮寄发放回收两种。共发放专家问卷16份，回收15份，有效问卷15份，回收率为93.75%，有效回收率为100%（见表1-7）。

表1-7 武术文化资源价值评估指标体系专家问卷发放、回收统计情况

单位：份，%

发放问卷	回收问卷	有效问卷	回收率	有效回收率
16	15	15	93.75	100.0

2."太极蓉城"个案问卷调查

（1）"太极蓉城"个案问卷的发放与回收

针对成都市的"太极蓉城"个案，课题组设计了习练者问卷，并进行了调查。本研究问卷发放时间为2016年9月至12月，发放方式采用的是现场发放并回收，发放对象从成都市太极拳辅导站习练者中随机选取。课题组共发放问卷400份，回收385份，回收率为96.25%。经筛选分析，剔除无效问卷7份，获得有效问卷378份，有效回收率为94.50%，如表1-8所示。

表1-8 "太极蓉城"个案问卷发放、回收统计情况

单位：份，%

发放问卷	回收问卷	有效问卷	回收率	有效回收率
400	385	378	96.25	94.50

（2）"太极蓉城"个案问卷的信度和效度检验

此次采用重测法对问卷的信度进行测量。具体操作为，提前选取20名太极拳习练者进行测试。间隔两周后，对同一群习练者进行重复测试。结果表明：$r=0.88$，$p<0.01$，说明问卷的信度符合研究的要求，可以使用。

采用专家问卷方式对"太极蓉城"个案问卷的内容、结构等效度进行分析评价。问卷的效度咨询得到了相关专家认可。问卷的内容与结构效度均符合研究要求，如表1-9至表1-12所示。

表1-9 "太极蓉城"个案问卷效度检验专家组成情况

单位：人，%

	教授	副教授	副研究员	政府官员	总计
频数	4	2	1	1	8

续表

	教授	副教授	副研究员	政府官员	总计
占比	50.0	25.0	12.5	12.5	100.0

表1-10 "太极蓉城"个案问卷内容设计评价（$N=8$）

单位：人，%

	非常充实	较充实	一般	较不充实	不充实
频数	2	6	0	0	0
占比	25.0	75.0	0.0	0.0	0.0

表1-11 "太极蓉城"个案问卷结构设计评价（$N=8$）

单位：人，%

	非常合理	较合理	一般	较不合理	不合理
频数	2	5	1	0	0
占比	25.0	62.5	12.5	0.0	0.0

表1-12 "太极蓉城"个案问卷效度评价（$N=8$）

单位：人，%

	非常高	较高	一般	较低	低
频数	1	6	1	0	0
占比	12.5	75.0	12.5	0.0	0.0

（四）专家访谈法

围绕研究主题，课题组根据研究需要和实际情况对16位专家进行了必要的访谈。专家的来源主要为北京、上海、天津、江苏、四川、重庆、陕西、广东等省市的部分高校、科研机构或武术运动管理中心，其中教授有12位、副教授有1位、处级管理干部有3位。男性专家有15人，女性专家有1人。访谈的形式主要为非结构式访谈，既有一对一的单独访谈，也有圆桌式的小组访谈。

第二章
武术文化资源的多维构成及其价值呈现

第一节 武术文化资源的概念与内涵

根据前文对文化资源的分析，结合武术自身的特性，本研究认为武术文化资源是指在武术文化漫长的形成和发展过程中，被创造、传承和积淀下来的能够用以推动武术文化进行再生产转化并推动其进一步发展的相关物质性、制度性、精神性以及人才性的各种文化存在。武术文化资源是中国文化资源的重要组成部分，在我国经济社会发展中具有特殊的价值。但有必要指出的是，在产生价值增量效应之前，武术文化资源不具备任何资本属性。

从文化视角审视武术，肇始于20世纪80年代末90年代初。如前文所述，一批学者从文化的角度以系统的学术眼光对武术进行了开创性的研判，提出了武术文化的观点，并产生了一批具有代表性的学术成果，如旷文楠等的《中国武术文化概论》[1]、程大力的《中国武术——历史与文化》[2] 等著作，以及一些论文成果，如旷文楠的《中国武术文化的历史作用与地位》[3]、峻骧的《中华民族独特的人体文化——"武术文化学"

---

[1] 旷文楠等：《中国武术文化概论》，四川教育出版社，1990。
[2] 程大力：《中国武术——历史与文化》，四川大学出版社，1995。
[3] 旷文楠：《中国武术文化的历史作用与地位》，《体育文史》1988年第4期。

刍议》①、邱丕相的《中国太极拳修心养性的价值与修为的效果》②、程志理和谢坚的《武术的文化特征分析——武术文化的三层次》③、李成银和周培启的《论中国传统武术文化》④、路云亭的《中国武术文化三题》⑤ 等。正是这些成果奠定了武术向文化进行转向的学术基础。武术文化观很快为学界所接受,助推了武术文化转型的产生,引导了武术文化研究的后续繁荣发展,并取得了诸多有价值的成果。

综观武术文化研究领域的相关成果不难发现,到 21 世纪初期,"武术文化资源"逐渐开始走进研究者的视野。武术文化相关研究开始从对武术自身文化的阐释逐渐朝武术文化资源研究方向转变,这一武术的"文化观"向"文化资源观"转变的过程凸显了学术界对其关注以及武术文化对其自身发展的反向思考与定位。武术文化资源概念的提出,是对武术研究新的增长点关切的回应,也是找寻武术在现代经济社会中的位置,进一步认知武术文化、探寻武术未来走向的一种有益尝试。武术作为一种文化资源引起关注的时间尚短,虽然已有少量成果面世,但尚未就武术文化资源的内涵、特征、价值功能等核心议题进行深入剖析与论证,因此突破性的成果尚不多见。武术文化资源的研究仍是一个全新的领域。

武术在不同的历史时期有不同的名称——技击、手搏、武艺、国术、武功、武术等。20 世纪 60 年代,欧美国家称其为"功夫"。人们围绕"武"的价值和规律发展出来的一类特殊的技能或技艺,就是民众理解的武术。就武术本体而言,把武术理解为技术并没有多少问题。但是,如果仅仅将武术视为一种"术",或仅仅从"术"的层面来理解武术是远远不够的,⑥ 那样我们既无法将武术理解透彻、阐释清楚,也无法将武术与世界上的其他武艺,如柔道、拳击、赛法斗、桑搏、泰拳相区别,更无法理

---

① 峻骧:《中华民族独特的人体文化——"武术文化学"刍议》,《体育文史》1989 年第 2 期。
② 邱丕相:《中国太极拳修心养性的价值与修为的效果》,《上海体育学院学报》1992 年第 1 期。
③ 程志理、谢坚:《武术的文化特征分析——武术文化的三层次》,《天津体育学院学报》1990 年第 1 期。
④ 李成银、周培启:《论中国传统武术文化》,《体育科学》1991 年第 3 期。
⑤ 路云亭:《中国武术文化三题》,《山西大学学报》(哲学社会科学版) 1992 年第 2 期。
⑥ 郝勤、龚茂富:《论武术与武术文化形态》,《中华武术研究》2012 年第 1 期,第 13~14 页。

解武术文化资源的内涵与价值。

中国武术不仅具有完整的技术体系，更具有深刻的文化内涵，在历史发展的过程中逐渐被创造、积累、沉淀，进而形成了丰富的武术文化资源。根据前文的论述，解读武术文化资源的内涵可以从武术文化资源的文化属性与资源属性两个方面来展开。

一　武术文化资源的文化属性

武术文化资源首先表现为一种系统的武术文化形态。时至今日，武术的文化观已经深入人心，而且武术也形成了系统完整的文化层次与结构，表现出特定的功能与价值。武术的这一文化形态正体现了泰勒所提出的，它是一个错综复杂的总体，包括相应的知识、信仰、艺术、道德、法律、习惯以及作为社会成员的人所获得的其他才能和习性。[①] 在经历了不同历史时期中国社会与历史文化的塑造，以及受西方文化的影响，中国武术文化呈现了内在的统一性、多元性与差异性特征。也就是说，武术文化是特定社会需要、动机和价值取向支配下各种社会因素与文化力共同作用的结果。

因此，在文化属性上，武术文化资源是一种立体的武术文化形态系统，其内部表现出结构性特征。首先，武术的相关物件和武术技术动作是武术文化资源重要内容之一，主要包括武术的出土文物、典籍、服装、特定空间、技术、动作、招式、套路、器械、流派、人物等。其次，一些相对隐性的关于武术的制度习俗也属于武术文化资源，如武德礼仪、传承关系与方式、武术组织、门派、裁判规则、传播方式、符号等。最后，一些精神性的文化资源，如武术精神、价值、信仰、哲学思想、审美、思维等也属于武术文化资源。虽然笔者尽可能地对中国武术文化资源展开了较为细致的分类，但这并不表明这些武术文化资源是相互独立的。相反，它们是紧密联系的有机体。

二　武术文化资源的资源属性

资源属性是武术文化资源理应具备的重要的价值属性。从资源属性角

---

① 〔英〕泰勒：《原始文化》，蔡江浓编译，浙江人民出版社，1988，第1页。

度对武术文化资源进行理解和解读，主要应该把对武术文化资源的使用是否可以促进人、社会以及武术自身发展作为一个重要的衡量标准。资源是一个具有广阔的涵盖性的概念，几乎可以在任何领域进行使用，包括文化学、经济学、社会学、政治学、生物学、生态学、计算机科学等。不管怎样，它总是涉及竞争、可持续发展、保护，以及如何对其进行分配、使用或管理。中国武术文化资源具有资源的三大特性，即效用性、稀缺性以及被消耗的可能性。中国武术不仅是技术与招式的集合体，也与中国传统哲学、美学、伦理、军事、医学、文学、艺术、宗教、政治等相互交织融汇，吸收了诸多学科理论思想的精髓，是活化石般的人类文化遗产。武术文化资源不可多得，它可以促进健康、提升品格修养、提高生活品质、促进经济社会发展、提高国家知名度与美誉度、传递正能量、创造财富增值。正如有学者从文化产业视角所指出的，中国武术无疑是提升国家文化产业或产品核心竞争力的代表之一。[①]

就像儒学一样，以武术文化为核心的武学也是典型的中国传统文化资源之一。武术文化是中国传统文化资源体系中的一个结构完整的子系统，尤其是近代以来，武术文化所面临或经历的一切问题都是中国传统文化命运的缩影。中华民族独特的思维方式、逻辑理念、行为方式、价值取向、人生观、宇宙观、审美观等，都在武术文化中有集中的反映。中国武术的传承、转型与发展始终面临文化逻辑、市场逻辑以及经济逻辑的塑造。浴火淬炼后的中国武术，形成了完整丰富的价值体系。当我们身处现代化旋涡，对中国文化资源进行思考时，往往困难重重。然而，如果我们转向思考能够代表中国文化资源的武术文化时，事情往往会变得更为清晰可行。不管是寻求社会的重建，还是完善自我的修身，又或者是探寻生命的真谛，抑或是找寻最基本的机体康健，武术都是不二之选。在某种程度上，借着对武术文化资源这个微观样本的探讨来把脉中国优秀传统文化的创造性转化问题，亦是本研究的更深远立意所在。

在某种意义上，武术文化资源既是研究对象，也是一种把武术当作文

[①] 王岗、李卓嘉、雷学会：《对中国武术文化资源产业转化的理论思考》，《上海体育学院学报》2016年第6期，第65页。

化资源的研究视角与方法。它所要探讨和研究的并非具体的招式、技巧，甚至也不仅是对武术文化的一般理论探究，而是对武术文化资源转换成价值增值以促进社会发展的深入思考。研究武术文化资源，是力求在更广阔、更新颖、更深刻的角度来研究武术。中国武术发展到今天，正处在十字路口，是到了该好好思考一番的时候了。中国武术需要传承，更要实现优化发展，它所面临的正是如何进行现代化创造性转化的问题。

第二节　武术文化资源的特征

在发展的过程中，武术文化资源逐渐形成了自身的特征。研究认为，传承性与集聚性、独占性与共享性、再生性与不可再生性、稳定性与可变性是武术文化资源的四大特征。

一　传承性与集聚性

从不同的维度审视武术文化资源的特征可能会得到截然不同的答案。但是，不管怎样，武术文化资源在时间维度上的传承性以及在空间维度上的聚集性应该是十分鲜明的两个特征。

武术文化是在历史的长河中积淀而成的，优秀的武术文化更是在长时间的历史实践中不断地传承发展的。武术技术体系的形成来自人与兽、人与人之间相互搏斗的经验总结。这个过程极其漫长，直到明清时期武术的技术体系才算进化得较为完整，而武术的文化体系与内涵是在新中国成立之后才被学者梳理清楚的。武术文化思想的形成融会了上千年的中华民族智慧，尤其是对太极、阴阳、八卦、五行等传统哲学思想，以及道家养生学、儒家伦理学、兵学战略与美学意蕴等的吸收与内化使武术文化思想趋于完善。然而，人们传承武术文化资源的这个过程并非一帆风顺的，而是呈现为螺旋曲线进步累积的状态，俞大猷传少林寺僧棍法就是一例。俞大猷在《诗送少林寺僧宗擎有序》中说道："予昔闻河南少林寺有神传击剑之技，后自云中回，取道至寺。僧自负精其技者千余人，咸出见呈之。予视其技已失古人真诀，明告众僧，皆曰：'愿受指教。'予曰：'此必积之岁月而后得也。'"① 正是俞大猷纠正了少林寺花拳绣腿的套路武艺。

武术文化资源的集聚性特征是从空间维度上呈现的。武术文化资源的集聚性表现在浓厚的地域武术文化方面。已经形成了一定品牌效应的河南少林武术、河南陈家沟太极拳、湖北武当武术、四川峨眉武术、四川青城武术、河北沧州武术、山西运城关公武文化、山东梁山水浒武文化、西北棍文化等都是武术文化资源在地理空间上的集聚现象与效应的表现。这种相对较近的聚集，一方面是内在联系的武术历史自然发展的结果，另一方面是武术文化活动对集聚效应的刻意追求与强化。基于这些资源形成的琳琅满目的武术文化节就是如此。武术文化资源的聚集一旦开始，就会形成一种集中的武术文化力量，以及促进其进一步集聚的循环模式，从而使聚集过程得以加速，最终造成某一武术文化资源的高度集中。

二 独占性与共享性

在某种程度上，武术文化资源也有一定的知识产权归属，主要体现为独占性与共享性的辩证统一。曾经在民间武术圈中有"传儿不传女，传内不传外"一语流传，这是传统宗法制度在武术上的体现，也是民间武术传承人为了防止武术外流所采取的制度性安排，强化的是一种武术文化资源的独占性。尽管这一宗法性制度安排已经失去了存在的社会环境，但是个体所掌握的武术技术仍旧凸显出一定的独占性。所谓的"一招鲜，吃遍天"即对独占一门武艺或某一招式与技能的表述。不仅如此，在武术的物质文化方面，独占性体现得更加鲜明。比如，某人或某机构对武术文物的占有，以及被注册了受《中华人民共和国商标法》保护的一些武术名称或符号等，都具有强烈的个体化独占性特征。

然而，武术文化资源的文化属性决定了并不是所有的武术文化资源都是独占性的，或者说它的占有主体瞬息万变，在更大程度上它体现为某种共享性。因为任何文化资源一经产生就是人类共同的资源与财富。各种级别的武术非物质文化遗产都是武术文化资源的重要组成部分，尽管国家制

---

① （明）俞大猷：《正气堂集》（第五辑），清道光孙云鸿味古书室刻本。

定了代表性传承人制度，但武术文化资源是人类共同拥有的财富。从对武术非物质文化遗产的保护要求来说，笔者期待更多的人能够参与到武术非物质文化遗产的传承中去，以消解独占性所带来的传承危机。随着信息化社会进程的加速，武术文化资源的共享性特征愈加明显。美国好莱坞以及迪士尼打造的一些电影，如李小龙系列影片、《花木兰》、《功夫熊猫》等对武术文化资源的借用与创意性开发等，都进一步促进了武术文化资源在全球的共享性消费。

三　再生性与不可再生性

文化资源是可以再生的，武术文化资源也是如此。武术文化资源的再生性是指将文化资源投入周而复始的传承与创新过程，即一种武术文化再生产过程。借助于创作、生产、传播、消费，武术文化资源可以被转化为凝结了创作者智慧与武术文化物质或精神要素的文化产品，经过传播与交换，为满足人们多样化的切身需求服务。武术文化资源的文化生产是一种特殊的生产形态。当武术文化产品进入消费环节，就可以影响人们的价值观与行为，进而对人们的社会实践产生一定的影响，并再次成为武术文化延绵不断再生产的创作灵感的来源。

并不是所有的武术文化资源都具有再生性，武术文物、遗址等特定历史时空中的产物异常珍贵、脆弱，具有强烈的唯一性与不可再生性。这些物质性的武术文化遗产资源一经破坏就不可修复再生，造成的损失也是不可弥补的。一些武术技术非物质文化遗产，如果不加以保护与传承，也将会随着传承人的离去而消失殆尽。因此，对武术文化遗产资源的保护刻不容缓。令人欣慰的是，随着近年来人们对非物质文化遗产保护意识的增强，类似的情况已经有所缓解。

四　稳定性与可变性

武术文化资源的稳定性主要是指武术文化资源核心层的一些文化精神、观念、心理等一经形成便具有相当的稳定性。特别是武德价值观与祖师爷信仰等这种得到大家认同的文化内核更是具有超稳定的结构，试图改变它是不太可能的。另外，武术文化发展所形成的"文化传统"也具有稳定的结构性特征。没有任何一个民族可以摒弃其文化传统而重新确立文化，武术也不可能脱离文化传统在空中楼阁中生长成文化有机体。因为任何文化都不能隔断与历史的联系，它始终是历史与现实的统一。[①]

武术文化资源在诸多方面是可变的，并在人类智慧的影响下将变得更加丰富。与自然资源不同，武术文化资源在发挥作用的过程中会形成增量效应，这是由文化资源的生长特性所决定的。只要围绕武术的思维与创新活动没有终止，武术文化资源就会产生新的特质并不断地丰富自身。20世纪80年代的官方数据显示，武术拳术已经发展到129个拳种。然而，笔者在田野调查中发现，一些当年公布的拳种逐渐凋零，传承人日渐稀少，有的拳种甚至已经找不到传承人。随着社会的发展，武术文化资源的变化一直在持续。同时，武术文化资源的这种改变受到武术自身发展规律以及人的创造性和社会经济环境的多重影响，套路的成型、太极拳的出现、中央国术馆的凋零、咏春拳到截拳道的变迁、武术散打的诞生莫不如此。而且，进入竞赛模式的武术，在规则的引导下出现一些具体的变化已是常态。这样的例子还有很多，比如十八般武艺中居于首位的弓射武艺，近年来的发展已经蔚然成风，成为武术文化资源中的一道独特风景。

第三节　武术文化资源的表现形态与多维构成

中国拥有体量巨大且异常丰富的武术文化资源，我们时刻都处于武术文化编织的意义之网中，甚至在不知不觉中被武术文化所塑造，但是又对武术文化资源不够了解。目前，我们对武术文化资源的运用尚处于起步阶段，还有很多武术文化资源有待进一步开发。对武术文化资源的形态与构成进行科学合理的归类与梳理有助于加深我们对武术文化资源的进一步理解，同时这也是对其进行创造转化的前提与重要的基础性工作，因此也显得尤为重要。

[①] 吴圣刚：《文化资源及其特征》，《河南师范大学学报》（哲学社会科学版）2002年第4期，第12页。

武术文化资源内涵的广泛性使其表现形态与构成也异常多样，加之武术文化资源的历史深度，其构成就更加复杂。依据笔者的考察，以武术文化资源的形态表现与构成为基准，可以将其分为有形（物质）武术文化资源、无形（制度与精神）武术文化资源和武术文化智能资源。

一　有形（物质）武术文化资源

作为武术文化资源的重要表现形态之一，有形（物质）武术文化资源是抽象的武术文化与具象的物质载体相互结合的结果，也是某种武术精神文化载体的物质表现。正是因为承载了特定的武术意义，这些有形的武术文化才具备了成为资源的可能性。进一步分类，有形（物质）武术文化资源又可以分为以下几个方面。

一是武术历史文化遗迹和文物，如武术名胜古迹、武术名人故居及祠墓、武术碑刻、武术纪念地、武术祖师祠堂、武术古籍善本、历朝历代的武术文物等。

二是武术文化设施与建筑，如练功房、武术博物馆等。

三是具有鲜明武术文化特色的文创产品，如武术雕塑、武术挂件、武术玩偶、武术刺绣以及各式各样带有武术符号的纪念品等。

四是武术用品，如武术器械、武术服装、武术鞋、武术地毯与垫子等。

二　无形（制度与精神）武术文化资源

无形（制度与精神）武术文化资源主要是指武术技术、制度、组织、精神、价值观、信仰、审美、心理、思维等层面的文化资源集合。很多时候，无形（制度与精神）武术文化资源常常以物质、人或媒介为载体呈现出来，然而当我们讨论它或者把它作为一个抽象的客体时，无形（制度与精神）武术文化资源也可以是不依赖任何载体的独立存在。无形（制度与精神）武术文化资源在整个武术文化资源中有至关重要的地位与作用，其与各种载体的结合衍生出各种武术文化产品以及有形（物质）武术文化资源，甚至一些有形（物质）武术文化资源的价值直接由其中蕴含的无形（制度与精神）武术文化资源来决定。综合来说，无形（制度与精神）武术文化资源主要包括以下几个方面。

第一，武术技术资源。武术技术不是无中生有被创造出来的，而是在原有技术的基础上依据格斗或表演需要被生产或建构出来的。武术技术通身体内外，应天人之和，是推动武术发展的重要资源。技术拥有巨大力量，在具有更广泛意义的社会变革中表现得异常明显。无论是以蒸汽技术为代表的第一次工业革命、以电力技术为代表的第二次工业革命，还是以计算机信息技术为代表的第三次工业革命以及正在发生的以人工智能、生物技术为代表的第四次工业革命都是很好的例证。同样，作为无形武术文化资源重要组成部分的武术技术是影响武术的最为重要的力量之一。

正是不同的技术动作或不同的技术风格才形成了所谓的 129 个拳种，也形成了"踢、打、摔、拿"的四击之法，以及成就了武术的格斗、表演、健身、养生等功能价值体系。武术具有丰富的技术储备，这些武术技术本身成就了各不相同、特色各异的十八般武艺。武术技术是武术存在的基础与文化基因，为人类生活提供帮助，而且可以直接改变武术的文化模式，可以说武术的每一次大的变革都是由武术技术引发的。这并不是危言耸听的技术决定论，而是基于武术文化真谛的最真切判断。

第二，武术制度与组织资源。武术中有很多制度形式，如最为大众所熟知的师徒制以及武德礼仪制度。这两个制度是武术文化资源中最为重要的制度资源。师徒制是传统社会武术得以延续的重要制度性安排。郑若曾在《江南经略·卷八》中写道："中国武艺不可胜纪，古始以来……教师相传，各臻妙际。"师徒制是确定师生关系的一种制度，但它又超越了一般的制度意义，是传统宗法制度在武术中的体现，饱含着浓厚的道德伦理学意蕴。通过师徒关系的确立，师父与徒弟完成了对家族"血缘"的模拟，同时也完成了对师门关系网络结构的建构。周伟良指出，武术的师徒制充满了师道尊严与道德规训，在文化认同的基础上能够产生群体凝聚效应，并且有利于拳种技艺的经验积累与技术发展。[①] 武德礼仪制度恰恰也在师徒制中体现得最为淋漓尽致。作为师父要兢兢业业地教导徒弟做人练

---

① 周伟良：《师徒论——传统武术的一个文化现象诠释》，《北京体育大学学报》2004 年第 5 期，第 585~588 页。

武，作为徒弟要听从师父教诲，逢年过节必要登门拜望师父，对师父毕恭毕敬。这种行为规范的建构即隐性的武德礼仪制度的力量体现。当然，还有很多外在的表现形式，比如抱拳礼、鞠躬礼等。

组织是特定武术群体为实现共同的目标并按照一定结构而联结存在的一种特殊文化现象，也是武术文化资源的重要形式之一。从古至今，我国出现过数量众多的武术组织，其中有官方组织，也有民间结社组织。宋代《武林旧事》《梦粱录》等书籍中记载南宋时期临安府（杭州）就有角抵社（摔跤）、锦标社（射弩）、英略社（使棒）存在。[1] 清末民初，国残民弱，大量的武术组织涌现，如官办的中央国术馆，以及民间的精武体育会、中华武术会、中华武士会、道德武术研究会、北京体育研究社、中华尚武学社等，它们对武术的传承有着重要的作用，为振奋民族精神、提高国民的身体素质以及传承民间武术做出了重要贡献。[2] 及至当代，各种武术学校、俱乐部、协会如雨后春笋般出现，进一步丰富了武术的组织文化资源。

第三，武术精神文化传统资源。在发展的过程中，武术吸收了大量的中华民族优秀传统文化，同时，历史上灿若群星的武术家们以非凡的才智铸就了武术独特的精神文化传统。这其中包括"天下兴亡，匹夫有责"的爱国精神、"除暴安良"的侠义精神、"自强不息"的实践精神、"点到为止"的君子精神、"以和为贵"的和谐精神、"仁、义、礼、信、勇"的儒学精神，以及尚武精神与大量的历史传说与故事等。有学者指出，历代封建统治阶级从未利用武术的教育价值教育人民，直到20世纪前期武术逐渐成为振奋民族精神的主要载体。[3]武术精神文化传统是当代武术文化产业的内核，也体现于生产仪式、影视、表演等武术精神文化产品之中，值得深入挖掘。

第四，武术审美资源。武术中蕴藏着丰富的审美资源。美就是武术运

---

[1] （宋）四水潜夫辑《武林旧事》，西湖书社，1981，第40页。
[2] 龚茂富：《青城派武术生存现状及传播方式研究》，博士学位论文，北京体育大学，2011，第61~62页。
[3] 杨建营、邱丕相：《武术精神的历史演变及21世纪发展的新趋势》，《体育学刊》2008年第10期，第93页。

动形式的外显与内涵。① 在从"术"至"道"的变迁过程中，武术散打拳拳到肉所呈现的攻防格斗暴力美学，武术套路将精气神融合而成的形式美、本色美、空灵美、意境美都是武术审美的重要内容。除此以外，武术中所蕴藏的超越时空的魅力与人类意识更是艺术审美的极致追求。武术的审美是没有止境的，它是一种理想的追求。②

第五，武术民俗资源。武术民俗资源是指武术融入民俗活动并成为其中一部分，或者是直接以武术为主体而形成的民俗文化资源。武术与民俗的融合共生形构了独特的武术民俗文化传统。③ 在武术民俗资源中，主要有三种表现形式。一是综合性庙会或民俗活动中的武术。广东中山一带的"出狮场"或"耍狮场"民俗活动就将舞狮、武术、舞蹈融为一体。蒙古族的"那达慕"大会更是少不了摔跤与射箭这两个项目。二是在一些武风浓厚的地区，以武术为主体所举办的武术民俗活动。如四川成都的"达摩会"、河北吴桥镇的"飞叉会"就是一种典型的表现。三是以格斗表演与庙会等民俗合二为一的形式出现，如台湾地区的"宋江阵"以及四川青羊宫花会上的"打金章"都是代表。这些武术民俗活动已经融入地方文化，且与人们的日常生活紧密联系在一起。

第六，武术品牌资源。武术是中国重要的文化品牌的概念已经深入人心。中国外文局对外传播研究中心于 2018 年发布的《中国国家形象全球调查报告（2016—2017）》显示，武术以 44% 的比例被认为是中国文化的重要代表之一。排在前两位的分别是中餐（52%）与中医（47%）。④ 即使如此，武术的品牌价值也并没有得到深入有效的挖掘。

作为一种品牌，武术有两个方面的所指。一方面，武术作为一个整体，是中国文化的知名品牌。中国是文化资源大国，但是真正为国外百姓

---

① 李世春、刘同为：《以数学思维解读武术美学思想》，《中国体育科技》2013 年第 4 期，第 73 页。
② 刘同为、花家涛：《论竞技武术套路审美范式结构》，《体育科学》2004 年第 11 期，第 10 页。
③ 龚茂富：《论当代民族复兴进程中"武术文化传统"的复兴与重建》，《北京体育大学学报》2018 年第 12 期，第 141 页。
④ 《中国国家形象全球调查报告 2016—2017》，豆丁网，2019 年 12 月 21 日，https://www.docin.com/p-2288251610.html。

所熟知的资源并不多,这就决定了这些文化资源的有效使用度。多年的国际化推广,使武术以高认同度雄踞中国文化国际认同的三甲位置,这无疑牢固确立了武术的品牌属性与品牌价值。武术凝结着中国的文化精神,是中国文化的代表之一。武术不仅仅是中国文化的一个标志,更重要的是它能够满足国外民众对中国文化的各种想象与消费,是一笔巨大的财富。另一方面,武术内部也有诸多品牌呈现,而且它们正在被作为一种品牌开发使用——少林武术、武当武术、峨眉武术莫不如此。少林武术是河南登封的主要文化品牌。尽管河南登封文化厚重,拥有佛教禅宗祖庭少林寺、五岳之中规模最大的中岳庙道观,以及因程颢、程颐兄弟讲学而出名的嵩阳书院等著名文化资源,但真正帮助登封闻名天下并带来丰厚经济回报的非少林武术莫属。中国西部的发达城市——成都,更是打出了"太极蓉城"的城市文化名片。峨眉武术也已经被四川省乐山市作为重点文化资源开发打造。四川乐山市《关于贯彻实施市政府加快峨眉武术发展的行动计划(2019~2020)》明确指出,"弘扬和振兴峨眉武术,实现峨眉武术系统化、产业化、品牌化发展,将峨眉武术打造成乐山特色体育文化和体育产业的重要支柱和对外交流的特色名片"①。在地方经济社会发展中,"文化搭台,经贸唱戏"的模式渐渐发生转型,文化的主体性愈加清晰起来,"武术+"让武术文化品牌成为地方社会发展的核心竞争力之一。

三 武术文化智能资源

武术文化智能资源是武术文化资源中的稀缺资源,它是指通过人的智慧发挥创造力,在武术文化再生产中创造出价值,进而实现武术价值增值的资源。武术文化智能资源作用的发挥取决于人才的智力和武术知识的结合程度,武术文化智能资源与其他武术文化资源结合得越完美,带来的财富值就会越高。在文化经济学领域,文化智能资源被分为"外显型文化智能资源"和"内隐型文化智能资源"两种形式。②将其引入本研究,可以

---

① 《关于贯彻实施市政府加快峨眉武术发展的行动计划(2019~2020)》(内部文件)。
② 吕庆华:《文化智能资源产业开发的营运模式研究》,《山西财经大学学报》2006年第5期,第77页;姚伟钧:《文化资源学》,清华大学出版社,2015,第29页。

将武术智能文化资源分为"外显型武术文化智能资源"和"内隐型武术文化智能资源"两种基本类型。

外显型武术文化智能资源是指以符号化的武术文化知识为核心要素的可以带来价值或效用的关于武术的一切智力成果，主要包括被创造出来的武术影视、武术动漫、武术游戏、武术传说、武术方案、武术发明、武术创意、武术著作、武术文艺作品、武术专利等。事实上，这些都是对武术进行智力创造后所呈现的具有一定价值的武术文化产品。

与此不同，内隐型武术文化智能资源是指以武术智力为核心要素的脑力资产。武术智力主要基于天赋和后天的刻苦钻研训练而获得。在武术文化资源开发方面，武术人才的智力彰显出越来越重要的作用。武术人才的智力主要由经验型的武术文化技能和创新型的武术文化能力构成。表面上看，这两个名词似乎有些难于理解，因此有必要进一步说明。经验型的武术文化技能是一种可以通过教学传授和反复学习而获得的技能，它包括武术的理论研究写作、武术图像的设计与绘画、武术曲目的表演或演奏等；创新型的武术文化能力是指武术人才在突破既有模式上所体现的一种武术创新能力，即独创性的武术思维和创造性的武术实践。创新是武术智力的高级表现形式，主要体现为关于武术的创造性的意见、灵感、构思、决策等。尽管人工智能已经高度发展，但是这些内隐型的武术文化智能资源大多难以通过人工智能实现。也正因如此，内隐型武术文化智能资源才显得更加弥足珍贵。

第四节　武术文化资源的价值及评估

论及武术文化资源的转化问题，无论如何都不能回避武术文化资源的价值。价值是武术文化资源的组成要素，没有价值的资源便失去了转化的必要。价值为武术文化资源的转化提供了各种可能。我们要充分了解一种文化资源就必须深入了解它的价值系统，并对其展开评估。如果我们不了解武术文化资源的价值系统，也无法评估它所具备的价值。那么当我们面临某一种武术文化资源时，将无法获知它所对应的意义，无从下手去探索它,以及发现它可能存在的各种潜能。这也是我们讨论武术文化资源价值的原因。

一 价值及其理论

针对武术文化资源讨论价值及其理论问题,至少涉及两个领域:一个是经济领域,一个是文化领域。价值是经济与文化领域共有的基石,价值在经济行为中无处不在,可以说是一切经济行为的出发点,同时它也充斥在文化领域的各个角落。在经济语境里,价值与消费者和市场赋予特定商品的效用、价格有关。[1] 消费者和市场能够从武术文化产品中获得效用,或者说为武术文化产品买单,就说明相应的武术文化产品具有一定的价值。在文化视野下,价值总是表现为一般或具体的形式,比如切实的武术文化产品、武术著作、武术文化现象,或者是武术的一个动作或表现手法。[2] 价值虽然在经济与文化领域中有不同的表现,起源也不尽相同,但它所表示的是对事物进行估价的方式。

在经济学中,几乎所有的经济学家都关心并讨论过价值问题。在这一点上我们不妨从最为大众所熟知的卡尔·马克思开始。马克思为我们留下了著名的劳动价值论,也是该理论的集大成者。在马克思的劳动价值论中,涉及价值实体、价值量、价值的形式、价值的实质四个方面。马克思认为,价值总是指向人的抽象劳动。这是马克思劳动二重性理论的重要内容之一,另一个是具体劳动。但是具体劳动创造的并不是价值而是使用价值。价值量的大小总是与必要劳动时间成正比。价值有多种表现形式,即简单的、扩大的、一般的、货币的四种,这里指的是交换价值。在马克思关于经济学的理论中,既有物也有人,他认为价值的实质不是别的,正是体现在商品中的人和人之间的经济关系。

事实上,为这一理论做出贡献并科学奠基的有亚当·斯密和李嘉图。

---

[1] 〔澳〕戴维·思罗斯比:《经济学与文化》,王志标、张峥嵘译,中国人民大学出版社,2011,第20页。

[2] 注:当然,价值总是和价值观分不开的,不管是经济还是文化。价值观尽管对人的行为具有很大的影响,但是鉴于本研究的论域,在这里不对价值观展开论述,只讨论价值。

斯密在 1776 年成书的《国富论》中首次明确区分了使用价值和交换价值。他提出"劳动是衡量一切商品交换价值的真实尺度"。在斯密看来，使用价值就是特定物品的效用，交换价值就是某人为占有某商品而甘愿放弃的其他商品或服务的数量。李嘉图继承了斯密价值理论的正确观点，在对斯密的部分观点进行批判的基础上，又将这一理论向前推送了一步。李嘉图进一步提出了使用价值和交换价值的区分与联系，同时提出使用价值是交换价值的物质承担者的观点。确切地说，亚当·斯密、李嘉图、卡尔·马克思等共同完成了对劳动价值理论的阐释工作，蕴藏在某一物品中的劳动量成为价值的决定性因素。这也成为古典经济学派的著名理论之一。

价值一直是经济学的核心问题之一。在围绕价值问题所产生的 18 世纪到 19 世纪的学术思想大碰撞中，自然价值应运而生。在亚当·斯密提出价值理论之前，约翰·洛克、威廉·配第等的著述中已经出现了自然价值的踪迹。奥地利的弗·冯·维塞尔对自然价值进行了较为深入的论述。众所周知，他倾向于主观价值论，提出了著名的边际效用理论，认为价值是由主体的需求以及物品的稀缺性来决定的，使用者在具体合理使用某物品时可能产生的最小效用即边际效用。当然，在此之前，我们也能够从英国经济学家 W. F. 劳埃德、爱尔兰经济学家 M. 朗菲尔德、德国经济学家 H. H. 戈森等的论述中找到边际效用的影子。这一理论根据消费者对于那些能够满足其需要的商品的偏好模式来解释交换价值，维塞尔把这种由边际效用决定的价值叫作自然价值。①

在价值理论中一直存在一个所谓的"价值悖论"，即有些物品效用很大但价格很低，水即如此；有些物品效用不大但价格却很高，如钻石。这一悖论早在亚当·斯密所处时代就被提了出来，直到边际效用理论区分了"总效用"和"边际效用"才较好地解决了这个问题。人们愿意为边际效用高的物品支付更高的价格。"物以稀为贵"也是对边际效用最好的经验总结。

---

① 〔奥〕弗·冯·维塞尔：《自然价值》，陈国庆译，商务印书馆，1982，第 108~111 页。

在经济学的价值体系中，还有一个是"内在价值"，也叫"绝对价值"。亚当·斯密和李嘉图等针对绝对价值进行了论述。他们认为，有一种价值存在于某一物品中且独立于任何交换之外，同时，它还不随着时间与空间两个维度的变化而发生任何变化，斯密称其为绝对价值。尽管这一理论建构受到了其他经济学家的批评，如萨缪尔·贝利，但还是有一批学者对此甚是认同，约翰·拉斯金就是其中一位，他尤其强调文化艺术品中的内在价值。从这一点上来理解武术文化资源很有意义，除了其中的社会建构价值因素，武术文化资源的内在价值值得肯定。

经济学价值论对文化价值问题具有一定对参考与借鉴意义。不管怎样，我们研究文化资源始终要对其价值进行讨论与评估，甚至可以借用经济学的价值分析模式，这多少与经济学家对商品的讨论有几分相似之处。然而，二者毕竟不是一回事。

对武术文化资源创造性转化的讨论，必须要思考它的价值问题。换句简单的话说，讨论武术文化资源问题，在一定程度上就是讨论武术文化资源的价值问题。然而，如上所述，这并不是说能够直接将经济学的价值思维模式生搬硬套在武术文化资源的讨论上。文化价值的来源、术语表达以及性质判断必然不同于经济价值。试想一下，一个曾经将武术作为国术、将武术作为道来践行的民族，是如何理解武术文化价值的？这种武术文化价值的本质又是什么？当我们说某种太极拳很有价值时，这种价值又指的是什么？我们无法用经济学上的价格来衡量这些价值。因此，可以肯定的是对武术文化资源文化价值的评价必须从文化领域寻找答案。

当我们谈论文化价值时总是重在讨论文化的积极价值，也就是文化对人类社会发展发挥的积极促进作用。在宽泛的话语体系中，价值总是代表了"好"的、积极的，而不是"坏"的、消极的方面。这是我们在讨论过程中需要遵守的一条重要的原则。文化之于人类发展主要呈现为积极促进与消极阻碍两种作用状态，不过，遗憾的是，我们尚没有发现周全的理论用来量化这种或明或暗的价值作用发挥。文化在人类社会发展中所起到的重要作用已经被证实。一大批学者从文化的角度阐释经济与政治发展状况。丹尼尔·帕特里克·莫伊尼汉曾经指出："保守地说，真理的中心在于,对一个社会的成功起决定作用的是文化,而不是政治。"①经济、政治、健康、教育、社会等各方面,都与文化有着紧密的联系,是文化塑造了一切。

我们把文化价值理解为文化中存在的对人及其构成的社会所具有的促进其全面发展的功能、意义与意向。文化所具有的内在价值能够引导人们发挥创造性,从而使整个局面完全不一样。文化价值主要呈现为它具有无形的力量,使人朝着更加优化与真善美的方面发展,可以提升人的生活品位与人生境界,具备促进人向更加文明方向发展的张力。② 同时,从新儒家提出的儒家思想对东亚经济增长的论述以及日本、中国、韩国的崛起中,我们也看到了文化传统在现代化过程中起到的强有力作用,这正是文化价值的另一面相,即对美好生活的展现以及对社会困境的改善。不但如此,我们还要看到文化价值中的一些普遍性。杜维明先生在讨论中华文化时指出,中华文化绝对不只是在亚洲存在价值,而是扎根于东亚儒家文化圈,同时具有全球意义的普遍价值。③

文化价值看似等同于使用价值,然而并非如此。它既包括使用价值又超越了一般使用价值。不同于一般的商品,文化的使用价值是可变的,它包含内在价值。比如,1965 年,在湖北江陵望山出土的越王勾践剑,对文物走私者而言,它就是一个获取暴利的走私商品,而对整个社会而言,它远远超出商品具有的一般经济价值。所以,文化价值不能简单地等同于使用价值,也不能简单地完全用市场交换价值来对其进行测定。

这里有必要强调一下文化价值的几个特性。首先,文化价值既是相对的也是绝对的。价值总是相对于人而言的,对于不同的人、不同的时代,文化价值可能会出现不同的变化。尽管文化价值是一种变动的概念,但是有些文化价值是绝对不会因为人的喜好而变化的,它具有永恒的特点。这主要体现在一些被历史证明了的经典文化、出土文物以及艺术品上。比如

---

① 转引自〔美〕塞缪尔·亨廷顿、劳伦斯·哈里森主编《文化的重要作用——价值观如何影响人类进步》,程克雄译,新华出版社,2010,第 8 页。
② 孙美堂:《文化价值论》,云南人民出版社,2005,第 82~83 页。
③ 《杜维明:中华文化的价值具有全球意义的普遍价值》,360doc 个人图书馆,2010 年 7 月 23 日,http://www.360doc.com/content/10/0723/20/2232607_40975268.shtml。

关于武术的拜师仪式文化、古典文稿以及前文提到的越王勾践剑等都能体现这一点。其次，文化价值是多元的。文化价值呈现一种多样化的特征，这在一定程度上是由它的可变性所带来的。最后，对文化价值进行测量是极其困难的。思罗斯比也认同文化价值的不可测量性。他引用特里·史密斯的话说："不论是借助外生尺度还是内生尺度，文化价值都常常无法度量，因为它是如此形成的：其模式是，先产生，后汇集，再之后形成价值通道、价值线，有时形成价值链。"① 但是，这并非说文化价值是不可以被认知的，我们可以通过拆解的方式来尽可能地细化文化价值的内在构成，以期能够识别、理解、评估各种文化价值。

文化价值理论仍处于探索期，或许存在一定的危机，但各方观点也并不是不可调和的，也不妨碍我们在理解文化价值是什么、如何形成，以及对我们有什么价值效用方面的探索。

二 武术文化资源的价值构成

武术文化与我们的生活之间究竟有着怎样的关系？我们可以把对这一问题的思考或解答作为探寻武术文化资源价值构成的逻辑起点。在面向日常生活维度的考察中，武术文化资源的价值构成至少应包括以下几个方面。

第一，经济价值。武术文化资源是生产与再生产的投入性资源要素，可以将武术文化投入文化再生产，将其转化为特定的文化产品，用于市场消费，进而创造出符合消费者需要的价值。在这一生产过程中，我们投入的可能是武术的物质资源也可能是精神资源，最终创造出具有广泛经济用途的产业化商品。我们习惯于用武术文化产业来称呼它。可能在这方面，最引人注目的是前些年河南将武术与舞蹈结合打造的《风中少林》作品。该剧在国内外上演数百场次，曾经在武术表演市场上属于巅峰之作，收获了市场的同时，也获得了一系列大奖。以市场思维开拓出的"散打王"赛事，以及当今火热的《武林风》都不同程度地激活了武术搏击赛事产业。

---

① 〔澳〕戴维·思罗斯比：《经济学与文化》，王志标、张峥嵘译，中国人民大学出版社，2011，第30页。

在新冠疫情发生之前，全国多如牛毛的武术赛事为武术文化资源的经济价值彰显画上了浓墨重彩的一笔。

第二，文化价值。从20世纪开始，学术界始终没有停止对武术文化内涵的探讨。在建设文化强国的大背景下，这一讨论更是受到了密切的关注。武术文化资源的文化价值着重于在人以及社会的发展上所呈现的重要意义和效用。无论是武术拳种、门派、技术、传说、精神等非物质的武术文化资源，还是武术典籍、器械、文物、博物馆等物质的武术文化资源，都是武术人长期实践的劳动成果的集中体现。它不仅能够成为中国的一个文化符号，也对润养人心具有重要的作用。

作为文化软实力的体现之一，武术充满了凝聚力、认同力、整合力、传播力和创造力，所以已经成为海外民众了解中国的重要途径。笔者在北美进行田野调查时发现，在美国人对武术进行理解、编码与解码的文化实践中，武术已融入了健康、宗教、教育、文化等美国人日常生活的各个方面，进而形成了"一体多元"的文化模式。[1] 在这一点上，武术的文化价值恰恰在于它直接作用于身体和心灵，所以被海外民众接受起来也往往变化于不觉，效果神奇。恰如梁漱溟先生所说，"抽象的道理，远不如具体的礼乐"[2]。另外，通过对当代武术文化传统的复兴与再造，人们可以达到文化身份坐标的认同与探寻，并实现文化资源资本化取向下的自我启蒙。

第三，社会价值。一方面，武术可以作为一种公共产品为整个社会提供公共服务。比如，上海体育学院的中国武术博物馆、成都体育学院博物馆、河南陈家沟的中国太极拳博物馆中的大量武术文物资源，具有浓厚的公共文化属性，在一定时空范围内对民族优秀传统文化的普及和传播起到重要的作用。另一方面，武术的公共服务产品属性还体现在促进大众健康质量提升上。太极拳促进中老年人身体健康的积极效果已经被现代医学证实。清晨在公园里、马路边，大量使用太极拳进行健身的老人，让我们在

---

[1] 龚茂富：《美国"康村"武术的海外民族志研究》，《上海体育学院学报》2018年第6期，第69~73页。

[2] 梁漱溟：《中国文化要义》，上海世纪出版集团，2005，第98页。

探讨武术文化资源的社会价值时大受鼓舞。

不但如此,武术为我们展示了具有中国本土特色的一些社会学理论,比如"关系、人情、面子"等。换句话说,它保存了中国社会的一些重要文化基因,展现了人与人之间的结构关系网络。可以说,对武术的关注有助于我们理解所处的这个社会。

第四,精神价值。中国武术自明清成熟以来,已经有几百年历史,"武"是伴随中国人历史始终的文化现象,不可细数。千百年来,武术已经成为中华传统文化精神的载体,同时它也是中华传统文化的化身。中国文化的精神——"仁、义、礼、智、信、勇、敬、忠""一人天,合内外""爱国""和谐"等都在武术上具有明确的体现,可以让人亲身体会,因此武术可以"通天地、成人格、正人伦、显人文"①,自然就具有了不可磨灭的精神价值。不但如此,武术传统本身所具有的凝聚作用或道德感召力,为认同提供了中介,也成为人们建构"想象的共同体"、塑造秩序和权威的神圣源泉。

中国武术文化走向世界,其精神价值也为世界所接纳。20世纪西方出现的"中国文化热"现象,最直接的原因在于李小龙、李连杰等通过影视所展现的中国武术精神在西方民众中的传播与风靡。正是在其静若止水、动若霹雳的一招一式中,观众领悟到讲究"一阴一阳""大道无形"的中国文化精神之道的神奇。正是经由这种践履武术,才使我们更为容易地步入"化成天下"的文化之伟途。② 武术已经是中国文化的外化符号和中国人内在品质的展现,不论是对中国人,还是对全世界的人而言,中国武术具有特殊的文化意义,它所传递的有益效果包括促进不同国家人民之间相互了解、修炼身心、明智启迪,甚至是提供洞见。

第五,历史价值。武术是从历史中走来的,自然具有历史价值。这样的论断看上去似乎过于苍白,但我们对武术历史价值的理解主要基于三个方面:一是武术是中国历史的组成部分,具有深厚的历史底蕴与深入的历

---

① 唐君毅:《中国文化之精神价值》,广西师范大学出版社,2005,第347页。
② 张再林:《中国文化的大传统与小传统关系的哲学辨析》,《光明日报》2019年1月28日,第15版。

史联系；二是武术能够反映每个时代的生活状况；三是武术能够通过历史连续性来启迪当下。

古代的武与当下的武并非一回事。古代的武是军事与战争的代名词。比如，我们讨论十八般武艺之首的"弓"，自然要上溯到原始社会，而且弓与生存、求偶、战争、礼仪、权力、政治都有着密切的联系，通过弓箭我们可以把古代的历史串联起来。武术之于今人的生活已经不再是打打杀杀，也不是能不能打的问题，而是人们通过武术到达一种精神的追求以及心灵和人格的升华与净化。就算不论及心灵，那至少也应是身体的康健。

然而，武术的历史价值最为人们所看重的还是为当下提供启迪。为什么呢？借《易经》的说法，历史首先要"彰往"，不能让人类的往昔湮没；然后要"藏往"，维持人类的历史记忆；最后要"察来"，知道人类怎样可以比过去更好。① 武术历史价值的有用处，亦应在于此了。事实上，考察武术文化的变迁史就可以知道国人如何对待与践行我们的传统文化。征战沙场保家卫国、民间草根流落街头、民族身份强国强种、非遗加身保护传承、产业运作市场沉浮等，这些都是包括武术在内的传统文化的历史际遇。不同的历史时期为武术打上了时代的烙印，阅读武术就是阅读中国传统文化史，从中可以知往昔、通古今、察未来。康奈尔大学东亚历史学家TJ教授就为学生们开设了"东亚武术史"课程，重在通过武术将东亚的历史串联起来传授给学生，以拓展学生视野。

第六，审美价值。对于美学质量的探讨并非易事，也不是本研究的重点所在。但是，我们至少可以分辨出一些公认的武术文化资源的审美价值。在从"术"至"道"的追求过程中，武术一直伴随着对美的追求，因而也彰显出许多美的特质。比如，武术所具备的名称美、姿势美、技术美、节奏美、意蕴美、和谐美、道德美、品格美……从"艺"的层面讲，可以说武术是一种美的艺术。

近年来，武术审美研究取得了一定的成果，对武术美的认知也取得

---

① 罗志田：《历史的重要》，《南方周末》2010年8月19日，第F30版。

了可喜的进步，但是在探寻武术美的本质的同时，不应忽视武术审美的价值。首先，武术的审美价值体现在武术本身及其相关作品（武舞、武打影视、武术比赛等）所具有的各种外形、和谐、意蕴等美感上。其次，武术的美感所体现出的对人的吸引力和凝聚力也是其审美价值的集中体现。正是因为武术所具有的外在美和内在美，才使武术可被人所接受、习练和欣赏，同时，也增加了武术成为可供消费商品的可能性。此外，我们应注意到，武术审美价值还突出表现在它对武术价值的增值上。武术美的程度越高、品位越高，就越会被认为是好的作品，进而其价值含量也就越高。

基于论述的需要，我们对武术文化资源价值的构成进行了六个方面的解构。可以看出，无论是哪一方面的价值都与人们的日常生活紧密相连。甚至可以说，我们无法在生活之外找到武术的任何价值所在。也许我们还可以对武术文化资源价值构成进行更加细致的分类，诸如象征价值、精神价值、实用价值等。但是，这些价值分类或多或少地在文化价值、社会价值等方面都有涵盖，因此不再进行论述。

三 武术文化资源的价值评估

对武术文化资源进行评估是对其进行深入认识的十分重要的环节。由于文化资源的复杂性，对其进行评估并不是一件十分容易的事情。在国际文化界，对文化资源进行价值评估是常有之事，最为著名的要属联合国教科文组织对文化遗产的评估认定。首先我们要明确的是为什么对武术文化资源进行价值评估。

1. 武术文化资源价值评估的目的与意义

首先，对武术文化资源进行价值评估是保护、传承武术文化资源的基础。武术文化资源的存在状况、与文化多样性的关系、蕴藏的精神价值、对社区发展的贡献、促进人类本身发展的价值、保护措施与效果等都是价值评估的重要内容之一。只有在对武术文化资源的种类、数量、规模、水平、等级等各个方面进行深入调查，并在此基础上进行综合分析和评价，才能制定出保护措施与方案。没有对武术文化资源进行调查和信息分析，就很难制定出正确有效的保护方案。然而，关于这一点，笔者通过田野调查发现，目前的武术文化资源保护措施多是人云亦云，并没有做到充分的价值评估与分析，后文将对此展开具体分析。

其次，对武术文化资源的价值评估是进行科学创造性转化的前提与决策依据。对武术文化资源进行创造性转化不能凭空想象，而是要对武术文化资源的文化价值、经济价值、社会价值、历史价值、精神价值等进行一系列品评后再进行程序决策的结果。创造性转化不是竭泽而渔，在进行开发的过程中还要考虑对其进行最大限度的保护和延续。即使可以获得巨大的经济价值，如果转化会对武术文化资源造成巨大的破坏，这样的转化本身也是没有意义的。另外，形成创造性转化的方案也是在对武术文化资源进行充分的科学价值评估的基础上完成的。

最后，为武术文化资源找准价值定位。武术文化资源的转化需要有一定的依据，这个依据就是武术文化资源所具有的价值。如果不明了资源的价值点在哪里，不明白哪些武术文化资源具有转化的可能、哪些武术文化资源具体向哪方面转化的可能，就势必造成转化的混乱与价值的错位。因此，需要设立科学合理的指标体系，在深入调查的基础上针对某一武术文化资源的价值特征、价值潜力、价值开发预期等达成共识，以明确转化的方向、目标与重点。

2. 武术文化资源价值评估的原则

武术文化资源的价值是可以度量的吗？文化资源研究认为，文化资源中只有文化价值具有精神与物质的双重属性，因此是可度量性与不可度量性的统一。为了能够兼顾双方，尽可能地对武术文化资源做出精准的价值评估，有必要遵守一些基本的原则，比如客观性原则、定量与定性相结合原则、整体性原则、社会效益与经济效益相结合原则、静态和动态相结合原则等。

（1）客观性原则

这是一个最为普遍的基准原则，是所有价值评估都要遵守的首要原则，武术文化资源的评估也不例外。无论对武术文化资源进行怎样的评估，始终离不开人这个主体，因此也就不可避免带有一定的主观性。正因如此，我们就更要有固定的评估依据，而不是根据自我的喜好进行主观臆测。运用普遍认同的科学方法和评价指标体系，从尽量接近现实的角度，对武术文化资源价值做出客观的评估。

（2）定量与定性相结合原则

武术文化资源具有多重性、复杂性、多目标性、不确定性等特征，因此给价值评估带来了很大的困难。有必要采用定量与定性相结合的方法来对武术文化资源价值的本质、影响因素以及内在关系进行深入分析，然后再做出科学的决策。定量评估是对武术文化资源一些可以进行明确量化的要素，如武术经典文本的年代、文物的年代与数量等展开的数据式的测量评估。然而武术文化资源价值中很大一部分，如历史价值、社会价值等无法运用数据进行量化的资源属性与意义的评判，因此有必要引入定性评估。定性评估原则是专家依据知识、经验对武术文化资源的性质和属性进行主观的评判，以确定其价值的原则。例如，对武术非物质文化遗产的确定就主要是采用定性评估。

（3）整体性原则

武术文化资源与其共生的社会文化生态之间有着紧密的联系，如果脱离其生长的社会文化环境可能会造成价值的打折。比如峨眉武术之于四川、少林武术之于河南、武当武术之于湖北。因此，评估某些武术文化资源就要从整体性的视角，对武术文化资源及其所属的生态环境与整个社会活动进行从社会、经济到文化、教育等多维度的整体性评估。

（4）社会效益与经济效益相结合原则

武术文化资源的创造性转化不但可以产生经济效益，还可以产生巨大的社会效益。而且，从人类历史长河中看，武术文化资源的社会效益可能要比经济效益更加深刻和长久。比如，习射之于道德品性之养成即如此。因此，在对武术文化资源进行价值评估时务必要注意将社会效益与经济效益相结合。过度追求商业经济价值，容易导致对武术文化资源社会价值与文化价值的遮蔽。因此，对武术文化资源的合理利用要最大限度地实现社会效益与经济效益的统一，以促进武术文化资源效益最大化的实现。

（5）静态和动态相结合原则

静态与动态是对在武术文化资源进行价值评估时需要结合时间进行考量的基本要求。在时间维度里，价值也是一个变量。不同时间节点将影响武术文化资源价值的动态变化。因此，我们有必要结合某一时间节点以及在宏大历史或社会下的价值变动情况，来确定某一武术文化资源的价值状态与变动趋势或规律。

3. 武术文化资源价值评估指标体系的建立

武术文化资源创造性转化的过程主要涉及资源的保护、文化传统的传承以及文化发展的创新等一系列问题，要做到兼顾经济效益和社会效益。因此构建一套科学合理、完备有效的武术文化资源价值评估体系就非常关键。

管理学家德鲁克在《管理的实践》一书中提出了著名的 SMART 原则可以为我们构建评估指标提供重要参考。SMART 是 Specific（明确性原则）、Measurable（可测量性原则）、Attainable（可实现性原则）、Relevant（相关性原则）、Time-bound（时限性原则）几个单词的首字母缩写。明确性原则，是说价值评估指标体系的建构要有明确的目标；可测量性原则，是指评估所要达成的目标是可以被测量的；可实现性原则，是指评估目标是可以实现的；相关性原则，是说评估体系指标之间是相互关联的；时限性原则，是说评估指标必须有明确的实现时间。

此外，在建立武术文化资源评估指标体系时，还要考虑到可操作性与科学性等原则，以及遵守相关法律法规的规定，通过定量与定性相结合的方法来采集相应的指标数据。

（1）武术文化资源价值评估指标体系一级指标的确立

前文重点分析了武术文化资源的经济价值、文化价值、社会价值、精神价值、历史价值、审美价值六大价值，但这六大价值是否都要作为一级评估指标呢？围绕这个问题，我们对16位专家进行了访谈（面对面访谈和电话访谈）。大部分专家提出，文化价值与社会价值、精神价值、历史价值、审美价值多有重叠之处，因此建议在宏观层面上可以用文化价值来统领社会价值、精神价值、历史价值、审美价值。同时，专家也提出为了便于操作，一级指标不宜过多。对于专家首轮访谈的建议，课题组认为理由充分，可以予以采纳。因此，初步拟定经济价值和文化价值作为武术文化资源价值评估指标体系一级指标。

为了进一步验证经济价值和文化价值作为武术文化资源价值评估指标体系一级指标的合理性，我们在《〈建设文化强国进程中武术文化资源创造性转化研究〉之武术文化资源价值评估指标体系专家调查问卷》中专门设定了该问题，以求进一步征求专家意见。课题组再次对上述16位专家进行了问卷发放，发放方式为面对面发放和邮寄发放两种，最终成功回收15份问卷。问卷调查结果显示，15位专家意见高度一致，对经济价值和文化价值作为一级指标的认同比例分别达到100.0%和93.3%（见表2-1）。因此，本研究最终确认将经济价值和文化价值作为武术文化资源价值评估指标体系的两个一级指标。

表2-1 武术文化资源价值评估指标体系一级指标确认统计（$N=15$）

单位：人，%

一级指标	专家认同人数	专家认同比例
经济价值	15	100.0
文化价值	14	93.3

（2）武术文化资源价值评估指标体系二、三级指标的确立

在操作层面，课题组在进行专家访谈确定一级指标的过程中，同时向专家请教了文化资源价值评估指标体系的二、三级指标拟定问题。在收集整理第一轮访谈信息后，课题组参照其他价值评估指标体系的指标设定，初步拟定了本研究的二级指标和三级指标。

在一级指标经济价值下设：投资价值、规模价值、带动价值、产业基础、配套服务、预期前景、潜在市场、凝聚能力八个二级指标；在一级指标文化价值下设：社会价值、历史价值、精神价值、审美价值、传承价值、制度价值、奇特价值、技击价值八个二级指标（见表2-2）。然后，将每个二级指标再根据指标内涵拆分为若干个三级指标。将其组织进调查问卷，向专家发放，征求专家意见。

表 2-2 武术文化资源价值评估指标体系二级指标确认统计（$N=15$）

单位：人，%

二级指标	专家认同人数	专家认同比例
投资价值	15	100.0
规模价值	15	100.0
带动价值	14	93.3
产业基础	15	100.0
配套服务	13	86.7
预期前景	14	93.3
潜在市场	7	46.7
凝聚能力	8	53.3
社会价值	15	100.0
历史价值	15	100.0
精神价值	15	100.0
审美价值	15	100.0
传承价值	12	80.0
制度价值	8	53.3
奇特价值	13	86.7
技击价值	9	60.0

从问卷数据统计看，潜在市场、凝聚能力、制度价值、技击价值四个预设的二级评估指标在专家问卷中的认同情况不甚理想，认同比例较低，为60%及以下，因此决定舍弃。① 最终，一级指标经济价值下的二级指标为投资价值、规模价值、带动价值、产业基础、配套服务、预期前景。一级指标文化价值下的二级指标为社会价值、历史价值、精神价值、审美价值、传承价值、奇特价值。

从问卷统计结果看，部分三级指标的专家认同比例偏低。投资损耗、便于参与程度、区域连片特性、产业规模、政策供给情况、老百姓喜爱程度、沟通情感、有无文献记载、驱动力、情节感人性、对保持技术纯粹性

---

① 注：预设的潜在市场、凝聚能力、制度价值、技击价值四个二级指标遭到淘汰，因此在做三级指标分析统计时就不再统计上述四个二级指标对应的三级指标。

的意义、历史性等三级指标的专家认同率仅为 13.3%～66.7%，无法用于武术文化资源价值评估指标体系三级指标之中（见表 2-3）。

表 2-3 武术文化资源价值评估指标体系三级指标确认统计（$N=15$）

单位：人，%

三级指标	专家认同人数	专家认同比例
投资回报率	15	100.0
投资规模	13	86.7
回报周期	14	93.3
投资损耗	5	33.3
批量化生产程度	15	100.0
便于参与程度	8	53.3
进行现代生产和传播的程度	12	80.0
规模化的可能性	13	86.7
区域连片特性	4	26.7
带动相关产业数量	14	93.3
带动相关产业质量	14	93.3
与其他产业的关联性	13	86.7
技术与人才状况	12	80.0
现有发展水平	13	86.7
政策支持情况	15	100.0
产业规模	9	60.0
交通便捷程度	13	86.7
配套硬件水平	13	86.7
政策供给情况	9	60.0
配套软件水平	13	86.7
与国家政策的吻合度	14	93.3
与现代生活方式的契合	14	93.3
与现代科技的融合	12	80.0
老百姓喜爱程度	10	66.7
提高身体健康水平	15	100.0
立德树人意义	15	100.0

续表

三级指标	专家认同人数	专家认同比例
区域品牌提升意义	13	86.7
沟通情感	4	26.7
时间久远度	15	100.0
有无文献记载	8	53.3
遗存完整性	14	93.3
保护等级	13	86.7
驱动力	9	60.0
文化氛围	14	93.3
感召力	15	100.0
内涵深度	12	80.0
观赏性	15	100.0
艺术感染力	13	86.7
艺术水平	12	80.0
情节感人性	3	20.0
对促进和谐增强凝聚力的意义	12	80.0
对提高人文修养的意义	12	80.0
对发展学术的意义	12	80.0
对保持技术纯粹性的意义	10	66.7
稀缺性	13	86.7
独特性	13	86.7
惊奇性	13	86.7
历史性	2	13.3

通过以上分析不难看出，武术文化资源价值评估指标体系的结构初步形成，如表2-4所示。具体来说，在经济价值中，投资价值包括投资回报率、投资规模、回报周期；规模价值包括批量化生产程度、规模化的可能性、进行现代生产与传播的程度；带动价值包括与其他产业的关联性、带动相关产业数量、带动相关产业质量；产业基础包括技术与人才状况、现有发展水平、政策支持情况；配套服务包括交通便捷程度、配套硬件水平、配套软件水平；预期前景包括与国家政策的吻合度、与现代生活方式

的契合、与现代科技的融合。

在文化价值中,社会价值包括提高身体健康水平、立德树人意义、区域品牌提升意义;历史价值包括时间久远度、保护等级、遗存完整性;精神价值包括内涵深度、文化氛围、感召力;审美价值包括观赏性、艺术感染力、艺术水平;传承价值包括对促进和谐增强凝聚力的意义、对提高人文修养的意义、对发展学术的意义;奇特价值包括稀缺性、独特性、惊奇性。

表2-4 武术文化资源价值评估指标体系

	一级指标	二级指标	三级指标	指标权重
武术文化资源价值评估指标体系	经济价值	投资价值	投资回报率 投资规模 回报周期	指标的权重可以通过德尔菲法获取。武术文化资源具有变动性,因此指标体系中的指标权重需要根据各时期或地域武术文化资源的实际情况进行设定和定期调整
		规模价值	批量化生产程度 规模化的可能性 进行现代生产与传播的程度	
		带动价值	与其他产业的关联性 带动相关产业数量 带动相关产业质量	
		产业基础	技术与人才状况 现有发展水平 政策支持情况	
		配套服务	交通便捷程度 配套硬件水平 配套软件水平	
		预期前景	与国家政策的吻合度 与现代生活方式的契合 与现代科技的融合	
	文化价值	社会价值	提高身体健康水平 立德树人意义 区域品牌提升意义	
		历史价值	时间久远度 保护等级 遗存完整性	
		精神价值	内涵深度 文化氛围 感召力	

续表

一级指标	二级指标	三级指标	指标权重
武术文化资源价值评估指标体系 — 文化价值	审美价值	观赏性 艺术感染力 艺术水平	
	传承价值	对促进和谐增强凝聚力的意义 对提高人文修养的意义 对发展学术的意义	
	奇特价值	稀缺性 独特性 惊奇性	

（3）武术文化资源价值评估体系指标的权重赋予

武术文化资源价值评估体系指标的权重可以通过德尔菲法的专家评分进行合成。对每个指标赋予 0~5 分的分值，然后综合定量分析结果、专家评分以及问卷调查进行数据获取，运用平均值进行数据阵的整理，并根据相应的每个单项的相应权重，可以得到武术文化资源在经济价值和文化价值上的分值。需要强调的是，指标的权重可以根据德尔菲法进行获取，但是武术文化资源具有变动性，因此指标体系中的指标权重需要根据各时期或地域武术文化资源的实际情况进行设定和定期调整。这也是本研究不对具体的指标权重给出答案的原因。

（4）武术文化资源价值评估体系指标得分的理解

武术文化资源通过评估指标打分以后，如何进一步理解分值所赋予的含义呢？为解决这一问题，笔者试图进一步通过函数图来予以说明。我们可以将经济价值作为横坐标，将文化价值作为纵坐标，分别赋予坐标轴 1~5 分的分值结构，以对应指标的分值结构。所有一级指标的得分都可以在该坐标区域内的Ⅰ、Ⅱ、Ⅲ、Ⅳ找到相应的区域分布。Ⅰ区为一般区，表示该区域内的武术文化资源的经济价值与人文价值的得分在 1~3 分，整体价值偏低，社会需求不大。因此，转化难度较大，条件不足，短时间内很难做出创新。Ⅱ区为潜力区，虽然经济价值得分只有 1~3 分，但文化价值得分很高，为 4~5 分。该区域内的武术文化资源文化价值起主导作用，可以通过政府投资，激发市场潜能，积极投入公益文化事业。Ⅲ区为优势区，该区域内武术文化资源的经济价值很高，为 3~5 分，而文化价值不高，仅为 1~3 分。这种武术文化资源需要政府进行规范发展，充分发挥市场的作用，营造良好的转化环境。Ⅳ区为强势区，该区域内的武术文化资源既有着很高的文化价值，又有着很高的经济价值，得分均为 3~5 分，可以通过政府进行给予政策保障积极扶持的策略，推动市场主体进一步发展（见图 2-1）。

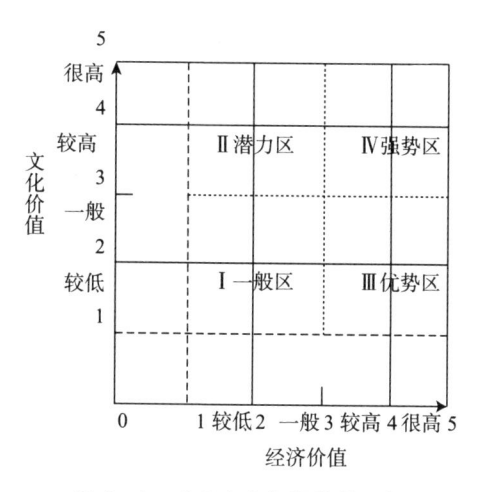

图 2-1 武术文化资源价值函数

通过上述分析，我们可以看到武术文化资源的文化价值与经济价值之间微妙的关系。武术文化资源的文化价值并不完全等同于高质量的经济价值。这就解释了国内有些地区武术文化资源丰富然而产业化不尽如人意，有些地区则有相反表现的有趣现象。武术文化资源很高的文化价值可能也蕴藏着一定的文化惰性，因此就更需要对武术文化资源进行创造性的转化。对评估后的武术文化资源进行转化会更加科学有效，可以更加合理地选择转化的目标和途径。引入评估指标体系对武术文化资源进行评估与度量，是对武术文化资源价值属性进行一种全新认知的模式。[①] 这在一定程度上解决了武术文化资源创造性转化的价值转化问题，明确了武术文化资源的综合运用前景。

---

① 向勇：《特色文化资源的价值评估与开发模式研究》，《北京联合大学学报》（人文社会科学版）2015 年第 2 期，第 44~46 页。

第三章
武术文化遗产资源的保护与开发

  武术文化遗产作为武术文化资源的特殊表现形式,是我国特定历史时期武术悠久历史和深厚文化的遗留物,它记录并见证着武术文化发展变迁过程,承载着发人深省的精神文化内涵与历史记忆,具有很高的历史文化价值。武术文化遗产蕴藏着中华民族特有的精神价值和想象力,体现着武术人的创造力和民族文化的多样性,是武术文化资源的重要组成部分,同时也是文化强国建设中一种宝贵的不可再生的有限资源。武术文化遗产依托自身的文化优势,遇到合适的机遇,在一定的条件下可以发生转化,带来巨大的社会效益。因此,保护与开发武术文化遗产资源在文化强国建设进程中具有极其深远的意义。

  2005 年,《国务院关于加强文化遗产保护的通知》指出,文化遗产包括物质文化遗产和非物质文化遗产。物质文化遗产是具有历史、艺术和科学价值的文物,包括古遗址、古墓葬、古建筑、石窟寺、石刻、壁画、近代现代重要史迹及代表性建筑等不可移动文物,历史上各时代的重要实物、艺术品、文献、手稿、图书资料等可移动文物,以及在建筑式样、分布均匀或与环境景色结合方面具有突出普遍价值的历史文化名城(街区、村镇)。非物质文化遗产是指各种以非物质形态存在的与群众生活密切相关、世代相承的传统文化表现形式,包括口头传统、传统表演艺术、民俗活动和礼仪与节庆、有关自然界和宇宙的民间传统知识和实践、传统手工艺技能等以及与上述传统文化表现形式相关的文化空间。① 本研究将在这个概念框架下，将武术文化遗产分为武术物质文化遗产和武术非物质文化遗产两大部分进行相关问题的探讨。

第一节　武术物质文化遗产的保护与开发

一　物质文化遗产的保护历史与发展现状

对中国而言，物质文化遗产保护是个外来理念，它最先在国外得到实施，后来才逐渐传入国内。域外文明对物质文化遗产保护的认识与实践也不是一蹴而就的，而是经历了逐渐完善的过程。

（一）国外物质文化遗产保护的历史进程

物质文化遗产保护的理念，最早来自欧洲。早在古希腊、古罗马时期，出于对使用价值的追求或特定宗教情结，人们就对一些建筑遗产的保护进行了探索。早期欧洲对建筑遗产的保护和利用主要出于自身发展的实际需要，并没有上升到今天所说的遗产保护的理论高度。到14~15世纪，欧洲逐渐进入了发源于意大利佛罗伦萨的文艺复兴时期。随着人文主义观念的深入人心，人们开始对建筑遗产的艺术价值进行重新认识和评估，对一些经典建筑进行了专门的保护，并在此基础上建造了大量的建筑。当然，这一保护也被载入了建筑史册，并催生了专门对古老建筑进行保护和修复的学科，对物质文化遗产的保护也逐渐专业起来。

19世纪，欧洲进入了立法保护物质文化遗产的阶段。早在1820年，意大利就颁布了《历史文物及艺术品保护法》。意大利把文化遗址划入地方文化历史范畴，并创立了针对物质文化遗产的"考古修复"理论。1840年，法国第一部文化遗产保护法——《历史性建筑法案》颁布。1887年，法国又颁布了历史文物建筑保护法——《纪念物保护法》。1882年，英国颁布了第一个对古建筑进行保护的法案——《古迹保护法案》，英国的切斯特古罗马剧场成为第一个被立法保护的历史建筑。欧洲人认为这些物质

---

① 《国务院关于加强文化遗产保护的通知》，中国政府网，2005年12月22日，http://www.gov.cn/xxgk/pub/govpublic/mrlm/200803/t20080328_32711.html。

文化遗产具有美学、历史、考古、经济、政治、社会等精神性或象征性价值。日本早在1871年就颁布了《古器具保护方案》，并于1897年出台了针对寺庙的《古寺庙保护法》。对物质文化遗产的保护正式被作为一项科学而严谨的工作对待。

到20世纪，人们对物质文化遗产的保护更加成熟，并达成了广泛的国际共识。比如，统一后的意大利于1902年颁布了用于历史、艺术遗产保护的第185号法令。1909年，意大利颁布了有关文化遗产保护的综合性法规——第364号政府令。意大利对物质文化遗产的保护意识非常浓厚，截至2019年，意大利在世界遗产名录里留下了58项世界遗产，在遗产数量上位居世界第一。1906年，法国通过了《历史文物建筑及具有艺术价值的自然景区保护法》。1913年，法国又出台了《历史古迹法》，旨在对保护区内的建筑进行保护，任何针对历史建筑的变动或修缮都要经过严格的审批才能进行。1962年，法国推出了《马尔罗法》，使文化遗产保护的对象首次扩大到整个城市的街区。英国于1932年制定了《城乡规划法案》，把历史古迹周边0.5公里的范围划入保护区。1967年，英国《城市设施法案》出台，提出了针对历史古迹的保护区概念。日本在1918年公布了《古迹名胜天然纪念物保护法》。1950年，在《国宝保护法》和《古迹名胜天然纪念物保护法》的基础上，日本在颁布的《文化财保护法》中明确提出了对文化遗产的分类，即有形文化财、无形文化财、民俗文化财、纪念物和传统建造物群，并建立了文化遗产认定、管理、保护、利用调查的制度体系。

1933年，《关于历史性纪念物修复的雅典宪章》（以下简称《雅典宪章》）在联合国获教科文组织通过，标志着对物质文化遗产保护国际共识的达成。《雅典宪章》确定了一些保护措施与原则，明确提出"有历史价值的古建筑均应妥为保存，不可加以迫害"。1964年，《国际古迹保护与修复宪章》（以下简称《威尼斯宪章》）在威尼斯通过。《威尼斯宪章》是具有里程碑意义的国际法典，它提出了文物古迹保护的基本概念、原则与方法。该宪章指出："保护一座文物建筑，意味着要适当地保护一个环境，一座建筑物不可以从它所见证的历史和它所产生的环境中分离出来。"

1972年，联合国教科文组织在法国巴黎通过了《保护世界文化与自然遗产公约》，将文化遗产保护上升到一个新的高度。1976年，世界遗产委员会成立，加强了文化遗产保护的组织保障。随后，《关于历史地区的保护及其当代作用的建议》（1976年）、《保护历史城镇与城区宪章》（1987年）陆续得以颁布，加上一系列共识性文件的出台，以及2008年通过的《文化线路宪章》等，显示出国际社会上物质文化遗产保护意识的不断增强，保护范围不断扩大，保护方法也更加科学合理。

（二）国内物质文化遗产保护的发展

现代意义上的物质文化遗产保护在中国出现的时间比西方晚了一些。中国物质文化遗产保护的产生与发展受到强烈的西方物质文化遗产保护思想的影响，但最核心的还是延续传统的文化自觉。

清朝末年，中国政府出台了第一个保护物质文化遗产的法规。宣统元年（1909年），清政府民政部上奏《保存古迹推广办法另行酌拟章程》（以下简称《章程》）获准，《保存古迹推广办法》（以下简称《推广办法》）得以颁布。在这部法令中，"碑碣、石幢、石磬、造像、石刻、古画、摩崖、字迹；石质古物；古庙名人画壁或雕刻塑像精巧之件，美术所关；古代帝王陵寝，先贤祠墓；名人祠庙或非祠庙而为古迹者；金石诸物等被列为调查对象。碑碣、石幢、造像；古人金石书画并陶瓷各项什物；古代帝王陵寝，先贤祠墓；古庙名人画壁，并雕刻塑像精巧之件；非陵寝祠墓而为古迹者等被列为保护对象范围"①。《章程》提到，"查各国民政应行保存古迹事项，范围颇广，如埃及金字塔之古文、希腊古庙之雕刻、罗马万里古道，邦俾发掘之古城……或关于历史，或涉于美术，虽至纤悉亦无不什袭珍藏"②。由此可见，在参照国际通例的情况下，清政府对物质文化遗产的保护相对完善。

民国时期，政府对文化遗产的保护逐渐重视起来，一些相关机构得以成立，也出台了一系列的重要法规为物质文化遗产保护提供保障。1916

---

① 内政部年鉴编纂委员会编《内政年鉴三》，商务印书馆，1936，第148页。
② 商务印书馆编译所编《大清宣统新法令》（第四版），商务印书馆，1909，第16页。

年，北洋政府公布了《内务部为调查古物列表报部致各省长都统咨》（以下简称《古物列表》）将历代帝王陵寝、先贤坟墓；古代城郭关塞、壁垒岩洞、楼观祠宇、台榭亭塔、堤堰桥梁、湖池井泉之属；历代碑版造像、画壁摩崖；故国乔木、风景所关，例如秦槐汉柏；金石竹木、陶瓷锦绣、各种器物及旧刻书帖、名人书画等列为保护对象。① 随后又出台了《内务部拟定保存古物暂行办法致各省长都统伤属遵行咨》（以下简称《暂行办法》）对建筑、遗迹、碑碣、金石、陶器、植物、文献、武器、服饰、雕刻、礼器、杂物等古物进行保护。② 值得注意的是，这里面出现了"武器"一词（下文将对此展开分析）。1922 年，考古学研究所在北京大学成立，成为中国历史上最早的文物保护研究机构，随后又成立了考古学会。1928 年，大学院古物保管委员会成立。同年，南京国民政府颁布了《名胜古迹古物保存条例》，其内容大多沿袭 1916 年的《古物列表》，没有甚大变化。南京国民政府于 1930 年颁布了我国第一部文化遗产保护法规——《古物保存法》，对文物的含义、保存要求、文物的挖掘等进行了规定。与此同时，还编译了《各国古物保管法规汇编》。为加强对文化遗产的保护，南京国民政府于 1932 年专门成立了中央古物保管委员会，隶属于行政院，并制定了《中央古物保管委员会组织条例》。1935 年，《暂定古物范围及种类大纲》出台实施，该大纲把与考古学、历史学、古生物学及其他文化有关的古生物、史前遗迹、建筑物、绘画、雕塑、铭刻、图书、货币、舆服、兵器、器具、杂物等列入保护范围。古生物的引入和史前等词语的使用，直接体现了西方话语的影响力。③

值得一提的是，为避免抗日战争对文物的破坏，南京国民政府于 1933 年开始有组织地将文物进行南迁、西迁、东迁的大迁徙。整个过程持续至

---

① 北洋政府内务部：《内务部为调查古物列表报部致各省长都统咨》，载中国第二历史档案馆编《中华民国史档案资料汇编》（第三辑·文化），江苏古籍出版社，1991，第 200 页。
② 北洋政府内务部：《内务部拟定保存古物暂行办法致各省长都统伤属遵行咨》，载中国第二历史档案馆编《中华民国史档案资料汇编》（第三辑·文化），江苏古籍出版社，1991，第 198 页。
③ 王巍、吴葱：《中国文化遗产保护对象及其转变的考察——从清末至民国》，《建筑学报》2018 年第 7 期，第 97 页。

抗日战争结束，前后历时 10 年有余。在政府、民间机构、学者、收藏家等各方面力量的共同努力与牺牲下，中国人民铸就了世界文物保护史上历时最久、规模最大、影响最为深远的传奇。抗战时期抢救民族物质文化遗产的壮举增强了民族凝聚力，坚定了抗战胜利的决心，为传承中华文明做出了特殊的贡献。

新中国成立后，对物质文化遗产的保护被提上议事日程。20 世纪 50 年代就颁布实施了《古文化遗址及古墓葬之调查发掘暂行办法》以及《关于地方文物名胜古迹的保护管理办法》等法规文件，以促进对物质文化遗产的传承和保护。从 1956 年到 2011 年，我国进行了三次全国性的文物普查活动，为文物保护和相关政策的制定提供了依据，有力地推动了文物保护工作的开展。第一次文物普查始于 1956 年，规模比较小，也不甚规范。第二次文物普查从 1981 年到 1985 年，历经五年完成。第三次文物普查从 2007 年开始，至 2011 年结束，前后也是五年时间。与第一次文物普查相比，第二次与第三次文物普查规模大、成果丰富、手段科学、效果明显。尤其是第三次文物普查，在民族复兴与文化强国的大背景下，由时任国务委员的陈至立和文化部部长孙家正挂帅督导，基本实现了对物质文化遗产的全覆盖。

1958 年，中国将"国家保护名胜古迹、珍贵文物和其他重要历史文化遗产"这一条写进了《中华人民共和国宪法》。这是在物质文化遗产保护立法工作上取得的巨大成就。1961 年《文物保护管理暂行条例》（以下简称《条例》）颁布实施，并对文物保护的范围进行了界定，包括与重大历史事件、革命运动和重要人物有关的，具有纪念意义和史料价值的建筑物、遗址、纪念物等；具有历史、艺术、科学价值的古文化遗址、古墓葬、古建筑、石窟寺、石刻等；各时代有价值的艺术品、工艺美术品；革命文献资料以及具有历史、艺术和科学价值的古旧图书资料；反映各时代社会制度、社会生产、社会生活的代表性实物。该法规施行至 1982 年，被当年出台的《中华人民共和国文物保护法》（以下简称《保护法》）取代。《保护法》的出台在中国物质文化遗产保护进程中具有里程碑意义，标志着我国物质文化遗产保护制度的正式形成。《保护法》首次提出要保护历史文化名城。1985年12月，我国正式加入联合国的《保护世界文化和自然遗产公约》，翌年我国便组织了世界遗产项目申报，标志着我国文化遗产保护走上了国际化的新征程。

进入21世纪，在日益重视优秀民族文化的大背景下，中国文化遗产保护也开启了新纪元。为了进一步加强文化遗产保护，继承和弘扬中华民族优秀传统文化，推动文化强国建设，《国务院关于加强文化遗产保护的通知》提出，从2006年起，每年6月的第二个星期六为我国的"文化遗产日"。2006年，文化部又公布了《世界文化遗产保护管理办法》。不但如此，党的十六大、十七大、十八大、十九大报告中都把加强文化遗产保护利用和文化遗产保护传承作为推动社会文化大发展大繁荣、建设文化强国、坚定文化自信、实现民族复兴的一项重要使命。

至此，我国的文化遗产保护制度初步建立，形成了较为完善的文化遗产保护体系。同时，文化遗产保护状况也得到了明显改善，具有历史、文化和科学价值的文化遗产得到了全面有效的保护。文化是一个国家、一个民族的灵魂。物质文化遗产保护在中国已经深入人心，成为全社会的自觉行动。这在武术物质文化遗产保护中都有切实的体现。

二 武术物质文化遗产保护的发展

从武术文化遗产保护的实践来看，我们所面临的现实困境是，现代意义上的中国武术物质文化遗产保护并没有得到应有的重视，而且武术文化遗产保护也没有得到研究学者的必要关注。因此，我们只能从武术发展历史中去爬梳武术物质文化遗产保护的蛛丝马迹。

综观武术物质文化遗产保护发展的过程，不难发现其经历了三个阶段。

一是笼统泛化的保护阶段，主要是指民国时期武术物质文化遗产被列入其他文化遗产泛泛地进行保护的阶段。我国对武术物质文化遗产的保护始于民国初年。上文提到，在1916年民国政府颁布的《暂行办法》中明确提到了将"武器"列入保护的范围和对象。该"武器"主要是指冷兵器时代的兵器遗存，也是当今武术文化遗产的重要组成部分。这一文献的发现，推翻了一般研究认为的现代意义上的武术文化遗产保护始于近年来非遗保护的观点。我们可以认为，武术文化遗产保护始于物质遗产保护，武术物质文化遗产保护始于武器保护。对武器进行保护是武术物质文化遗产保护的开端，这对武术物质文化遗产保护而言具有里程碑意义。在民国后期的一些文化遗产保护条例中均将古兵器作为保护对象纳入保护范围。这也就是我们可以在很多博物馆中看到很多出土兵器的重要原因。

二是国家体委主导的挖掘整理保护阶段，主要是指发生在新中国改革开放后的武术遗产挖掘整理行动。1979年1月，国家体委下发的《关于挖掘、整理武术遗产的通知》，对武术物质文化遗产的继承和保护产生了重大影响。文件下发后，在社会上产生了积极的影响，全国上下开展了轰轰烈烈的武术遗产挖掘整理行动。国家体委组织了调查组，分赴山西、陕西、四川、河南等13个省（区、市）开展了武术遗产挖掘整理行动。武术遗产挖掘整理行动的启动，拉开了专门针对武术遗产保护的序幕。

1982年12月5~11日，新中国成立以来最盛大、最重要的一次武术工作会议——全国武术工作会议在北京召开。会后形成了20世纪80年代武术工作的纲领性文件《全国武术工作会议纪要》（以下简称《纪要》），《纪要》明确提出，"切实做好挖掘整理工作。国家体委准备成立一个武术遗产挖掘整理小组"。1983年，国家体委在南昌召开武术遗产挖掘整理工作会议，共商武术遗产挖掘整理大计。会议提出了国家体委制定的1983年5月至1985年底的武术遗产挖掘整理计划和具体的工作任务。[①]

武术遗产挖掘整理行动发动了除台湾和西藏外的所有省（区、市）参与，取得了卓越的成就。在这次武术遗产挖掘整理行动中，主要涉及拳种、拳谱、文字资料、技术录像、兵器，以及相关实物等。据统计，在武术物质文化遗产方面，武术遗产挖掘整理行动共收集了拳谱等文献资料482本、兵器392件、有关武术历史活动的实物29件。[②] 1987年8月6日，国家体委发布了《关于加强武术工作的决定》，其中提到"继续做好挖掘武术遗产工作。今后要把挖掘整理工作经常化，有计划地把挖掘的成果进

[①] 郝勤主编《中国体育通史》（第六卷），人民体育出版社，2008，第175~176页。
[②] 赵双进：《对八十年代武术工作的回顾与随想》，《体育文化导刊》2003年第3期，第64页。

行系统的整理研究，把具有独特风格和科学价值的武术激发保存下来"①。从这个文件可以看出，对于武术遗产保护工作已经开始向非物质文化遗产方向侧重倾斜。

三是博物馆主导的专业化保护阶段。进入20世纪末期，一些专业性的博物馆逐渐建成并参与到武术物质文化遗产保护中来，推动了保护武术物质文化遗产朝着专业化方向发展。这些博物馆主要有公办和民办两种类型。

在公办博物馆中，1990年建成并对外开放的中国体育博物馆是第一家专门对部分武术文物进行陈列保护的专业博物馆，但是展出后不久相关文物就被打包，基本停止了对外展览等事宜。至2019年，该馆仍处于闭馆状态。该馆主题囊括中国古代体育、中国近代体育以及奥林匹克运动等诸多范畴，所以武术文物在其中所占的比例不大。2005年，于上海体育学院落成的中国武术博物馆是第一家专门对武术文物进行收集整理的博物馆，总面积约为2500平方米，现有武术相关藏品2000余件。2009年8月，河南温县陈家沟建成中国太极拳博物馆并对外开放，该馆以珍藏太极拳方面的文物史料为主。2011年7月，成都体育学院建成以中国古代体育文化为主题的成都体育学院博物馆，其中很大一部分藏品与武术相关。2011年12月，内蒙古西乌珠穆沁旗建成以蒙古族摔跤、赛马、射箭为主题的男儿三艺博物馆，其中的摔跤和射箭都是中国古典武术的重要内容。2012年8月，坐落在新疆维吾尔自治区察布查尔锡伯自治县的中华弓箭文化博物馆开馆。该馆主要对弓弩、箭镞、扳指、箭囊、护具等射箭文物进行收藏保护研究。

近年来，随着文化强国建设的提出与推进，我国民办的武术相关主题的博物馆也如雨后春笋一般出现。山西吕梁的北武当古兵器博物馆成立于2014年5月，馆藏文物500余件。西藏拉萨墨竹工卡县甲玛乡龙达村的群觉古代兵器博物馆，2015年7月正式对公众开放。河南嵩山少林古兵器博物馆于2017年4月正式对外开放。广西北海汉晟古兵器博物馆2018年对外开放，馆藏千余件。在此之前还有山西平遥的中国古兵器博物馆（文涛

---

① 郝勤主编《中国体育通史》（第六卷），人民体育出版社，2008，第177页。

坊古兵器博物馆）于 2010 年 9 月开馆，保存有我国从原始社会到宋、元、明、清以及抗战时期兵器实物千余件。我国台湾地区的台北县（今新北市）淡水镇在 2001 年建成道生中国兵器博物馆并对外开放。民办武术博物馆的出现，标志着对武术物质文化遗产的保护逐渐受到整个社会的重视，武术文物受到社会有识之士的重视，也从一个侧面反映了我国社会文化自觉的增强。

三　武术物质文化遗产保护的特征与问题

近年来，武术物质文化遗产的保护从理论到实践都发生了很大的变化，在内容上也逐渐丰富起来，在广度和深度上也有所拓展，极大地推动了文化强国建设的发展。武术非物质文化遗产保护呈现了自身的一些发展特征，同时也暴露出了一些问题。

（一）武术物质文化遗产保护的特征

总的来说，武术物质文化遗产保护呈现了以下几个特征。

第一，武术物质文化遗产保护在保护理论上不断延伸，从最初的保护修复到整体性普查，再到博物馆保护，内涵逐渐扩大。考古学、历史学、博物馆学、人类学、民俗学，以及物理学、化学、计算机科学等学科知识的引入大大丰富了武术物质文化遗产的理论基础，使武术物质文化遗产保护的理论更加系统科学。

第二，在保护对象上，针对武术物质文化遗产的保护，从仅对杰出重要的武术文物（主要是古兵器）的保护，扩大到对各历史时期武术相关文物，如兵器、练功器械、古拳谱、碑刻、服装、建筑、遗址以及能作为见证武术发展的对象物的保护等，保护对象大大丰富，2018 年修缮的中央国术场就是一例。位于南京体育学院校内的民国时期的中央体育场旧址建筑——中央国术场是国家级文物保护单位，始建于 1931 年。中央国术场是民国武术发展的象征与民国武术历史的见证，也承载着人们对民国武术的记忆。中华民国第五届全运会国术比赛、中华民国第二届国术国考都曾在这里举办。在 80 余年的历史中，中央国术场留给世人的印象就只是矗立在那里的建筑。长期以来，中央国术场都没有得到很好的修缮保护，运动场地和看台都已荒废。2015年，为了推动对中央国术场遗产的保护，经国家文物局审批同意，南京体育学院依据"最小干预"和"不改变文物原状"原则对中央国术场进行了保护性修缮，2018年12月修缮如期完成。这也是我国首次对武术建筑遗址进行修缮保护，突破了以往的武术物质文化遗产保护形式。

第三，在武术物质文化遗产保护范围方面也呈现了逐渐扩大的趋势。当前，我国已经从对武术具体物品的保护扩大到了对武术名人故居的保护，甚至是故居环境的保护。这一点课题组在前往广东、香港考察了李小龙故居的保护后深有感触。李小龙在广东有两处祖居，分别位于佛山市顺德区均安镇上村乡和广州市荔湾区恩宁路永庆一巷。佛山市顺德区当地政府在保护李小龙祖居上启动最早，并且于2008年建成了近3000亩的李小龙乐园，修建了目前全球规模最大、馆藏资料丰富翔实的李小龙纪念馆，取得了很好的社会效益。另一处位于广州市荔湾区的李小龙祖居也于2016年得到了政府的修缮保护，不但成立了李小龙纪念馆还设立了武医馆。事实上，这些只是李小龙的祖居，而并非李小龙的故居。可见相关部门对武术文化资源的珍视以及对相关物质文化遗产保护意识的增强。李小龙真正的故居是香港九龙塘金巴伦道41号"栖鹤小筑"别墅。但是房产所有者与地方政府在保护修复规模上的分歧导致对该处故居的保护仍然没有启动，令人惋惜。

第四，武术物质文化遗产保护方法及手段逐渐科学化与多样化。我们对武术物质文化遗产的保护已经由单纯的文物考古、搜集，转变为多学科方法参与的综合性保护，各种现代技术手段保护措施在其中都有体现。2005年，上海体育学院开始打造中国武术博物馆时，馆内面积只有几百平方米大小。建馆之初，由于文物搜集难度很大，上海体育学院中国武术博物馆只是简单地陈列了一些武术文物，对科技手段的应用很少。但是，经过十余年的发展，上海体育学院中国武术博物馆已经发展成为拥有2000余平方米面积，藏品2000余件，并采用了多种现代科技手段，全方位、立体化地对馆藏文物进行保护、数字化展示与传播的专业性博物馆。

第五，武术物质文化遗产保护形成了专家、政府、社会、大众多方参与的保护格局。物质文化遗产保护是十分专业的领域,没有文博专家的参与,几乎无法实行。文物的鉴定、修缮、陈列、运输等都是十分专业的领域,全程都需要专家的密切参与,武术物质文化遗产的保护也是如此。正因如此,专家也成为推动武术物质文化遗产保护的学术力量。政府的参与在其中具有重要的作用,经费的供给、场馆的提供、政策的保障都是政府参与的重要体现。无法想象,如果当年没有国家体委的牵头,如何能调动全国的力量进行近三年的武术遗产挖掘整理工作。民族复兴所营造的文化自信氛围让越来越多的社会力量参与其中,诸多民营武术博物馆的出现就是最好的例证。这反过来又进一步推动了全社会对武术物质文化遗产保护意识的增强。此外,上文提及的大多数与武术密切相关的博物馆几乎都积极向公众开放,将公共服务和文化保护与传承功能放在首位,调动了公众参与的积极性,强化了普通民众对武术物质文化遗产的保护意识与文化自觉。

(二) 武术物质文化遗产保护存在的问题

综观武术物质文化遗产保护的实践,可以看到我们已经取得了一定的成就,使一些武术物质文化遗产避免了流失甚至损毁的命运。但是,在这一过程中仍旧存在一些亟待解决的问题,武术物质文化遗产保护依然面临严峻的挑战。

首先,保护机制仍不健全。1983 年 5 月至 1985 年底的武术遗产挖掘整理行动尽管进行得如火如荼,但是多年后人们发现在行动中搜集到的很多拳谱被束之高阁,一些兵器也出现了不同程度的遗失,甚至部分文物损毁严重。笔者在田野调查中发现,有些省份当年挖掘整理的资料保存在何处已经无人知晓了。这种重挖掘整理轻管理的现象不仅最终没有保护好这些遗产,甚至直接造成了武术物质文化遗产的破坏,更是给后面的开发和利用造成了极大的困难。另外,出于各方面原因,部分博物馆仍然没有采用博物馆管理系统,一些武术文物尚没有进行登记评级,这就导致在保护方法上无法得到更好的指导与帮助。

其次,保护资金匮乏,专业技术人才短缺。对武术物质文化遗产的保护需要大量的资金,搜集、征集、购买、修复、展陈,每个环节无不需要大量的资金与人力资源投入。经费少一直是困扰武术物质文化遗产保护的难题，致使一些武术物质文化遗产的保护举步维艰。文物价格通常奇高无比，越是珍贵文物越是如此。不但如此，笔者在调查中发现，在文物市场还存有一个不成文的规定，即卖家不愿意给买家开具出售发票。这就导致在现行资金管理体制下，官办博物馆几乎无法从社会市场上购置有品相的武术文物。虽然各地方政府近年来对武术物质文化遗产保护投入资金增加，但是与日益增加的武术文物相比，保护任务仍旧十分繁重。另外，尽管武术物质文化遗产在中国古代体育中占有极其重要的位置，但它在整个文化遗产中依然是非常"专业"也是十分"小众"的一块内容，目前尚没有专门的人才培养渠道。普通文博专业人才又很少关注或不愿意从事这一方向工作，因此人才匮乏紧缺。

再次，法律法规不健全，执法力度较小。虽然从国家到地方政府层面都出台了相应的法律法规，但体系仍不够健全。武术物质文化遗产方面的内容仍没有引起相关管理部门领导的重视，尚没有出台有针对性的专项保护法规措施。由于武术类博物馆以及体育类博物馆对武术物质文化遗产的保护是新生事物，在操作层面上，就会出现现有法规无法解决的各种问题。对武术物质文化遗产的保护立法尚没有跟上保护实践的发展速度。

最后，对武术物质文化遗产保护意识仍然十分淡薄，尚没有形成社会共识。中国作为东方文明的代表，数千年的历史造就了数不清的物质文化遗产，武术物质遗产在其中可谓沧海一粟。虽然民族复兴与文化强国使我国社会整体上对文化遗产保护意识不断提高，但由于武术物质文化遗产的小众化，难以引起强烈的社会共鸣。事实上，这主要还是与人们对武术物质文化遗产的价值以及保护意义认识不够深刻有很大关系。例如，李小龙位于香港九龙塘金巴伦道41号"栖鹤小筑"故居的荒废就直接反映了这个问题。1973年李小龙去世后，"栖鹤小筑"被他人购入，并当作酒店开发。后来房产所有者向特区政府提出将房产改建为李小龙纪念馆进行保护性开发，但由于在经费、规模等一些问题上没有达成一致意见，这一提案无法得到落实，导致这一位于国内的真正的李小龙故居破败不堪。2015

年，93 岁的房产所有者去世，香港李小龙故居于 2019 年被拆毁。①

（三）对武术物质文化遗产保护的几点建议

武术物质文化遗产尚没有引起足够的重视，对武术物质文化遗产的保护落后于对武术非物质文化遗产的保护，这对武术物质文化遗产资源的创造性转化造成了一定的阻碍。因此，我们需要转变观念，增强对武术物质文化遗产的保护意识，将武术物质文化遗产与非物质文化遗产放在同等重视的高度，建构完善的保护机制，培养专门的保护人才，寻求国家资助和社会资金，并进一步完善相关法律法规，为武术物质文化遗产保护保驾护航。

四　博物馆对武术物质文化遗产的保护与利用

国际博物馆协会在 1974 年通过的《国际博物馆协会会章》规定："博物馆是一个不追求盈利、为社会和社会发展服务的、公开的永久性机构，对人类和人类环境见证物进行研究、采集、保存、传播，特别是为研究、教育和游览等目的提供展览。"② 博物馆是人类文明取得进步的重要标志，也是一个国家或地区文明形象与历史文化厚度的重要代表，还是对物质文化遗产提供保护的重要场所。我们通过上文的讨论不难发现，博物馆对武术物质文化遗产资源形成了聚集，已然出现了对武术物质文化遗产资源进行创造性转化的新文化现象。对武术物质文化遗产资源的保护与利用而言，中国武术博物馆以及逐年增多的民间武术博物馆等都是新鲜事物。因此，有必要对此进行进一步的讨论。

（一）意义追寻：武术之物与博物馆

博物馆通过一系列专业的展陈方式以及细致的讲解来建构参观者对武术之物的想象。从武术之物到成为博物馆藏品的博物馆化的过程中，武术物质文化遗产被物化与象征化，其意义被重构，其形态与价值也得到了创

---

① 《李小龙故居被拆毁 李小龙会痛心！遗憾未能保住其生前最后的寓所》，凤凰网，2019 年 9 月 25 日，https://gz.house.ifeng.com/news/2019_09_25-52332007_0.shtml。
② 转引自文化部文物局主编《中国博物馆学概论》，文物出版社，1985，第 27 页。

造性的转化，因为博物馆对武术之物的展示过程就是重新赋予武术之物新的意义以及重新阐释其价值所在的过程。当然，这其中不能缺少对武术之物原生意义的还原。进入博物馆的武术之物就失去了与原生环境的联系，因而一些历史、功能与意义的剥离就在所难免，同时也会失去阐释自身意义的能力。武术之物的博物馆化使其生命得到了延长，同时也使它具备了某种异文化的象征。

武术之物与博物馆之间存在奇妙的关系，博物馆使武术之物的遗产价值倍增，反之成为藏品的武术之物促使博物馆成为特定武术文化表征与价值的传播空间。在博物馆这个特殊的空间中武术之物意义的传播是一个完整的文化传播过程。正是由于这个传播过程，武术之物的价值发生转化。文物价值与观者之间形成了错综复杂的主客体价值系统，文物价值就体现在与主体的联系和对主体各种需求的满足过程中。[1] 不但如此，借助不同的展陈语言以及经由不同的展示手段，相同的武术藏品也可向观者展示不同的意义并建构出不同的传播价值。[2]

博物馆对中国而言是舶来品，最初源于神庙，后来逐渐发展成为集保护、研究与教育为一体的综合性机构。展示和表现物的价值是博物馆之于社会的巨大意义属性。博物馆对武术之物的展示其实就是对武术文化的展示，观者从武术之物的象征意义中收获知识。这种经过制造的对武术之物与文化的展示可以给观者提供很多思考和想象的空间。当然，观者也是博物馆中武术之物价值的建构者。不同年龄、性别、职业、社会阶层的人对观赏到的武术之物的理解和反思是有差异的，这反过来也使博物馆中的武术之物的价值获得了某种创造性的放大。

此外，武术之物进入博物馆也是时代的需要。当今，文化强国、文化强省、文化强市是主流，那么应该如何体现文化？答案就是可以通过建博物馆来体现。武术之物的博物馆化有自身小我的意义所在，也有宏大的国家、民族在场。武术物质文化遗产之于博物馆的一个重要的意义在于对国

---

[1] 苏东海：《博物馆的沉思——苏东海论文选》（卷三），文物出版社，2010，第365页。
[2] 郑茜：《意义还原与价值传播——博物馆藏品实现沟通的两个向度》，《中国博物馆》2014年第3期，第27页。

家与民族文化的阐释与展示，以及重构集体记忆，有时甚至还包括地方形象的建构。

（二）博物馆对武术物质文化遗产保护和利用的现状及问题

在发展的过程中，博物馆在武术物质文化遗产保护和利用上取得了一定的成就。在诸多博物馆中，上海体育学院建立的中国武术博物馆、成都体育学院建立的以中国古代体育文化为主题的成都体育学院博物馆在武术物质文化遗产保护方面成为佼佼者。此外，异军突起的民营武术类博物馆在一定程度上也满足了公众的精神文化需求。数字技术已经被应用到博物馆武术物质文化遗产的保护之中，声、光、电等影像与虚拟技术的使用大大提高了武术物质文化遗产的展出效率。博物馆的出现，不仅加大了对武术物质文化遗产的保护力度，也取得了一定的经济效益和社会效益。但是，即使如此，我们还应看到，这只是在少数博物馆取得的成就，前文列举的大部分博物馆对武术物质文化遗产的保护还处于初级的摸索阶段，存在的问题很多，有的甚至生存艰辛。

1. 专业性不够，保护经验不足

与武术密切相关的一些博物馆，建成日期都比较晚，这在一定程度上导致它们对武术物质文化遗产的保护专业性与经验都较为缺乏。当然，综合类博物馆中也有大量的武术物质文化遗产存在，比如古兵器等，这部分博物馆已经非常专业，因研究范围所限，故这些博物馆不在本研究讨论的范畴之内。在中国体育界，建成最早的就是中国体育博物馆，但是，这个博物馆现在正处于非常尴尬的处境：旧有展馆因建筑质量问题无法使用，新馆的建立迟迟没有下文。这也就导致人们无法对其中大量的武术物质文化遗产进行正常的保护与利用。上海体育学院建立的中国武术博物馆是唯一一个以武术为专题的博物馆，但是其建立也仅有十余年时间，资历尚浅，还处在尝试摸索阶段。位于陈家沟的中国太极拳博物馆内部藏品内容过于单一，笔者考察后认为这是缺少专业性人员维护与经营所致。成都体育学院博物馆以中国古代体育文化为主题，收藏了不少珍贵的武术物质文化遗产，但因条件所限，比如对湿度、光线的控制，以及现代性科技手段的使用不足等，也无法达到现代文物管理与保护的高标准要求。体制内有一定经费保障的博物馆尚且如此，一些民营的博物馆对武术物质文化遗产保护的专业性可想而知。

2. 展览和陈列居多，保护与利用不足

展览和陈列是博物馆的重要职能，但是博物馆还有更重要的价值所在，即对于所藏文物的保护和价值开发——这也是创造性转化的应有之义。前文所述几个博物馆在武术物质文化遗产的展览和陈列方面取得了一定的成就。比如，成都体育学院博物馆在郝勤先生的经营下，策划并做出了一系列与大型比赛合作的展览和陈列方案，让包括武术文物在内的一系列藏品都取得了很好的展览传播效果。但是，据笔者考察，目前对馆藏武术物质文化遗产的保护和利用仍稍显不足，比如资金匮乏和专业人员紧缺导致的对武术物质文化遗产保护的欠缺、博物馆在学术研究上的不足等。此外，对博物馆中武术物质文化遗产的经济价值、社会价值、教育价值的开发也十分滞后。

3. 珍品数量有限，藏品数量亟待丰富

由于起步晚，加之武术主题相对狭隘，所以相关博物馆中所收藏的武术文物珍品数量极为有限，而且藏品数量也有待补充。在一些民营博物馆中，甚至摆放有大量的"新文物"，以假乱真、以次充好、缺乏鉴定的现象大量存在，这在一定程度上就使博物馆自身的价值大打折扣。

其实，这些博物馆存在的问题远不止这些。例如，有些博物馆中仍旧缺乏引导人们从武术藏品中感悟生命、思索未来的深刻力量，也没有很好地传达出隐藏在这些武术之历史物背后的制造原因、文化特质以及它们与人的关系等。博物馆是物的集合与存在，更是深刻的历史记忆所在。生命的意义正是建立在记忆基础之上的，历史的车轮滚滚向前，但经历过血与泪洗礼的武术物质文化遗产依然存在，它们彰显的正是永恒的力量与深刻的思想智慧。

（三）博物馆对武术物质文化遗产保护与合理利用的对策

1. 博物馆武术物质文化遗产的有效保护

博物馆武术物质文化遗产任何价值的发挥都是建立在充分保护基础上的，可以说没有保护就没有长久的利用。

（1）提高从业人员专业性素养，加强专业性保护

对目前的状况而言，当务之急是要提高武术相关博物馆从业人员的专业素养，包括文物保护法律法规的学习、修缮知识与技能的培训、文物保存与展陈知识的学习以及武术文物常识与武术历史文化背景的了解积累等。只有专业性素养提升，才可以对武术物质文化遗产进行更加有效的保护。

（2）推进对武术物质文化遗产保护的科技创新

2016年，科技部、文化部、国家文物局联合印发的《国家"十三五"文化遗产保护与公共文化服务科技创新规划》明确指出，文化遗产价值认知、保护修复关键技术的突破等方面都需要科技创新支撑。[①] 武术物质文化遗产的保护同样需要科技创新的支撑。因此，要大力推进武术古迹探测、武术文物信息提取、武术文物价值挖掘等方面的技术创新。构建武术文物修复和检测方法体系，尤其是为古典武艺兵器、武术碑刻、牌匾、武术古建筑、武术名人故居等提供保护技术和解决方案，研发出适合保护武术文物的关键技术专用工具和装备等。

（3）加强数字化保护

对物质文化遗产数字化保护是国际上通行的办法，也是国际上对文物加强保护的重要发展方向之一。数字化可以使武术文物在存储、传递、复制、共享等方面变得异常容易，还可以全方位展示文物。这恰恰弥补了武术物质文化遗产易损、不可再生等缺陷。不过，在数字化的过程中工作人员要反复拍照摄像，因此一定要尽可能地减少对武术物质文化遗产的损伤。

2. 博物馆武术物质文化遗产的合理利用

习近平总书记对文化遗产的保护和利用做出了一系列重要指示。他提出，要增强文化自信和价值观自信，系统梳理传统文化资源，让收藏在博物馆里的文物、陈列在广阔大地上的遗产、书写在古籍里的文字都活起来。要把凝结着中华民族传统文化的文物保护好、管理好，同时加强研究

---

① 《三部门印发〈国家"十三五"文化遗产保护与公共文化服务科技创新规划〉》，中国政府网，2016年12月29日，http://www.gov.cn/xinwen/2016-12/29/content_5154284.htm。

和利用,让历史说话,让文物说话。①

(1) 依托馆藏资源,开发武术物质文化遗产文创产品销售

在国家政策支持、社会民众鼓励的背景下,依托馆藏资源或文化元素对武术物质文化遗产进行文创产品开发销售迎来了新的机遇。武术物质文化遗产资源有很多可开发元素,故事性也很强,这些都为文创产品开发打好了基础。但是创意产业开发并非武术相关博物馆工作人员的专长,因此可以通过授权开发、合作开发、委托生产等多种方式进行。不过,武术物质文化遗产文创并不是武术 IP 的简单拼接,一定要注意把历史性和日常生活联系起来,做到趣味性、审美性与实用性相结合。对武术物质文化遗产进行文创开发,既可以促进武术文物经济价值的实现,也是对武术文化的进一步社会化传播,那些融入了文创人员智慧和灵感的武术文创产品必将承载着武术的历史文化信息,同时也可提升博物馆的品牌效应。

(2) 积极推进与旅游的结合

一些处于旅游地区或风景名胜区的武术相关博物馆可以通过与旅游相结合来促进商业的开发,例如中国太极拳博物馆、男儿三艺博物馆、中华弓箭文化博物馆、北武当古兵器博物馆、群觉古代兵器博物馆、嵩山少林古兵器博物馆等都或多或少地融入了当地的旅游产业。这些武术类博物馆具有鲜明的主题特色,成为吸引游客的有力文化资源。根据笔者考察,这些博物馆虽然与旅游有一定的结合,但尚未形成相对稳定的模式,多数还停留在"隔着玻璃看,耳边听人讲"的初级阶段,应与旅游深度结合,让更多的游客参与其中,感受武术物质文化遗产所带来的乐趣。

(3) 在利用的过程中要把握好度,处理好利用与保护的关系

对博物馆里武术物质文化遗产资源的利用并不是单纯地开发商业利益,如果一味地开发利用,忽视了保护,就是竭泽而渔,失去博物馆保护传承文化的核心价值。目前,部分民营博物馆在开发上大做文章,给武术物质文化遗产带来了潜在的保护危机。在对博物馆里的武术文物进行开发

---

① 《习近平谈文物保护工作的三句箴言》,人民网,2016 年 4 月 13 日,https://politics.people.com.cn/n1/2016/0413/c1001-28273470.html。

利用的过程中还是要遵循"保护为主、抢救第一、合理利用、加强管理"的原则,把对武术文物的保护放在第一位,做到适当开发、保护性利用、持续性发展。

第二节 武术非物质文化遗产的保护与开发

一 中国与非物质文化遗产保护

2003年10月17日,在《保护世界文化和自然遗产公约》的基础上,联合国教科文组织在巴黎举办的第32届大会上,通过了《保护非物质文化遗产公约》。截至2021年7月,《保护非物质文化遗产公约》拥有包括中国在内的近200个缔约国,收录遗产总数为1154处。[1]《保护非物质文化遗产公约》蕴含着丰富的人权、文化权利、公民权利、文化多样性、人类创造性、国际合作等含义,对推动人与人之间的深入交流和理解,密切人与人之间的联系都有着不可估量的重要作用。《保护非物质文化遗产公约》的顺利通过,标志着世界遗产保护"非遗"时代的到来。

中国政府高度重视非物质文化遗产保护。早在2004年,中国就加入了《保护非物质文化遗产公约》,成为缔约国之一。截至2020年,中国有42个项目被列入联合国教科文组织的非物质文化遗产相关名录,其中34个项目列入代表作名录,7个项目列入急需保护名录,1个项目入选优秀实践名册。[2] 非物质文化遗产保护在中国学术界引起了深入的讨论,形成了强烈的肯定与共识。非物质文化遗产保护实践无疑对于促进中华民族的集体认同和自豪感、激发传承保护的自觉性和积极性、进一步弘扬中华文化都产生了积极的作用和影响。高丙中教授认为,非物质文化遗产保护在中国形成广泛参与的风潮,重绘了中国的文化地图,创造了新的历史。以新的话语开启了新的社会进程,以文化共生的生态观念和相互承认的文化机制

---

[1] World Heritage Commitlee Closes Fuzhou Session, Adding 34 Newsites to Heritage List, https://www.chinadaily.com.cn/a/202108/01/ws6105e016a310efa/bd665bef_1.html.

[2]《42+1! 一图纵览:中国列入联合国教科文组织非遗名录名册项目》,光明网,2022年12月5日,https://mgmw.cn/baijia/2022-12/05/1303214394.html。

终结了中国社会盛行近百年的"文化革命",为近代以来在文化认同上长期自我扭曲的文化古国提供了文化自觉的方式,为民族国家建设提供了公共文化的框架。① 非物质文化遗产保护在中国社会引起了强烈的共鸣,带来了巨大的文化变革,形成了前所未有的文化发展局面。

中国对非物质文化遗产保护的推动,有着强烈的构建人类命运共同体的美美与共诉求。党的十七届六中全会提出了以建设社会主义核心价值体系为根本任务,以满足人民精神文化需求为出发点和落脚点,培养高度的文化自觉和文化自信,增强国家文化软实力,弘扬中华文化的"文化强国"战略。党的十八大以来,文化再次被提升到了前所未有的高度,习近平总书记高瞻远瞩地提出了"构建人类命运共同体"的时代命题,凸显了中华民族对文化的深入理解以及人类思想智慧的创新性发展。党的十九大报告提出,要坚定文化自信,推动社会主义文化繁荣兴盛。同时,习近平总书记不止一次地提到,没有高度的文化自信,没有文化的繁荣兴盛,就没有中华民族伟大复兴。要激发全民族文化创新创造活力,建设社会主义文化强国。关于文化遗产的重要论述在习近平新时代中国特色社会主义思想中占有重要位置。中国试图在文化上给世界提供一个尊重世界文明多样性,促进民心相通、文明互鉴,完成文明冲突超越,促进人类社会健康发展的中国方案。

我国非常重视非物质文化遗产保护的国际合作,并切实推动非物质文化遗产保护实践。在《保护非物质文化遗产公约》诞生之初,中国就积极参与起草谈判,并率先通过了公约。中国政府随之就国内优秀的文化遗产申报"人类非物质文化遗产代表作名录"、"急需保护的非物质文化遗产名录"以及优秀实践名册,开展保护工作。另外,中国政府还大力促进保护经费的筹集,践行缔约国权利和义务,积极搭建国际合作平台,于2012年5月18日在北京成立了"联合国教科文组织亚太地区非物质文化遗产国际培训中心"。

通过"自上而下"的强力推动,我国在非物质文化遗产保护过程中

---

① 高丙中:《中国的非物质文化遗产保护与文化革命的终结》,《开放时代》2013年第5期,第143页。

取得了巨大的成就。2006年至今，中国政府已经完成五批次国家级非物质文化遗产代表性项目名录的遴选与公布，并形成了"四级"名录体系。另外，在机构设立、法规建设以及理论研究上都取得了辉煌的成绩。从"抢救性保护"到"原生态保护"再到"整体性保护"，以至于最新的"生产性保护"等保护理论的形成，都得益于中国扎实的非物质文化遗产保护实践，同时也为国际非物质文化遗产保护提供了中国经验和中国智慧。

与世界非物质文化遗产保护需要中国相比，中国更需要非物质文化遗产保护。如果问非物质文化遗产为中国带来了什么？最重要的莫过于为中国带来了新的文化思想，并形成了全社会广泛参与的革命性文化实践。这种文化价值得到重新估量，并被赋予了新的意义。一时间，关于文化的国家主流思想得以改变，同时改变的还有国家体制与民间文化之间的微妙关系。用高丙中教授的话说，就是打开了"走向真正的现代社会的一个正途"[①]。

二 中国武术非物质文化遗产保护的意义

从2006年中国政府公布第一批国家级非物质文化遗产名录起，到2021年第五批国家级非物质文化遗产代表性项目名录，单就武术而言，已经有77项之多。当武术遇到非物质文化遗产，一切都发生了改变。历史上，武术从来没有像今天这样以"遗产"的身份被纳入整个国家话语体系，武术成为非物质文化遗产项目，身份为之一变，随之出现了诸多改变。对武术而言，非物质文化遗产保护具有极其重要的意义。

尽管武术非物质文化遗产保护已经有十余年的发展历程，也形成了一定数量的研究成果，但我们在一定程度上对武术非物质文化遗产保护的理解还不够深刻与到位。这对进一步促进武术非物质文化遗产保护造成了一定的障碍。非物质文化遗产的介入，让我们得以重新理解、认识、解读中国武术，反思中国武术的地位与价值，认识到中国武术作为可供转化的社

---

① 高丙中：《〈保护非物质文化遗产公约〉的精神构成与中国实践》，《中南民族大学学报》（人文社会科学版）2017年第4期，第63页。

会文化资源之于国家文化建设的重要性。①

(一) 增强了武术的优秀传统文化身份，进而成为一种文化资源

回顾武术的历史，我们很容易发现，在大多数的历史时空中武术并不是什么阳春白雪的技艺。在古代战场上，武术就是夺人性命的杀人术。民间社会的私斗，武术属于防身格斗的把式，还有一些彰显各种神威护体的走街串巷摆摊卖艺的草根勾当。这样的武术似乎很难与优秀文化传统沾上边。当然，孔子倡导的六艺教育中的射艺是个例外。弓箭是十八般兵器之首，但是经过孔子的改造，射已经从杀生之"技"提高到了观德的"艺"的高度。

作为一个整体概念的武术进入国家与民族的视野要追溯到20世纪初期兴起的"国术运动"。以中央国术馆和精武体育会为代表的不同层面的力量参与，让武术以"身体"为导向，引导国人"从自在的蒙昧中得到解放"（康德语），汇入20世纪中国思想启蒙运动的洪流。武术颠覆性地与国民和民族命运紧密地联系在了一起，尚武成为救国保种的一剂良方。即使如此，武术还是招来不少非议。好在20世纪30年代的"土洋体育之争"进一步肯定了武术的民族本位价值。新中国成立后，武术的发展也是一波三折，但总体上看武术的优秀民族传统文化属性越辩越明。有必要指出的是，更多的时候受到弘扬的是经过改编的所谓的"竞技武术"，而作为武术根底的民间武术则一直处于边缘的尴尬位置。直到非物质文化遗产保护政策与措施的出现，这一切才悄悄地发生了奇妙的变化。

武术被成功地列入国家级非物质文化遗产代表性项目名录，这正面肯定了武术的传统文化身份与民族文化属性。在此之前，学者对武术的阐释与定位也是民族优秀文化，但是这样的阐释与定位更多地停留在了武术或者体育这个狭小的圈子里面。这个圈子之外，又有多少人会在谈论中国传统文化时提到武术呢？社会上又有多少民众真正了解武术的"博大精深"呢？当武术融入非物质文化遗产话语体系，就自动地贴上

---

① 龚茂富：《中国民间武术与社会变迁》，中国社会科学出版社，2018，第322页。

了非物质文化遗产的标签，人们对武术的认知也随之改变，尤其是对那些被列入名录体系的武术项目更是如此。武术在非遗的帮助下，完成了全新的话语转换。人们不得不重新思考武术与民族文化的联系，以及武术本身所蕴含的时代价值。武术借助非遗保护再一次实现了身份的标注与地位的突围，拥有了重新向社会诉说自身历史与价值的平台。《保护非物质文化遗产公约》以及国家出台的一系列非物质文化遗产保护法律法规使武术受到尊重、传承与弘扬。在非物质文化遗产保护中，武术也汇入了浩浩荡荡的全球性的文化运动，拥有了话语权与各种权利主张。武术不再被阐释为民族文化，其本身就是民族文化遗产之一，因而也成为不可替代的文化资源。

（二）扩大了武术的公共文化属性

武术的历史非常悠久，名声也足够响亮，但我们不得不承认武术曾经只是作为小众的文化存在。武术最直接表现为某种身体攻防技术，而且这种技术是经过系统训练之后才能掌握的专门/专业技术，这就决定了并不是所有的人都能够快速掌握或理解武术。换句话说，武术是武术人的武术。武术依附于具体的练武之人，因此其私人专属特性非常明显。所以，在某种意义上，武术并不是大家的，也很难说得上是共享的。在这一点上，所谓"传儿不传女、传内不传外"的说法可以作为佐证。武术曾经被作为私有财产，不得外传"他人"。是"我的"就不是"你的"，这样形成的门户之见进一步强化了武术的私有属性。比如"他是支系，我是正派。我会的这些他不会"① "别的门都不如我们""我家练少林是三辈世传……不能随便传人"②。民国时期，少林与武当之间的水火争斗与相互鄙视，更是被唐豪在《少林武当考》中斥责为"坐井观天"。戴国斌指出，这种"我是他非"的话语形成了自己的共同体认同和建构。③ 事实上，这是武术人刻意对文化区隔或代表性的应用，即通过对武术文化某些特征的选择而组合或创建成一个整体，以此来确定某人、某门或某派的独特性，

---

① 重远：《如何能除祛国术家们的病》，《求是月刊》1935年第1期，第17页。
② 金警钟：《实验之谈》，《求是月刊》1936年第10期，第333~334页。
③ 戴国斌：《门户对拳种、流派的生产》，《上海体育学院学报》2013年第4期，第78页。

形成拳种之间、门派群体之间的差异和区隔。

从文化人类学的角度看，文化就是一个共同体社会习惯的表现，并根据这种习惯生产产品。人类创造文化的模式之一就是体现自身的某种特性，或者说人类创造的文化能够反映自身特性的行为模式。① 米德所持的就是这样的观点。武术文化属于特定社会文化，也是小文化，它所彰显的不仅是作为特定群体集合的武术人不同的属性，还进一步表现为某一个特定武术人群的独特性。在此之前，文化常常被武术人用来在处理拳种与拳种的关系或门派与门派的关系中发挥相互区隔的作用，以"刚""柔""快""慢""主于搏人""后发先至"等来支持自主性，进而展现"属于我的"权益关系。

然而，联合国教科文组织以世界文化和自然遗产保护以及后来的非物质文化遗产保护为推动，国际社会也开始利用"文化"发挥公共平台的聚合、整合作用，调整不同国家、不同社会的分立关系，培养这些社群的亲和、共享关系。"文化"成为可以调整不同社会的差异而构成相互承认、相互欣赏的观念的基础。② 正是非物质文化遗产的介入，使不同种类的武术被列入了名录。这样就实现了武术非物质文化遗产从原来专属于某个人、门派或某个地区的私性权益转向属于全社会的广大公众的公性权益。少林功夫、峨眉武术、太极拳、回族重刀武术、沧州武术等这些非物质文化遗产代表性项目原来都属于具体的人、门派或地区、民族，但是经过申请与层层评选，它们被确认为文化遗产，也就成为公共文化，其公共文化属性被无限放大。"他的"被转换成了"我们的""大家的"。因为这些武术非物质文化遗产经过合法、合理的转化，成了"我们"认同的文化代表，所以增加了公众认同和公共享有的属性。这里需要强调的是，这种转化也并没有影响武术非物质文化遗产中含有的私有或专有属性——掌握这些武术技术的人还是拥有这些武术。

---

① Margaret Mead, "Cooperation and Competition among Primitive Peoples," in A. L. Kroeber and Clyde Kluckhohn, *Culture: A Critical Review of Concepts and Definitions*, Kraus Reprint Co. 1952, p. 90.

② 高丙中：《从文化的代表性意涵理解世界文化遗产》，《清华大学学报》（哲学社会科学版）2017 年第 5 期，第 46 页。

事实上，从武术非物质文化遗产发展的实践看，这种专有或私有属性非但没有被剥夺，反而受到了某种强化。被指定为武术非物质文化遗产代表性项目传承人的人获得了某种专属的权利，在其所传承的武术项目被列入国家级非物质文化遗产代表性项目名录后，他们获得了更广泛的认可。由于公众认同的增强，他们通过收徒、表演、开馆等获得的收益就会增加。这一过程是非常有趣的。借助文化概念本身的公共性和代表性，武术非物质文化遗产在保持专有属性的同时，开发并扩大了公共文化属性，同时又使原有的私利得到增加。打通了"私"与"公"、"个体"与"全体"、"武术圈"与"大众"的关系，实现了在私有基础上的武术文化共享，着实构成了一种全新的社会权益关系，形成了创造性转化。

（三）体现了对民间武术主体"人"的尊重

非物质文化遗产保护为武术带来的一点重要意义在于，对民间武术传承人的重视和尊重。如果我们回看联合国教科文组织的《保护非物质文化遗产公约》，会发现这个公约非常简洁，没有太多的关于非物质文化遗产内涵的阐释。但是，常常容易被忽视的是联合国教科文组织在《保护非物质文化遗产公约》的起始位置说明了该公约的参照源头，即"参照现有的国际人权文书，尤其是1948年的《世界人权宣言》以及1966年的《经济、社会及文化权利国际公约》和《公民权利和政治权利国际公约》"[①]。这体现出《保护非物质文化遗产公约》最为核心的价值取向是通过非物质文化遗产来传达联合国所倡导的人类社会所必要的对人的尊重，这是组成人权的重要基础内容。《保护非物质文化遗产公约》的核心精神就是人权价值，非物质文化遗产事业就是要给人以尊严和平等，并在此基础上实现各美其美的美美与共，相互欣赏与共享。[②]

非物质文化遗产保护工作在中国启动以后，武术非物质文化遗产也很快形成了国家、省、市、县四级名录体系，上百个武术项目被放置在体系

---

① 《保护非物质文化遗产公约》，中国非物质文化遗产网，2003年12月8日，https://www.ihchina.cn/Article/index/detail?id=11668。
② 高丙中：《〈保护非物质文化遗产公约〉的精神构成与中国实践》，《中南民族大学学报》（人文社会科学版）2017年第4期，第57～59页。

之中。对这些被作为非物质文化遗产保护的武术稍做考察便知，它们大多是民间武术。长期以来，这些民间武术一直处于中国武术的边缘地带，它必须接受精英们的改造，成为阳春白雪的竞技武术后才能在国家的各种场合展出与亮相。这是武术现代化过程中的真实情况。武术现代化的确取得了有目共睹的成就，是几代人共同努力奋斗的结果与智慧结晶，解决了不少问题。但留下的问题也不比解决的问题少。数十年的改造，已经建立了新的稳定的内部结构和文化生态平衡，寄希望从内部打破这一状态，困难太多，只有外力的猛烈撞击才能重构武术的文化生态。当然，申奥的屡屡碰壁、竞技套路所带来的审美疲劳、民间武术人对传统的坚守都在为即将到来的武术文化变革打下基础。非物质文化遗产保护的开展与武术内部复兴传统的力量形成了内外合一的变革之力，令人庆幸的是武术人抓住了这个千载难逢的机会，让大量的民间武术成为国家级非物质文化遗产代表性项目，帮助中国武术慢慢走出现代化的困境。

非物质文化遗产保护提供了一个巨大的平台，被放进去的武术真正获得了代表当代国家民族文化的权利，它可以被所有人看见，因此也能够让创造以及传承这些武术文化的"人"获得相应的尊重。武术非物质文化遗产让一些传承人的命运发生了改变，获得了荣誉，也获得了相应的经济补贴，他们从内心深处产生了被尊重的感觉。非物质文化遗产保护推动了武术现代化的转型，它让民间武术文化受到重视，让普通的拳师在练拳展示的时候不再受到歧视，相反可以收获一种认同与肯定。非物质文化遗产保护工作让武术成为国家承认的民族文化遗产，确立了相互尊重的关系，摆正了中国武术的重心，理顺了武术现代化的发展逻辑。因此，一个走向现代化的正途也向武术徐徐敞开。

（四）彰显了文化自信并形成了武术文化自觉的技术性路径

保护武术非物质文化遗产最重要的不是对过去的思考，更多的是关乎武术的现在与未来。对武术成为非物质文化遗产的思考，其实就是思考"保护"能够为武术的将来甚至是这个社会的未来提供些怎样的资源。现在对武术施加的非物质文化遗产保护决定、行动以及产生的结果，都将成为构筑未来的原料。武术非物质文化遗产保护为未来创造了某些可能性，它就像我们希望带到未来的一系列价值体系在当今的投射。我们现在通过文化遗产所造就的一切，将使我们想象的未来成为可能。①

在很大程度上，武术非物质文化遗产也是文化冲突所引发的。为什么呢？因为在文化冲突面前我们变得不自信了或不那么自信了。举两个例子来说明这一观点。一个是体育发展史上的公案——20世纪30年代的"土洋体育之争"所折射的对以武术为代表的本土民族体育文化的不自信。"土洋体育之争"是清末国家大门被动打开后，西方体育文化思想传入国内所引起的东西方文化冲突在体育上的表现，也是新文化运动后体育思想界的中西文化论争。关于这场论争的研究成果已经很多，笔者无意再做过多论述。对论争双方而言，论争以东西方文化兼容并蓄为收场也是一个不错的结果。但是我们常常忽视了一个重要的方面，就是这场论争对国人文化心理的反映，即参与论争的原因是我们在内心深处感受到了西方体育文化带来的强烈压力，以及我们对以武术为代表的本土民族体育文化已经没有那么自信了，民国及以后进行的对武术的西化改造就是事实。另一个是新中国成立后面对奥林匹克主义在全球的盛行，我们对广义武术范畴下的中国传统摔跤和射箭的舍弃。中国摔跤在新中国第七届全运会后被剔除。中国传统射箭的情况更为糟糕。1957年，全国射箭锦标赛是传统射箭最后一次作为全国性项目的比赛。新中国第一届全运会引入了西方现代射箭运动，中国传统射箭却没有被列为竞赛项目。这些都是我们在中西文化冲突下对武术的"阉割"，体现出国人在文化、综合国力等各种落后的时代背景下面对自己民族文化时不自信，甚至是自卑的一面。这种冲突常常被看作十分糟糕的事情。

然而，这种冲突并非一味地呈现消极的一面。在文化冲突逼迫下，我们不停地反思中华传统武术文化的宿命，探寻其中的现代价值，在中西融合的基础上构建出新的武术文化，完成武术的现代化转型。当武术成为非物质文化遗产后，我们不得不再一次思考武术的价值是什么，为什么我们那么在意它，要将它申请为国家级非物质文化遗产，为什么我们要保护这

---

① Rodney Harrison, *Heritage: Critical Approaches*, London and New York: Routledge, 2013, pp. 4 – 7.

些武术文化遗产。这些思考中伴随的常常就是不可避免的某种形式的冲突，也彰显出我们的文化自觉。当我们能达成保护的共识，也就实现了对武术非物质文化遗产认知的超越，文化自信便能油然而生。我们的文化心理终于在又一次的文化冲突面前变得正常，明白了些许西方文化的真谛。非物质文化遗产保护理念也是西方文化的产物，为什么我们那么乐意地接受了呢？一方面，在于非物质文化遗产保护所宣扬的是普遍的价值诉求，为世界多样的文化搭建平台，让其学会相互了解相互尊重。另一方面，面对这次西方文化的"入侵"，我们有幸从中学习到了最有价值的东西——对传统的尊重、珍视和自信。武术的历史、现在和未来不是割裂的，历史会在将来保持某种存在，而历史和未来又会在当下形成汇聚。武术非物质文化遗产正是关于武术历史、现在和未来的一种关系体现，同时也是彰显中国武术与其他国家武术之间文化差异的符号。

对于武术当下的反思和未来的探求，正是文化强国建设中文化自觉和文化自信的具体表现。武术非物质文化遗产保护意味着我们以武术为抓手对传统文化价值体系的重新认知和重新建构的尝试。对于未来，武术非物质文化遗产保护可以告诉我们武术的来源和出处究竟在哪里，它的意义何在，因此也就构成了一个关于文化强国建设的文化自觉的技术性路径。

三 武术非物质文化遗产保护的文化生态

与对武术物质遗产进行的收藏与展陈的保护不同，武术非物质文化遗产注重的是对武术文化的活态保护。也就是说，非物质文化遗产保护是对武术当下文化生态施加影响的重要因素。在课题的研究过程中，课题组不断反思的一个问题是，非物质文化遗产保护在武术中实施会是一种怎样的文化行为。

在武术申请成为非物质文化遗产的过程中，政府是文化政策的执行方，因而是积极的，有的地方甚至从开始的申请材料制作到讨论组织以及最后的提交都是政府部门主导的。专家的热情也十分高昂，他们积极参与调研并提出相应的意见。传承人也持一个积极的态度，虽然他们有的甚至至今还不了解"保护"的真正含义,但他们知道成为武术非物质文化遗产代表性项目传承人是一种国家认同,还可以拿到一些补助。但是在武术成为非物质文化遗产的过程中,政府领导和专家们更多的时候起主导作用,传承人则处于从属地位。

事实上,武术之外的力量一度成为武术文化的"代理人",有时候传承人是被动地参与武术非物质文化遗产代表性项目的,没有外来力量的进入就没有武术非物质文化遗产。没有政府的参与和支持的武术文化保护与利用是十分困难的事情,这是中国的国情所决定的。我们在田野调查中发现,当政府完成了组织申报的使命后,随之而来的情况是一些武术非物质文化遗产的保护、传承和利用变得比较困难,因为它要依靠传承人。有的甚至在申报为国家级非物质文化遗产后,又回到了之前的状态。只有武术非物质文化遗产代表性项目传承人真正地把项目传承下去,发展下去,武术非物质文化遗产才能得到巩固。

我们在对武术非物质文化遗产保护中谈论最多的是对传承人的保护,这是符合《保护非物质文化遗产公约》精神的。现在政府对国家级非物质文化遗产代表性项目传承人每年给予2万元补贴,这在一定程度上让一些传承人的生活得到了基本的保障而传承人也在积极从事保护工作,比如收徒、参与一些活动等。但是,部分传承人也在脱离了政府的支持后表现出传承无力的状态,尤其是开发利用乏力。比如,我们看到在四川省组织国家级非物质文化遗产代表性项目峨眉武术段位制教程编写的过程中,国家认定的峨眉武术非物质文化遗产代表性传承人并没有参与其中。传承人的代表性不足,以及在武术非物质文化遗产文化保护实践中的缺席所带来的传承虚化现象尚没有引起足够的重视,这对武术非物质文化遗产传承是非常不利的。当然,并不是所有的武术非物质文化遗产的境况都是如此。比如,太极拳传承人陈小旺、陈正雷、王西安,八极拳传承人吴连枝等都在相应的武术非物质文化遗产保护中取得了显著的成就。武术非物质文化遗产保护与利用尚处于探索阶段,只有那些符合社会需求与实际的创造才能够取得优异的效果,才能使武术非物质文化遗产富有生命力地向前发展,只有基于自己的文化才能建立可期的未来。

四　武术非物质文化遗产保护与利用面临的挑战

武术非物质文化遗产并没有很好地走进中国教育体制之中，让武术非物质文化遗产的保护与传承利用大打折扣。在过去的十余年间，内地、香港、台湾都在给予武术非物质文化遗产不同的地位，非物质文化遗产一直是武术界中经久不衰的热点学术话语。但是稍作考察就可以看出，高校中的学者们更愿意对武术非物质文化遗产做出一些学理上的探讨，深入实践进行保护传承的仍少之又少。如某校经四川省委宣传部和省社科联批成立四川省社会科学普及基地——峨眉武术文化普及基地，国家级非物质文化遗产代表性项目峨眉武术为其地域特色课程。但是，该校所传承的峨眉武术并不丰富，与国家公布的非遗代表性项目峨眉武术也并非一码事。笔者将其称为"一武多表"现象，即看似在保护和利用同一个武术非物质文化遗产代表性项目，实则内容经过了替换。这在武术非物质文化遗产保护与利用中也是十分常见的现象。武术非物质文化遗产在教育课程体系中的缺席状态势必让人担忧这些武术非物质文化遗产的未来发展。

多头管理为保护与利用武术非物质文化遗产带来的挑战也不容小觑。基层地方文化部门负责武术非物质文化遗产代表性项目的申报，省或国家相关文化部门负责审批，但在现实中管理武术的是体育部门，说得再小一点是在各地方的武术运动管理中心与武术协会。审批与具体管理的多部门给武术非物质文化遗产代表性项目的后期管理带来了一定的挑战。如果各部门在武术非物质文化遗产的保护与利用上可以达成共识，或相互协调，那么对其工作的开展就比较顺利。但是，笔者在调研过程中发现，武术非物质文化遗产代表性项目管理存在"两张皮"的现象，这无疑造成了武术非物质文化遗产资源的消耗。

与日常生活的距离是武术非物质文化遗产保护和利用遇到的最大挑战之一。"在过去，也许50年以前，学习武术可以保护自己、家庭，有时候甚至是整个村庄的安全。但是现在不一样了，社会在变化，大家看待武术的方式也变化了，没那么多人学武了。武术学起来也很苦，不像其他运动项目那样有乐趣，对孩子们充满吸引力……你要是说培养品德，柔道、跆拳道、空手道都做得很好，要是说格斗，现在很多人喜欢搏击还有MMA。"一位武术非物质文化遗产项目代表性传承人在田野调查过程中对笔者这样说。这从一个侧面反映出武术非物质文化遗产与现代社会生活之间并非像我们想象的那样亲密，武术的现代化改革在一定程度上没有跟上时代的步伐。事实上，武术非物质文化遗产项目的处境也并不完全像这位讲述者说的一样。太极拳、咏春拳等非物质文化遗产项目就是很好的例证。太极拳、咏春拳分别是第一批、第四批国家级非物质文化遗产项目，2020年12月17日太极拳成功列入联合国教科文组织"人类非物质文化遗产代表作名录"。当前，太极拳与咏春拳是在全球普及度最高的武术非物质文化遗产项目之一，不但它们的传承不是问题，它们的产业化也初具规模。一方面，太极拳的勃兴主要是因为太极拳的健康价值被现代科学所证明，使一大批中老年人加入了太极拳的队伍。另一方面，以梁挺为代表的咏春拳师为咏春拳设计了符合现代营销的商业运作模式，让咏春拳能够为现代人所习练、接受。不管怎样，与人们日常生活的紧密结合才能让武术非物质文化遗产持久地传承下去，否则再好的保护政策也难以消弭生存的艰难。

武术非物质文化遗产的研究滞后于实践的发展，难以为保护、传承和利用武术非物质文化遗产提供有效的指导。这是一个十分突出的问题。一些学者就像"书斋中的人类学家"一样，仍然是坐在办公室里研究非物质文化遗产，缺乏必要的田野调查，因此，对武术非物质文化遗产的实际情况了解得不够深刻，做出来的理论研究成果的应用价值也就大打折扣，难以用于指导武术非物质文化遗产的保护与利用。举个例子来说明一下，咏春拳早就为大家熟知，然而我们对咏春拳的"梁挺模式"却熟视无睹。梁挺是当代咏春拳的中兴者，他与弟子们将咏春拳的技法和拳理进行了系统化和规范化的处理，为咏春拳建立了"三段十二级"以及"十二阶"的教练与学员晋级制度，创立了"梁挺咏春"课程体系，形成了系统严密的教学系统。梁挺致力于咏春拳的职业推广，突破了既有的传承利用模式，在国际上取得了令人瞩目的成就。然而，梁挺的成功却很少有学者进行研究探讨，不失为一大遗憾。无独有偶，近些年，以杨振铎及其孙杨军为代表的杨氏太极拳一脉也通过制定技术标准，实施教学评级，形成了"明理、知体、达用"的精华教学法及成熟的教练体系，并进行全球推广，收效甚好。有必要指出的是，武术非物质文化遗产保护与开发利用已经进入了跨国公司经营阶段，它必将对武术非物质文化遗产的保护和利用产生极大的影响。学术研究的滞后，将无法对相关文化现象进行理论关照，也无法为这些武术非物质文化遗产的进一步保护和发展提供切实有效的指导。

第四章
武术文化资源的教育转化

邱丕相先生曾经指出:"武术文化如何体现其价值功能——为人类提供有益的伦理品质和人生理念,教育至关重要。"① 这是非常有见地的论断。教育通往人类的心灵,推行武术教育不仅在于对武术文化资源进行转化利用,更重要的是为人类社会提供有意义的价值,让这个社会变得更加美好。这与文化强国的内涵是一致的。武术教育是将形而上的优秀传统文化通过形而下的有形的武术文化资源作用于受教育者,促使其养成优良的品德和高尚的人格。因此,武术教育是手段也是目的——武术教育是对武术文化资源进行创造性转化的重要抓手之一,实行成功的武术教育也是武术文化资源教育转化的归宿所在。武术能够有良好的发展并对社会有所贡献,总是得益于与国家和社会个体的密切联系。因此,对武术文化资源教育转化的反思也主要从这两个方面展开。

第一节 武术文化资源教育转化的历史寻踪

武术教育可以远溯先秦,历史悠久。一般来说,古代具有教育学意义的武艺教育可以追溯至夏朝学校中的习射教育。随后,在武举和武学等教育与选拔体制中,武术资源的教育转化都得到了鲜明的体现。而近现代学

---

① 邱丕相:《武术文化与教育研究的当代意义》,《体育科学》2005年第2期,第1页。

校武术教育，则以 1915 年 4 月北京体育研究社委托北京教育会在全国教育联合会第一次会议上提出的《拟请提倡中国旧有武术列为学校必修课》议案为标志，可谓历久弥新。

一 射艺成君：以"射"达"礼"的创造性转化

作为百兵之首的弓箭技艺，是先秦时期武艺教育的核心内容。夏、商、周时期，我国教育机构开始萌芽，出现了"校""序""庠"的教育组织。《孟子·滕文公·为国章》说："设为庠序学校以教之。庠者，养也；校者，教也；序者，射也。夏曰校，殷曰序，周曰庠，学则三代共之，皆所以明人伦也。"① 其中的"序"是专门的习射机构。到了西周时期，学校系统则更加成熟，形成了由中央直接管理，专为统治阶级贵族子弟设立的"国学"与由地方管理，专为统治阶级下层子弟而设的"乡学"两套体系。西周的"国学"推行"六艺"教育，其中"射"排在第三位——"礼、乐、射、御、书、数"。自夏代设立学校起，"射"就是其中最重要的教学内容之一。② 根据《周礼·地官》的记载，"六艺"是国子教学的重要内容。因为，习射是与人们日常生活联系最为密切的项目，无论是生产活动，还是军事活动都是如此，所以"射"是每位青少年都必须掌握的一项生存技能。

先秦时期，弓箭是战事核心兵器。《翠微先生北征录·弓制》载："军器三十有六，而弓为称首；武艺一十有八，而弓为第一。"③ 正所谓"言武事，首曰弓矢"。因此，学校教育系统自然要为国家服务，教授射箭技艺。《周易》记载："弧矢之利，以威天下。"④ 设于城郊的大学辟雍（璧雍）和泮宫，就是习射的地方，建筑形式是四面敞开的，三面有水泽环绕，称为"射宫"或"泽宫"。辟雍还是天子举行祭祀的地方，每次祭祀都要先行射礼，还要举行射箭比赛。"天子将祭，必先习射于泽。泽者，所以择

---

① 王云五主编《孟子今注今译》，史次耘注译，重庆出版社，2009，第 123 页。
② 崔乐泉主编《中国体育通史》（第一卷），人民体育出版社，2008，第 97 页。
③ （宋）华岳：《翠微南征录北征录合集》，马君骅点校，黄山书社，2014，第 225 页。
④ 转引自（清）阮元校刻《十三经注疏》，中华书局，1980，第 1689 页。

士也。已射于泽，而后射于射宫。"(《礼记·射义》)在"司射"示范表演"诱射"后，比赛即开始。此事非同寻常，是涉及"于祭""益地""削地"与否的大事。《礼记·射义》中说："是故古者天子之制，诸侯岁献贡士于天子，天子试之于射宫。其容体比于礼，其节比于乐，而中多者，得与于祭。其容体不比于礼，其节不比于乐，而中少者，不得与于祭。数与于祭而君有庆；数不与于祭而君有让。数有庆而益地；数有让而削地。故曰：'射者，射为诸侯也。'"① 可见，射艺在当时的社会地位是何等的荣尚。

当时的射艺教育体系，除习得射箭技能外，还是品德教育体制的重要组成部分。"六艺"之中，"礼"为首，其他次之。所以，射艺也是为"礼"服务，"诸侯君臣尽志于射，以习礼乐"(《礼记·射义》)给予了充分的说明。对"礼"的追求，让射箭超越了一般运动技能的范畴，上升为形塑国家社会秩序、修炼个人品德的重要手段和载体。先秦儒家将射箭列入"六艺"，而后形成的"大射礼"、"宾射礼"、"燕射礼"以及"乡射礼"四级"射礼"体系更是使传统射箭快速地人文化成。② 在这过程中，弓与侯（靶）都与社会关系、身份相对应。《周礼·夏官·司弓矢》记载："天子之弓合九而成规，诸侯合七而成规，大夫合五而成规，士合三而成规，句者谓之弊弓。"③《冬官考工记·弓人》也将弓的大小与上中下的社会阶层联系起来，"弓长六尺有六寸，谓之上制，上士服之；弓长六尺有三寸，谓之中制，中士服之；弓长六尺，谓之下制，下士服之"④。不但如此，侯也被转化成了一种等级关系。王可以射三侯，诸侯则可以射二侯，大夫只可以射一侯，而士为最末射的是豻侯，并配以相应的音乐而射。《周礼·司马官·射人》载："王以六耦射三侯，三获三容，乐以《驺虞》，九节五正。诸侯以四耦射二侯，二获二容，乐以《狸首》，七节三正。孤卿大夫以三耦射一侯，一获一容，乐以《采苹》，五节二正。士以

---

① 转引自（清）阮元校刻《十三经注疏》，中华书局，1980，第86~87页。
② 龚茂富：《由"术"至"道"：中国传统射箭的文化变迁与创造性转化》，《成都体育学院学报》2018年第6期，第44页。
③ 转引自（清）阮元校刻《十三经注疏》，中华书局，1980，第845页。
④ 杨天宇、周礼译注《冬官考工记·弓人》，上海古籍出版社，2004，第690页。

三耦射豻侯，一获一容，乐以《采蘩》，五节二正。"① 用于命中的侯也非常讲究，天子到士有明确的规定，"天子熊侯，白质；诸侯麋侯，赤质；大夫布侯，画以虎豹；士布侯，画以鹿豕"（《周礼·仪礼·乡射礼》）。

"射"之于"礼"的教育，最重要的是"射以观德"。因此，对"射"的形态、程式、配乐、心境都形成了严格的要求。也就是《礼记·射义》中说的，"故射者，进退周还必中礼，内志正，外体直，然后持弓矢审固；持弓矢审固，然后可以言中，此可以观德行矣"。先秦时期的教育对"射"的创造性转化是极其成功的，它所行的"燕礼"与"饮酒之礼"成为"君臣之义"和"长幼之序"的隐喻与治理国家的重要手段。当时国家推行射艺教育的重要目的也在于此，"故事之尽礼乐，而可数为，以立德行者，莫若射，故圣王务焉"（《礼记·射义》），因此也得到了天子的重视和身体力行。这里所谓的"德"，有与天地万物关联之"大德"，还有与自我个人品性修养关联的"小德"。"射"的结果无非"中"与"不中"，如果不中怎么办？这也是关乎个人"仁道"品德修养的重要方面，即所谓的"发而不中，反求诸己"。《礼记·射义》中说："射者，仁之道也。求正诸己，正己而后发，发而不中，则不怨胜己者，反求诸己而已矣。"在先秦儒家看来，这样的"射"成就的往往是懂礼的圣人君子之道。孔子说："君子无所争，必也射乎！揖让而升，下而饮，其争也君子。"（《论语·八佾》）另外，射箭的好坏也成为"贤者"与"不肖之人"道德品性的衡量标准。孔子认为，只有贤者才能和着音乐正中鹄，不肖之人则是做不到这一点的。他说："射者何以射？何以听？循声而发，发而不失正鹄者，其唯贤者乎！若夫不肖之人，则彼将安能以中？"（《礼记·射义》）可见，传统射箭在先秦的儒家教育系统中，完成了由狩猎、战争之"射"到明礼、修身之射的创造性转化，反映了以射为代表的武艺资源在先秦时期国家、社会以及个人生活中的存在形式和使用方式，以及被赋予的浓厚的"君子"文化内涵。

先秦射艺资源的教育转化不仅将武射改造成了射礼，还对传统射箭的

---

① 转引自（清）阮元校刻《十三经注疏》，中华书局，1980，第846页。

要求进行了必要的改革。无论是射猎，还是军中的武射都要做到贯革才能产生杀伤力，但射礼并没有按照这个要求来进行，而是提倡中而不贯的"射不主皮"。孔子所说的这种"射不主皮"之法体现了先秦儒家对传统射箭中的标准的重要改造。《论语·八佾》记载："射不主皮，为力不同科，古之道也。"《周礼·仪礼·乡射礼》也说："礼射不主皮。"孔子所倡导的"射不主皮"与当时军中流行的"贯革之射"完全不同。军中的武射带有杀伤力，谋求射的精准并体现力量。所以，军队中的射箭比赛常常以战甲为侯，并以精确性和是否穿破侯靶作为重要的评价标准之一。[①]《左传》曾记载养由基与人赛射贯穿了七层革甲，"癸巳，潘尪之党与养由基蹲甲而射之，彻七札焉"[②]。朱熹也指出："古者射以观德，但主于中，而不主于贯革。"[③]

此外，用于国子教育的传统射箭创造性地形成了"五射"技法体系。《周礼·地官·保氏》载："养国子以道，乃教之六艺：一曰五礼，二曰六乐，三曰五射，四曰五驭，五曰六书，六曰九数。"[④] 那么，何为"五射"呢？《太平御览》载："五射：一曰白矢，二曰参连，三曰剡注，四曰襄尺，五曰井仪也。"[⑤] 但是，不同的射书关于"五射"还有不同的解释，现行主要有以下三种。

唐玄宗时期重臣王琚在《射经》中对此进行了阐释："井仪：开弓形，所谓怀中吐月也。襄尺：襄，平也；尺，曲尺也。平其肘，所谓肘上可置杯水也。白矢：矢白簇至指也，所谓彀率也。剡注：注，指也。以弓弰直指于前以送矢，俗所谓'笋'控也。剡，锐也。弓弰也，靡其弰。参连：矢行急疾而连参也。"[⑥]

唐儒贾公彦疏《周礼》时说："云白矢者，矢在侯而贯侯过，见其镞

---

① 袁俊杰：《两周射礼研究》，博士学位论文，河南大学，2010，第248页。
② 转引自（清）阮元校刻《十三经注疏》，中华书局，1980，第1918页。
③ （宋）朱熹注《四书集注》，王浩整理，凤凰出版社，2005，第68页。
④ 转引自（清）阮元校刻《十三经注疏》，中华书局，1980，第731页。
⑤ （宋）李昉等：《太平御览》卷七百四十四《工艺部》卷一，中华书局，1960，第3302页。
⑥ （唐）王琚：《射经》，转引自吴龙辉主编《中华杂经集成》，中国社会科学出版社，1994，第388页。

白;云参连者,前放一矢,后三矢连续而去也;云剡注者,谓羽头高镞低而去,剡剡然;云襄尺者,臣与君射,不与君并立,襄君一尺而退;云井仪者,四矢贯侯,如井之容仪也。"①

明人李呈芬也有《射经》一卷对"五射"进行了说明:"白矢,白镞至指也,此弯弓之法,所谓彀率也。参连,谓先发一矢,三矢夹于三指间,相继拾发,不至断绝,此注矢之法也。剡注,剡锐也,弓弰也,注指也,箭发则靡其弰,直指于前以送矢。所谓撅掷是也(撅者,后手摘弦如撅断之状,翻手向后,仰掌向上,令见掌纹也。掷者,以前手点弰,如掷物之状,令上稍指的下弰指脾骨下也)。或谓矢头剡处,直往注于侯,不从高而下,即谚所谓水平箭,此发矢之法也。襄尺,襄平也,尺曲尺也,谓平其肘,使肘上可置杯水。盖架弦毕便引之,比及满使臂直如矢也。或曰襄包也,肘至手为尺,射者常以肱敞其胸胁,无使他人之矢从虚而入,此自防之法也。井仪,言开弓圆满似井形也。或谓四矢集侯如井字,即诗四矢如树,此射法之妙也。"②

对比上述三种解释,可以看出,李呈芬充分吸收了王琚与贾公彦两人的解释,对"剡注""襄尺""井仪"分别给出了双重解释。不管怎样,这说明"五射"是西周时期武艺教育中推行的对射箭技能的五种要求。"白矢"即为用手指知簇,是确定拉锯的方法;"参连"指发射的速度,为一种快射,三箭连发,以至于箭箭相连;"剡注"指发射箭矢的方法;"襄尺"指开弓后的两臂水平的状态,贾公彦所说后退一尺不足信;"井仪"重在强调开弓之饱满仪态,或中的的四支箭呈井字状。由此可见,射礼中的"五射"不但有开弓、瞄准、发射等一系列要求,甚至包括礼仪等内容。

先秦儒家将"射"纳入教育系统,并对射进行了由"贯革"之射向"射不主皮"的礼射方面的创造性转化,形成了内涵丰富的"射礼",把"射"纳入了国家的结构性框架,充满了政治与文化意涵,使其成为塑造

---

① 转引自(清)阮元校刻《十三经注疏》,中华书局,1980,第731页。
② (明)李呈芬:《射经》,转引自吴龙辉主编《中华杂经集成》,中国社会科学出版社,1994,第394页。

品德的重要工具与体现。在这一过程中，传统射箭得到了必要的改造，形成了著名的"五射"之法。射箭经由改造进入了人们的日常生活，成为理解、评价、体验社会生活甚至是政治生活的重要方法。

二 武举求才：一种武艺文化资源转化的制度性发明

秦以后，中国经历了汉武帝推行"罢黜百家，独尊儒术"的治国思想，学校体育从教学内容到教育思想都发生了很大的变化。其中，最为重要的就是"重文轻武"思想的盛行。在这一政策的影响下，虽然学校教育得到大力推行，但国家选用人才不以武艺高低而论，而是用儒家经典来教育贵族子弟，官员的选拔也以精通经术为标准，而不再以射艺的好坏为区分。因此，全国上下文武分途，"去武行文，废力尚德"（《盐铁论·世务篇》）、"为文者非武"（《淮南子·氾论训》），儒家经典的以射艺为主体的教育体制也不复荣光。[①] 武艺文化资源在教育中的价值一时无法得以体现，武的社会地位也愈加低下，这对在教育中运用武艺文化资源造成了很大的阻碍。直到武则天开创了"武举"制度，这一状况才得以有效扭转。

（一）"武举"初设与发展

到隋唐时期，在经历了三国和南北朝时期多年的战争后，武再次得到重视。尤其是武周长安二年（702年）武举制度的确立，更是使全社会尚武之风盛行，这为学校武艺教育的发展提供了有利的条件。因此，学校中的武艺教育也呈现了一番别开生面的景象。

唐代是古代中国的鼎盛时期，经济繁荣、文化发达，也是我国古代教育最有成效的时期。无论是官学还是私学，在唐代都有很好的发展，也形成了较为完备的教育体系和人才考察选拔制度。唐代不仅为中国培养了大量人才，也为世界其他国家，如日本、新罗、高丽、尼婆罗、天竺、狮子国等输送了大批人才。唐代官学分中央官学和地方官学两级。中央官学有国子学、太学、四门学、弘文馆、崇文馆、广文馆、崇玄学等，地方官学

---

① 崔乐泉主编《中国体育通史》（第一卷），人民体育出版社，2008，第182~183页。

设有州学、县学、医学、玄学等。① 著名的书院也起源于唐朝，私学白鹿洞书院则发展成了著名的"第一书院"。这些学校主要教授儒家经典，还有一些实用性较强的医学、书学、律学、天文学等，但很少进行尚武教育。

科举始于隋炀帝，仅考文科，"武举"则是武则天创立的。长安二年，武则天开创性地实行武举制度。《新唐书·选举制》："盖其起于武后之时，长安二年，始置武举。"《资治通鉴·卷二零七》："则天后长安二年春正月乙酉，初设武举。"可为佐证。武举制度的实行，无疑是对武艺教育制度上的创新，使"天下诸州，宜教武艺"（《唐会要·兵部侍郎》），因而也成为当时官方教育制度的有力补充，形成了新的尚武教育形式，激发了尚武精神，使青少年可以施展自身武艺特长，又多了一条获得教育机会的重要途径。武举制度极大地促进了当时社会习武之风的盛行。

唐代武举具有规范的操作方式和考试内容，重在选出武艺出众者。其考核内容主要分为武艺和膂力两大部分。文献记载，唐代武举考试内容主要有"长垛、马射、平射、筒射，又有马枪、翘关、负重、身材之选"（《新唐书·选举制》）。这其中，与军事密切相关的弓射与枪术是武艺的核心内容。据赵冬梅考证，所谓"长垛"就是用一石（约55.0公斤）重弓和六钱重（约22.38克）的箭射击105步外的放置在土堆（长垛）之上，用帛或皮革制成的箭靶。每人配发30支箭，按照射中靶的不同位置记录成绩，中的结果都在"次等"以上，即为合格。"马射"就是今天所说的骑射。用七斗（约38.5公斤）的弓策马射击用皮革制成的被称作"鹿子"的箭靶。该箭靶长"五寸"（约15.5厘米）高"三寸"（约9.3厘米）。② "步射"是射草人，不但要看命中率，还要考察射法的规范性，即"如法"。这一项要求至宋朝也一直在使用。但因缺乏史料，其"法"为何物不得而知。笔者推测，这个"法"应为射书中对射箭开弓、瞄准、撒放等一系列技术之法的要求。"平射"是武举之外的一科，成绩仅作为参考。平射也是射击长垛，只要30支箭都不出"第三院"就算合格了。

---

① 唐群：《唐代教育研究》，西安出版社，2009，第18页。
② 赵冬梅：《武道彷徨——历史上的武举和武学》，解放军出版社，2000，第8~9页。

唐人射远器首重弓矢，长兵之中枪则为首位。① 因此，唐武举中设置了"马枪"一项。马枪主要测试马上运用枪法的搏杀技能。考试时，考生策马持一丈八尺（约5.76米）以上长、一寸五分（约5厘米）粗细、重达八斤的长枪入场，运枪攻击四个放置在矮墙之上的"三寸五分"（约10.8厘米）见方的置于木头之上的木板目标。"触落三板四板为上，二板为次上，一板及不中为次。"（《唐六典·尚书兵部》）对比一下很容易发现，现在武术中的棍、枪等这些长兵器，在古代长枪面前应该都是短兵器。

唐代初开武举，历经200余年。武举的设立最大限度地调动了社会上的武艺资源，给习武者提供了入仕的机会，激发了广大青少年的习武积极性，推动了社会尚武价值观念的形成。武举对国家而言，最重要的是培养了大批勇武之才，形成了丰富的武学人才的储备。不过，唐代武举也并非没有中断过。建中之乱后，武臣遭到猜忌，致使武举制在贞元十四年（798年）一度停歇。但唐后期，由于内忧外患加重，元和三年（808年）再次得到恢复。唐代开启的武举也有一些非议的声音存在，比如一些加试兵书的建议等，但没有被采纳。不过这为宋代的武举奠定了一定的基础。

（二）"武举"的延续与消亡

1. 武艺与文章的二重奏

科举是一个很好的教育选拔制度，它可以最大限度地进行社会武艺资源整合，为国家培养的合格"虎贲"勇士。在唐灭亡后，宋代继承了大唐的武举制度，并对其进行了效仿和完善，与唐有了很大的不同。

宋代武举在考试内容上进行了大胆的革新，删减了武艺考试内容，增加了关于军事理论的谋略文章考试，这也成为宋代武举的重要特征。与唐代武举相比，宋代武举的武艺考试内容大大减少，只有"步射"和"马射"，"马枪""翘关""长垛"都被舍弃。也就是说宋代对武举中的武艺内容做了减法。不但如此，宋代武举对应试者所用的弓也降低了要求。马

---

① 周纬：《中国兵器史稿》，生活·读书·新知三联书店，1957，第229页。

射采用"七斗"力的弓,而唐代为"七斗"以上力的弓。步射用弓有"九斗"、"一石"以及"一石一斗"三种力可选,唐代则是用"一石"力的弓。看似宋代用弓的选择更多了,实则是降低了武举弓射的难度,也对参加武举的人的武艺降低了要求。因为宋代更看中谋略文章的价值,所谓"兵部自今试武举人,以策论定去留,弓马定高下"(《续资治通鉴长编·卷一百二十六》)。武艺考试只是分出个高下而已,真正能够决定高中的还是文章。宋人在武艺人才上要求有变化,他们的理想是要选拔武艺与谋略兼备的军事人才。事实上,这也凸显出宋人对谋略文章的偏爱,武艺有被淡化的趋势。

宋代武举应试者在弓马测试合格后,需要参加策论考试,先考策问,然后考《武经七书》。这对武举人而言难度是十分大的。所谓"策问"就是针对《武经七书》或历代战事进行发问,应试者要能够针对问题提供合理的解答。从现存的21首宋代武举策问来看,大多数内容为纸上谈兵,切中实际的问题占比较少,这也是这一考试的弊端之一。《武经七书》是指《孙子》《司马法》《尉缭子》《六韬》《吴子》《三略》《唐李问对》七本军事著作。宋人将其打包成《武经七书》,将兵书赋予"经"的地位,显示出宋人在军事上对谋略的看重,因为春秋至宋,儒家经典获此殊荣的也不过十三部而已。

宋代武举将军事理论考试引入其中,与唐代只注重武艺相比,显示出了文武并重的进步意义,但必定还有很多武艺超群而理论平平的勇士,他们能否获得晋升的机会呢?针对这个问题,宋人为其开辟了专门的路径——"绝伦"。绝伦类似于今天为高水平运动员的招录考试,对他们的理论要求比较低,但是要经皇帝首肯才可以。这显示出宋人尽可能地在制度安排上为杰出人才留出脱颖而出的上升空间。绝伦除了正常的武艺考试科目,还要加试步射和弩踏两项。既然在文章上降低了要求,那么在武艺上就必须出众。因此,绝伦步射所用的弓为"二石"(约110公斤)的重弓,而踏弩为"五斗"力大小。对射箭有一点概念的人都知道,这是一个非常疯狂的重量。对常人而言,50公斤的弓都难以拉开,更何况100公斤以上的弓呢。南宋时,弩踏被改为用"九斗"力的弓进行马射。绝伦就是技艺超群、无与伦比优秀的代名词。

如果将"文"和"武"定为推动中国历史发展的两条中心线，那整个中国史就呈现鲜明的文武纷争色彩，宋代也不例外。尽管宋代通过武举选出不少具有真才实学的将士，但其在与文科举出身的文官群体的争斗中仍处于下风，"重文轻武"之风依然盛行。北宋中期，文官群体将武将视为对国家和政权的潜在威胁，对统兵的武将施加监视和牵制，以防止兵变和割据的悲剧发生。这种对武人的偏见甚至发展到了无以复加的地步，将士武夫被文官集团牢牢地钉在了历史的耻辱柱上。① 宋代科举在"武艺"与"文章"的二重奏中曲折前行。

金朝依然奉行科举制度，但是元朝以至明朝初年都没有开办武举制度进行选拔人才。明天顺八年（1464年），武举始得以再次实施，"令天下文武官举通晓兵法、谋勇出众者，各省抚、按、三司、直隶巡按御史考试"（《明史·卷七十·志四十六·选举二》）。不过，这时候武举的举办并不像唐、宋时期一般固定，时考时不考，缺乏稳定性。弘治六年（1493年）规定六年考一次，弘治十七年（1504年）又规定三年一试。②

2. 重回武艺本身与无法阻止的消亡

1616年，女真族建真部首领努尔哈赤在中国东北建立后金，1636年皇太极改国号为清，1644年顺治入主中原。自此，中国历史上最后一个封建集权王朝登上历史舞台。清朝"以弧矢定天下"，特别重视对武艺人才的培养与选拔，因此对武举制度的实行也异常高效。入主中原当年，清朝随即颁发举行武举的诏令，翌年（顺治二年，1645年）各省即举行武举乡试，1655年，顺治帝为新科武进士举行殿试。

武举发展到清朝已经非常成熟，加之统治阶级的重视，各种制度建设都更加完善。清代武举和文举考试结构相同，都由童试、乡试、会试、殿试四级构成。一般为三年举行一次，考试分内、外场举行。外场主试武艺，内场主试文章。在各级武举考试中获得的称号也几乎与文举相似，有"武秀才、武举人、武进士"等，殿试后武进士分为"三甲"，一甲前三名

---

① 赵冬梅：《武道彷徨——历史上的武举和武学》，解放军出版社，2000，第27页。
② 龚鹏程：《武艺丛谈》，山东画报出版社，2009，第254页。

为"武状元、武榜眼、武探花",获"赐武进士及第",二甲获"赐武进士出身",三甲获"赐同武进士出身"。清王朝以弓马定天下,异常重视武举,以至于给予武举高于文举的待遇。文科状元在清朝会被授予翰林院修撰,从六品官阶,然而武状元会授予参将,属于正三品官阶。这些制度的实行大大调动了全社会的习武积极性,加之清代武举相对更加公平、公正,所以武人皆以参加武举为荣,甚至出现了家族连续几代人都参加武举的现象。如,总兵韩成长子韩良辅康熙三十年(1691年)殿试获武探花,后官至广西提督、广西巡抚,次子韩良卿康熙五十一年(1712年)中武进士后官至甘肃提督。韩良辅之子韩勋19岁中武举人,后官至贵州提督。①这充分说明了武举在当时的影响力,以及在培养武将人才方面发挥的巨大作用。

为了使武举能够更好地服务于人才的选拔,清代在武举上进行了大力革新。一方面,推动武举考试内容从"文武并重"向"以武为主"转变。清代对武艺水平的测试重在射箭和膂力,主要进行马射、步射和技勇三项武艺考试。技勇科目明确要求"弓要拉满,刀要舞花,石要离地'一尺'",偏重于对武艺的高标准和严要求。其所拉之弓为"八力、十力、十二力"三等,所舞大刀为"八十斛、一百斛、一百二十九斛"三等,所举重石为"二百斛、二百五十斛、三百斛"三等。达到上述"弓要拉满,刀要舞花,石要离地'一尺'"要求即为合格。从测试标准看,不是天赋异禀者或训练有素者实难达到要求。这些考试皆在室外场地进行,被称为"外场"。另一方面,降低文章考试在武举考试中的录取比重,并对文章考试内容进行调整。乾隆时期,文章在武举中作用已经开始减轻,"内场罢《四书》论,文理但取粗通者,而文字渐轻"(《清史稿·选举三·武科》)。这一状况一直延续了下去,到嘉庆时以至于内场策论考试已经形同虚设了,"遂专重骑射、技勇,内场为虚设矣"(《清史稿·选举三·武科》),而且是"历代踵行,莫之或易"(《清史稿·选举三·武科》)。康熙皇帝曾率军平定三藩、收复台湾,富有征战经验,康熙晚年发现《武经

---

① 杨向东主编《中国体育通史》(第二卷),人民体育出版社,2008,第303页。

七书》之中也并非全部为兵家实用理论，甚至还有一些符咒、占验等异端内容，遂对《武经七书》内容进行改革，只采用其中的《孙子》、《吴子》以及《司马法》作为考试内容。不但如此，清人还在武举中采取了复试的办法，以此严肃考风考纪。[1] 在一系列改革措施下，清代武举成为选拔武将人才的有力手段，"远省人才皆踊跃鼓舞，渐臻于盛矣"，可谓人才辈出，武举达到了鼎盛。

然而，事物的发展无法逃离历史的规律。作为一种制度，清代武举发挥了很好的作用，使富有才干的武艺人才能够找到用武之地。"有文事者必有武备"，通过武举清廷为国家培养了大批具有真才实学的武艺人才，储备了充足的武备资源，武艺人才的才干得到了发挥和施展，同时，也进一步促进了传统武术在社会上的兴盛。但是，随着世界文明的发展，传统武举所培养的人才也难以在现代工业文明下诞生的热兵器时代发挥其价值。1840年以后，在与西方殖民主义的对抗中，清廷一而再再而三节节败退，朝野上下为之震惊。1842年，魏源在《海国图志》中提出"师夷长技以制夷"的民族振兴方略得到高度认同。向西方学习的新思想开始出现，武举的弊端也逐渐清晰，变革武举的呼声逐渐高涨。

由于高度集权统治的腐朽没落，以及奉行的闭关锁国政策，让清王朝在"普天之下莫非王土，率土之滨莫非王臣"的意淫美梦中丧失了与现代文明同步发展的时机。西方推动的科学技术，已经成为人类社会的主宰。在内忧外患中，清王朝摇摇欲坠，武举成为中西方文化冲突的牺牲品也就在所难免了。虽然，慈禧听从众臣意见也对武举实行了必要的改革，但终究无力回天。"武科一途……流弊滋多，而所习硬弓、刀、石及马、步射皆与军事无涉，施之今日亦无所用，自应设法变通，力求实际。嗣后武生童试及武科乡会试，著即一律永远停止。"（《清续文献通考·选举五》）清末，因武举选拔的人才无法达到国家与社会的需求，光绪二十七年（1901年），武举完成了它的历史使命，被军事学校代替。随着武举的正式完结，中国古代所发明的通过武举制度来开发利用武艺文化资源的实践也

---

[1] 王凯旋：《清代武举与八旗科举》，《辽宁师范大学学报》（社会科学版）2013年第6期，第913页。

宣告结束。

三 武学塑将：中国最早的以"武"为主的专科学校

（一）宋代开启武学教育之先河

"武学"是我国古代通过武艺和军事理论的传授来培养国家武备人才的学校。因此，武学也是中国最早的从事"武"学教育的专科学校。从文献记载看，"武学"最早源于唐。马明达[①]、许有根等学者均持此观点。该论断主要是依据《群书考索（后集）·卷二十九》和《文献通考·卷五十七·职官》的记载。唐开元十九年（731年），玄宗皇帝为了"安人理国"，建立太公庙，庙内供奉者以被历代皇帝封为"武圣"的姜尚（姜太公）为主。唐玄宗置"武学人"在庙中，"准明经进士，行乡饮酒礼"，并曾在天宝六年（747年），下诏令武举人到太公庙拜谒（《旧唐书·礼仪四》）。后人据此认为"自是始有武学"。但唐代武学文献记载匮乏，从现有文献看尚没有形成学校的体制。具有学校教育意义的"武学"应始于宋仁宗庆历三年（1043年），赵冬梅和周兴涛[②]等学者也持此观点。龚鹏程提出，武学始于宋仁宗庆历三年，然而只维持了一小段时间，宋神宗于熙宁五年（1072年）才又采取王安石建议，设武学于武成王庙。[③] 宋代安置武学的武成王庙与唐开元年间的太公庙实乃一脉相承，都是专祀西周开国名将姜尚与历代有名武将的，至民国时期改称"武庙"。将武庙用作武学的办学场所与如今多将国学办在文庙有些许相似之处，都是对文化资源的利用与转化，不过古代的武学为中央官学，现在的文庙之中的国学多为私人办学。

武学在宋朝经过了200余年的发展，逐渐形成了一系列招生、培养、分配制度。武学兴办之初，受重文轻武思想的影响，文官横加责难，导致招生困难重重，不得已在成立95天后便宣告结束。熙宁年间，在王安石以

[①] 马明达：《"武学"浅论》，《体育文化导刊》2003年第8期，第23页。
[②] 赵冬梅：《武道彷徨——历史上的武举和武学》，解放军出版社，2000，第119~120页；周兴涛：《宋代武举武学研究四题》，《成都体育学院学报》2007年第6期，第31页。
[③] 龚鹏程：《武艺丛谈》，山东画报出版社，2009，第252页。

及枢密院的共同倡议下,中央武学得以重立。不但如此,部分地方州县也设置了武学,为中央武学提供人才。不过地方武学持续时间很短,前后共十余年即被废止。北宋武学整体上仿太学而设立,最初隶属于最高军事机构枢密院,后辖于国子监。武学编制了一系列的规章制度,比如《敕律学武学敕式》《武学敕令格式》《大观重修武学令》等。不过这些制度都已遗失,具体内容为何已不得而知。武学中的教师被称为"武学教授",元丰改制后称为"武学博士",主要负责讲授兵书、传授弓马武艺等。宋代中央武学规模并不大,所授学员以百人为限,主要为通过各地高级官员举荐或通过考核的无品位低级使臣、门荫子弟、平民。在中央武学中,以学习儒家经典、《武经七书》和步骑射为主。宋代武学中的学员毕业后可以被授予官职,但职位非常低。所以,武学学员最终也多是参加武举以考取功名,谋取出路。不过,武学在崇文抑武的宋代并没有得到国家的实际重视,武学学员的出路几乎都不甚理想,武学也没有培养出具有雄才大略的将帅人才。

宋代开启了"武"之学校教育先河,建立了比较完备的制度,与科举制度相辅相成,在通过武艺文化资源培养国家后备人才方面具有开拓性。遗憾的是,在一个武备不兴、禁武盛行、缺乏尚武精神的朝代,武学注定不会有大的发展。宋代武学除培养了一些低级官员,并没有对国家的发展做出什么重大贡献。

(二) 武学在明代的完善与发展

武学在元代中断,至明代方得以继续。明代武学仍然将培养实用型军事人才作为一个教学目标,在这一点上,明代与宋代没有多少区别。明代对武学的复兴与继承使其与儒学和卫学相辅相成,成为明代教育系统的重要组成部分。明代武学在军事人才培养方面发挥了重要的作用,对当时的武术发展亦有重大影响,明代将武学以及武术教育推到了一个新的高度。

明代武学始于建文四年(1402年)。明史记载,建文四年"始置京卫武学,设教授一人"(《明史·职官三》)。"靖难之变"后,明成祖朱棣"偃武修文"废除武学,史称"永乐中罢"。正统元年(1436年),明英宗朱祁镇继位,年号正统。此时"国家偃武修文八十余年,而武生恒寓教于应天郡库，师不专其训，弟子不专其业，废弛多矣"①。兵部侍郎于谦有感于此，他认为功臣子弟多生活骄奢淫逸，不学无术，过于荒废，以至于"贤智者少，荒怠者多。当有事之际，辄欲委以机务，莫不张皇失措，一筹莫展"②。在这种情况下，正统六年（1441年），明英宗于"五月设两京武学"（《续文献通考·卷四十七》）。明代不但在两京设立京卫武学，还在军事重镇——蓟镇的密云、遵化、永平三处设置了地方武学。史载："乃蓟镇独有遵化、密云、永平等三学。"③

明代武学的设立有其特定的社会背景和历史环境。明朝实行武官世袭制度，社会稳定，由于连年没有战争，武官后代逐渐偏废武功，整体素质出现明显下降。这引起了朝廷的注意，并准备通过兴办武学来改变这一点。《明英宗实录》载："各处卫所军官亦有俊秀子弟，宜建学校以教养之，庶得文武之才，出为时用。"④ 所以，就有了上述"京卫武学""两京（北京、南京）武学"的设立。它是伴随着高级武官子弟教育而设立的，⑤ 主要目的在于传授知识技能，改善武官子弟的文化水平，培养军事人才，加强武备。

武学在明代形成了较为规范的体制。正统六年，兵部专门颁布了武学《学规》，《学规》对招生选拔、教学内容、礼仪规范、考核结业、膳食待遇等方面都进行了初步的规范。⑥ 武学主要由朝廷下派一名武学教授（官职为从九品）进行教学。入学者主要有三个来源，即都指挥使等统兵将领、幼官，以及都督以下的武职应袭子弟。⑦ 即使如此，也并不是所有相关人员都可以入学，而是要达到一定的标准方可入学。如，入学的幼官就

---

① （明）陈子龙等选辑《明经世文编》卷三十《重修武学夫子庙碑记》，中华书局，1962，第322页。
② （明）陈子龙等选辑《明经世文编》卷三十《覆教习功臣子孙疏》，中华书局，1962，第149页。
③ （明）叶向高：《明神宗实录》，台北中研院历史语言研究所校勘本，1962，第4333~4334页。
④ （明）陈文等：《明英宗实录》卷十《宣德十年冬十月辛亥》，台北中研院历史语言研究所校勘本，1962，第193页。
⑤ 周致元：《明代武学探微》，《安徽大学学报》1994年第3期，第109页。
⑥ （明）孙承泽：《春明梦余录》卷四十二《兵部一·武举》，影印文渊阁四库全书。
⑦ 郭培贵：《明史选举志考论》，中华书局，2006，第155页。

需要是"精壮俊秀""熟闲骑射"者才可。

武学之初，教学内容主要是儒家经典与兵学理论的"1+1"模式，即从儒家经典《论语》《小学》《大学》《孟子》中选一本就读，以及从《武经七书》和《百将传》中任选一本修习。令人遗憾的是，此时的武学竟没有开设武艺技能的课程。不得不说这是明代武学一个很大的问题。事实证明，武官脱离武艺终究不是正途。在武学创立八年之后的土木堡之变中，并未涌现出智能超拔的武学学员，也未见武学学员有突出表现的记载。[①]不过，成化年间，武学颁布新规，对教学内容进行了调整，其中"演习弓马"成为硬性规定，终于进入武学正统。

此外，明代武学对师生礼仪设置了明确的规定。这些礼仪规定包括课堂礼节、日常礼节、惩罚办法等。《明英宗实录》记载："都指挥纪广等升堂听讲，执弟子礼；不系听讲之时相见，各以礼待；其幼官以下，常在学肄业者，必行师弟子礼……本学置记过簿一扇，都指挥等官有犯学规者，学官以言训饬；不从者，明书其过；三次不改，具呈总兵官处，随宜惩戒。其余幼官、子弟有犯，量情责罚。"[②]成化年间的新规又对礼仪规范进一步加强，同时对教师的行为也进行了明文规范。这对训练学员思想以及"武德"的形成具有积极的意义。

那么，这些武学中的学员最后出路何在呢？前文已述，明代实行武官世袭制度，武学中的学员多为武官子弟，因此他们最常见的出路就是承袭父辈官职。除此之外，他们还可以参加科举、武举、会举以及纳监。明代武学虽开设儒家经典教学内容，但毕竟主要在武，与儒学学员比较，武学学员参加科举考试并无优势可言，因此，通过科举获取成就者甚少。在这些出路中武举占比最高。据统计，嘉靖二十三年（1544年），考中武进士的40人中有9人出身武学，占比为22.5%。[③]这说明，武学制度的完善促进了教学质量的提高，其教学效果也值得肯定。会举则是指根据武学学员

---

① 黄谋军:《明代京卫武学研究》，硕士学位论文，福建师范大学，2017，第29页。
② （明）陈文等:《明英宗实录》卷八十一《正统六年秋七月壬寅》，台北中研院历史语言研究所校勘本，1962，第1616页。
③ 周致元:《明代武学探微》，《安徽大学学报》1994年第3期，第112页。

表现，兵部会为其举荐为官。纳监是嘉靖年间的事，指武学学员通过捐纳银两或马匹等物品的形式而进入国子监学习。由于此举比较容易，所以很多武官子弟将此视为升官的捷径加以利用。万历七年（1579年），纳监政策不得已被迫停止实行。

明代武学对国家武官子弟的教育起到了积极的作用，使弓马等武艺在该群体中得到了有效的传承与习练，缓解了军人子弟腐朽羸弱的局面，对加强军事力量培养具有积极意义。教学制度与内容比宋代有了很大的进步，文武兼备、文武合一的培养策略使学员的出路也更加多样化。以礼仪教育学生，使其明体知礼，同时也进一步丰富了当时"武德"的文化内涵，促进武术走向成熟。这对当今武术文化资源的转化仍具有参考意义。不过，武学也有不少弊端。比如，明朝已经流行火器，甚至在永乐年间明军就建立了神机营，但武学仍固化不前，没有对教学内容进行必要的改革，是为武学发展的一大桎梏。

这里还有必要强调的一点是，至清末，虽然各种"新军"登场，火器已经发展成为战场的主力兵器，西方体育思想也已传入，武举与武学也都各自完成了历史的使命，但在官方的学校教育之中仍能够找到武术（艺）的踪迹。比如，曾国藩的湘军中有规定："每逢五、逢十午前，即在营中演连环枪法……每日午后，即在本营演习拳棒刀矛钯叉，一日不可间断。"[①] 在李鸿章创办的"天津水师学堂"的体育教育内容中，还有刺棍、木棒等武术教学。[②] 甚至在一些社会团体和私人开设的书院以及体育专科学校中都保留有武术教育的内容。可见，通过武术文化资源的教育转化仍是国人孜孜以求的育人方式之一。

古代武术被纳入官方教育体制，让其具有了鲜明的教育意义，发挥了武的教育价值。在这一历史时期武术文化资源教育转化的过程中，武与军事紧密相连，成为塑造、培养与选拔军事武艺人才的重要手段。通过武的教育转化，个体的生命融入了国家的发展，个体与国家成为有机的整体。

---

① 《曾国藩全集·诗文》，岳麓书社，1986，第453页。
② 罗时铭主编《中国体育通史》（第三卷），人民体育出版社，2008，第57页。

四 尚武强国：东西方文化冲突下的民国武术教育转化

(一) 民国武术教育的多元表现

1. 普通学校武术教育大面积推行

民国武术文化资源的教育转化，当首推国家开展的校园武术。1912年，民国政府成立，1915年民国政府教育部就通令全国，"各学校应添授中国旧有武技，此项教员于各师范学校养成之。各学校教科书，宜揭举古今尚武之人物及关于国耻之事项，特别指示提醒之；学校应表彰历代武士之遗像，随时讲述其功绩"①，全国性的武术教育拉开了序幕。

事实上，在此之前，马良的中华新武术已经开始在学校进行教学实验，这为民国时期武术教育的施行打下了一定的基础。经过在军中近10年的新武术实验推广后，马良的中华新武术已经基本成型，推出了《摔角》（初名《柔术教范》）、《拳脚》、《棍术》、《剑术》等系列教材，同时也总结了一些成功的经验。在教育界人士的帮助下，1913年，马良开始在山东潍县（今属潍坊市）的一些学校传授他的新武术。此外，在江苏省教育会主席黄炎培的支持下，江苏省的体育传习所学校系统也开始教授中华新武术。正是在马良的积极推广下，中华新武术的教育价值逐步显示出来，并获得了教育界人士的肯定和认同。1918年，教育部在考察了马良的中华新武术后，同意将其列为全国大中学堂正式体操课程。

民国政府通过制定一系列政策性文件，支持武术教育的推行。在1918年召开的第四届全国教育会议上，山东省教育会的提案——《推广中华新武术案》获得通过。同时，这次会议对在学校中开展武术教育再次进行了强调，在通过的《推广体育计划案》中规定"学校体育加授武术"②。民国政府对武术的教育价值十分认同与肯定，在1926年召开的第十一届全国教育会议上又通过了《学校体育应特别注重国技案》。

国家的强力推行，让学校武术教育取得了不错的成就。当时的北京体

---

① 邱爽秋等：《历届教育会议决议案汇编》，教育编译馆，1935，第6页。
② 国家体委体育文史工作委员会、全国体总文史资料编审委员会编《中国近代体育议决案选编》，人民体育出版社，1991，第7页。

育研究社统计,1924年,在调查的40所中学中,52.5%的学校将武术列入正课,22.5%的学校开展了课外武术活动。① 武术在普通中学的大力推行是民国的创举。一方面,开启了全国性的校园武术传播新模式;另一方面,实现了从军事武术向体育的转轨,让武术在育人方面能够发挥更大的价值,同时也改变了社会上对武术的一些不良看法。

2. 官办专业性机构中的武术教育转化

1928年3月成立的南京中央国术馆,是民国期间推行武术教育的官方专业性教育机构。中央国术馆开启了民国专业性武术院校建设的先河,在武术教育、传承与专业人才培养方面起到了积极的作用,因而也成了近代以来武术文化资源教育转化发展中不可缺少的重要组成部分。事实证明,从中央国术馆走出的武术专业人才,很多成为后来推动武术发展的中坚力量,为武术的发展做出了卓越的贡献。

纵观中央国术馆的发展历程可以看出,其组织性质经历了从"研究馆"到近现代"专科学校"的演变。中央国术馆始建于1928年3月15日,最初定名为"国术研究馆",隶属于中央政府。南京国民政府颁布相关指令:"准备案所请,按月补助经费五千元,候令财政部查照发给。"② 1928年3月24日,"国术研究馆"更名为"中央国术馆"。1932年,中央国术馆为突出培养武术与其他体育项目师资,内设"体育传习所"。1933年,直接改为"中央国术馆体育专科学校",简称"中央国体专校",后又易名为"国术体育专科学校"。③ 这也成为中国近代史上第一个官办武术高等教育学校,对于武术教育的推进有极高的价值与意义。

关于中央国术馆的研究与探讨已经形成了较为系统的成果,尤其是对其成立过程、组织机构、历史发展、活动情况等已有较为深入的探讨。因此,本研究无意于再对中央国术馆的这些方面进行重复性说明。同时,我们还注意到,尽管对中央国术馆的历史与发展越辩越明,但是从武术

---

① 罗时铭主编《中国体育通史》(第三卷),人民体育出版社,2008,第235页。
② 《国民政府指令174号》,载《国民政府公报》(第41期),台北:成文出版社,1972,第17页。
③ 昌沧:《南京中央国术馆始末》,《体育文史》1997年第5期,第42~43页。

文化资源的教育转化视角对中央国术馆展开的研究还少之又少，亟待增加。

中央国术馆在推动武术文化资源转化的过程中进一步厘清了武术的教育价值。首先，通过改名、发表言论等方式，明确提出了武术之于民族和国家的关系，并获得全社会认可。在1928年之前，武术曾有多种称谓，如"技击""武技"等，并没有与国家和民族产生过多的联系。但是，在中央国术馆馆长张之江的推动下，"武术"被改造成了"国术"，一切都被改变了。受国粹思想的影响，张之江认为中国的技击之术属于民族文化精华，也应该像国画、国医等一样享受"国"字号待遇。他明确提出："我国技击之术，发达本早，代有传人。近年虽稍稍凌替，偶有能者，其方法途径，别具神妙，与国学同有优异之点，故正名曰国术，发挥广大，自不容缓。"① 借助深入的思考和自身在军政界的影响力，张之江提出的"国术"很快得到了南京国民政府的认同。不但如此，张之江还竭力阐释武术与孙中山的"三民主义"之间的关系。他说："国术与民族的关系，大凡一个民族能够立国，有两个原委。一个是贯彻文物制度的文化，一个是整军经武的武化，缺了任何一样都不可。凡是一个民族，能够把文化和武化合起来并重的，它所造成的国家，一定可以强盛。国术和民族的关系，就在于此。"② 以张之江为首的一批专家学者的建构让"国术"得以成为合法性名称。"国术"让武术与当时的国家与民族紧密联系起来，武术的地位大大提升，成为理应发扬的国家民族文化遗产。这也正是当时推行武术教育所要实现的重要文化诉求所在。

其次，促进身体健康是武术的基础性作用，也是中央国术馆武术教育所要实现的重要价值之一。张之江组建中央国术馆的重要内在动力就在于通过国术来改善国民身体状态。这是由当时所处的内忧外患的复杂的社会环境，以及强国强种的内在需求所决定的。张之江坦言："研究国术即为强健身体之捷径。"③ 他还强调说："国术是锻炼体魄的方法……强国必先

---

① 中央国术馆编《张之江先生国术言论集》，中央国术馆，1931，第1页。
② 张之江：《国术研究分馆之成立预备会》，《申报》1928年6月21日，第15版。
③ 中央国术馆编《张之江先生国术言论集》，中央国术馆，1931，第1页。

强种,强种必先强身。我国……衰弱的唯一原因,便是忽略了讲求自卫的国术……我们要注重与国同生死的武化,就赶快来练习国术。强种才能强国,所以种族不强,国家在这世界里,便无存在的可能。"① 所以,中央国术馆推行的国术教育,承担着重要的改良国人身体体质、增强中国人在世界范围内的竞争力的责任。

最后,南京国民政府军政要员对武术的技击特性是非常看重的,这也反映在中央国术馆的国术教育之中。体育思想的成熟让学校武术教育也被纳入了体育的范畴,但武术超越体育的技击特性仍然是中央国术馆希望通过教育传授给学员们的重要方面。张之江指出:"我国的国术,总理曾经说过,它的效用,在面前五尺地决胜负的时候,有绝大的价值,假使我们视为等闲的东西,不去努力提倡,甚至批评国术是反时代,开倒车,万一中国一旦与帝国主义者做殊死战的时候,白兵相接,不但不能打倒他们,反被他们打倒。"② 除了张之江的言论,我们还可以从中央国术馆开设的课目上见出这一准军事的目的。在中央国术馆教授的国术项目中,除了一般的八卦、太极、形意、八极等拳法种类,还包括大量的实用性极强的格斗技艺,如摔跤、搏击、击剑、劈刺等实战武艺。这从另一个方面也反映了中央国术馆的武术教育并非简单的身体活动,而是在打拳练武的同时还潜移默化地进行国防教育,试图通过教授能临阵应用的国术来达到强种救国的目的。

通过编写教材、教师授课、培训推广、实战考核、组织比赛等手段措施,③ 中央国术馆的武术教育转化取得了良好的效果。中央国术馆在武术教育实践过程中,首次形成了结构较为完整的国术技术教学体系。在中央国术馆之前,我们并没有一个类似于"国术"这样系统的武技概念。张之江将旧有武技改名为国术后,积极在中央国术馆进行实践,探索合适的教学内容体系,以丰富国术的概念内涵。从中央国术馆开课与考核比赛的内容看,民国时期大致形成了以拳械套路、摔跤、短兵、长兵、散手为主要

---

① 中央国术馆编《张之江先生国术言论集》,中央国术馆,1931,第5~7页。
② 中央国术馆编《张之江先生国术言论集》,中央国术馆,1931,第15页。
③ 陈长河:《民国时期的中央国术馆》,《历史档案》2009年第3期,第109~110页。

表现形式，内容丰富、结构完备的国术概念内涵与技术体系，至今仍对武术的发展具有实际的借鉴参考价值。通过教育转化，中央国术馆培养了大批国术人才，比如朱国福、朱国桢、张维通、朱国禄、张英振、佟忠义、马英图、刘崇峻、沈友三、张文广等，他们大多为武术事业做出了积极的贡献。

3. 民办社团中的武术教育转化

1910年3月3日成立的精武体育会前身为"中国精武体操会（精武体操学校）"，它是中国近代史上历史最悠久、影响最深远、以提倡武术塑新民为目的的典型民间体育社团。精武体育会本来为安顿霍元甲与传习武艺而设，为何冠以"体育"之名？《精武会50年》对此有着明确的记载，"运用武术以为国民体育。一则寓拳术于体育，一则移搏击术于养生，武术前途方能伟大"①。可见，在陈公哲等的思想中早已有了明确的将武术转化为体育的思想。1916年，上海精武体育总会成立。"体育"一词最早经由日本于1897年传入我国并见于文字，② 在1910年即为精武体育会所接受，也足见陈公哲、农劲荪、姚蟾伯等的开明与对西方文化的接纳。事实上，在精武体育会成立的年代，中国仍受义和团拳乱余波的影响，拳术、技击或武术等词在官方与租界都还比较敏感，提倡武术很有难度，因此弃武术而使用体育也更便于社团的创立。另外，精武体育会初期用体育之名行武术之实，也体现出其受"中体西用"思想的影响。

精武体育会在成立之初就设定了通过武术教育来实现强身、强民的发展目标。精武体育会的首要任务在于通过武术来育人。体、智、德三育并进是精武体育会的宗旨，其会旗和会徽皆为三星，即三育之义。三育之中，"以体育居先，体育复以武术为主"。精武体育会认为，提倡以武术为主的体育重点在于强健国民体魄，消除"东亚病夫"耻辱，以此实现民族的复兴与强盛。"夫每个民众身体之不健全，亦即全体民族之不健全，欲泄此耻，厥为提倡国民体育耳。盖无体育不足以强身，无体育不足以强

---

① 陈公哲：《精武会50年》，春风文艺出版社，2001，第19页。
② 张天白：《"体育"一词引入考》，《体育文史》1988年第6期，第14页。

民。为适应环境,赶上时代,余于精武之号召以体育领先。"① 不难看出,精武体育会的进步意义浓厚,它将德育和智育引入武术教育,使三者并列,极大地丰富了武术教育的内涵,开启了体育武术的历史先河。

除了明确身体教育指向,精武体育会还努力将武术融入民族国家话语体系。我们能够在精武体育会的很多实践中看到国家的在场。首先,孙中山多次受邀到精武体育会演讲。1919年,在精武体育会创立十周年之际,精武体育会邀请孙中山为其题写了"尚武精神"的匾额,随后悬挂于精武体育会之内。"国父"孙中山的题词一方面大大激励了精武体育会成员的奋斗精神,另一方面也成为国家在场的明证。其次,精武体育会自始至终都将习武与强国强种联系在一起,或者说强国强种就是精武体育会的终极目标。"盖授以技击,教以拳术,而作进退疾徐疏数之方寓乎中,精神以振武艺,以练强身,可强国亦可。""国技之为一种强种保国之艺业,乃始为国人所公认。"② 最后,精武体育会曾经尝试变为国立机构。1926年,陈公哲携陈铁笙、姚蟾伯二人前往政府请愿,尝试使精武体育会变成国立机构,以便进一步发展,为国家做出更多贡献。遗憾的是,此举刚好与张之江要求政府成立武术机构相冲突,没有成功。尽管请愿失败,但我们仍能看出精武体育会为国为民的情怀。

精武体育会在利用武术进行资源转化的过程中对武术进行了必要的改造,其中最为显著的便是对武术进行体育化的转型实践。古代军事武艺以生死相搏为目的,并不完全适用于近现代教育之所需,尤其是学校体育。因此,走进教育场域的武术就很有必要进行一定的改革。中国近现代对武术的改造始于马良的中华新武术。前文已述,马良对古代旧有武技进行了甄选和改造,推出了《率角》《拳脚》《棍术》《剑术》等系列教材用于军队和学校教学。马良的改革在一定程度上使武术获得了社会的认可,中华新武术对西式体操的模仿,使其摆脱了旧有的发展模式,进而成为近代体育教育的一部分,开启了武术体育化改革的进程。

精武体育会对武术改革的尝试几乎与马良同步,二者之间应相互有所

---

① 陈公哲:《精武会50年》,春风文艺出版社,2001,第21页。
② 陈铁生编《精武本纪》,商务印书馆,1919,序言、第6~7页。

借鉴，但由于推广模式不同也显示出一定的差异。精武体育会在成立之初即融武术于体育，且通过"厘定三育"标榜了武术的体育化进程。但在具体武术教学项目的选择上，精武体育会与马良的中华新武术有很大区别。精武体育会以"精武十套"，即谭腿、工力拳、接潭腿、八卦刀、五虎枪、大战拳、套拳、群羊棍、单刀、串枪为筑基课目。同时，拥有复杂的教学内容体系——汲取了黄河流域、长江流域、珠江流域等的拳术、兵械各100余套，以及空手入白刃6套。此外，从一些文献资料看，精武体育会还开设了射箭、拉弓、飞锤、飞镖、袖镖等课目。虽然，精武体育会也开展对抗性武术教学，但精武体育会似乎没有马良的中华新武术更注重技击格斗教学——相关文献对此记载较少。不过，精武体育会因社会化的推广传播需要，很强调武术的套路表演化，不但如此，精武体育会还在武术基础上编创了武舞，"由武术之功架，演进为舞蹈之姿态，寓刚于柔，亦文亦武"①。除此以外，精武体育会还对武术门派观念进行了淡化处理。在这一点上，精武体育会与马良的处理有几分相似之处。因此，在马良的中华新武术以及精武体育会武术推广过程中没有像中央国术馆那样出现门派对立的现象。

（二）推动民国武术资源教育转化的文化动因

民国时期对武术的发现与创造性使用并非历史的偶然。它是在深刻的社会文化背景下，由多种原因促成的文化选择，也是面对东西方文化冲突的一种文化自觉和文化自信的表现。其文化逻辑可以被简略地描述为清末国家的残弱被解读成了国人身体的柔弱不堪，进而引申为人种不如人，因此对"病夫"的批判与建构成为激发国人发奋图强的话语策略。所以，在文化民族主义的风潮中，武术被发现，进而被改造。在超越重文轻武的历史突破中，尚武以强国强种为目的，成为理所当然的必然选择。

1. "东亚病夫"：身体柔弱的隐喻

"东亚病夫"是20世纪以来最刺痛国人神经的一个东方主义话语。作为当时国人身体与民族的双重投射与自我认知，"东亚病夫"所形成的千

---

① 陈公哲：《精武会50年》，春风文艺出版社，2001，第103页。

古伤痛与百年耻辱成为中国人通过尚武竭尽全力洗刷的"原罪"。关于"东亚病夫"的讨论,杨瑞松、苏全有、龚茂富等学者都进行了较为深入的论述,这里不再赘述。① 但是,有必要强调的是,不管怎样,"东亚病夫"并非空穴来风,而是国人身体柔弱的隐喻。

清代社会并非人们想象得那样繁盛,人民生活疾苦、衣不蔽体、卖子求活时有发生。《潜书注》中记载,"吾使人观于武乡,有女子而无裤者也","清兴五十余年矣!四海之内,日益困穷,农空、工空、市空、仕空……故农民冻馁,百货皆死。丰年如凶,良贾无算。行于都市,列肆焜耀,冠服华吼;入其家室,朝则卤无烟,寒则钉体不申。吴中之民多鬻子女于北方,男之美者为优,恶者为奴,女之美者为妾,恶者为婢,遍满海内矣"。② 如果这还不足以说明清代的穷困与落后,那么,作为英国使臣的马戛尔尼所看到的乾隆时期民不聊生的图景足以证明清代的落后。即使是在所谓的"康乾盛世",马戛尔尼看到的仍然是惊人的贫困、虚弱的民众和涣散的军队。马戛尔尼由此判定,清朝作为一个专制王朝,最终将堕落到野蛮和贫困状态,因为清朝只不过是一个破败不堪的旧船而已。③ 康乾盛世尚且如此,清朝末年民生疾苦与身体的羸弱可想而知。

面对"三千年未有之变局",清末民初的思想家群体深感民众身体对于社会改革以及民族重建的重要性,极力通过各种手段,甚至包括谩骂与讽刺,来动员与启蒙国人,以唤醒国人对身体的重视。梁启超说:"二千年之腐气败习,深入于国民之脑,遂使群国之人,奄奄如病夫,冉冉如弱女,温温如菩萨,戢戢如驯羊。"④ 因此,他发出了"人种不强,国将何赖"的时代之问。陈天华对改变国人身体似乎更为着急,因此,1903年

---

① 参见杨瑞松《想像民族耻辱:近代中国思想文化史上的"东亚病夫"》,《"国立"政治大学历史学报》2005年第23期;参见苏全有《论"东方病夫"到"东亚病夫"的流变》,《求索》2014年第6期;参见龚茂富《中国民间武术与社会变迁》,中国社会科学出版社,2018,第134~143页。
② 唐甄撰,注释组注《潜书注》,四川人民出版社,1984,第326、第332页。
③ 注:关于马戛尔尼对清朝社会的描述可参见〔法〕阿兰·佩雷菲特《停滞的帝国——两个世界的撞击》,王国卿等译,生活·读书·新知三联书店,1993,第361~367页、第407~532页。
④ 梁启超:《新民说·论尚武》,载《梁启超全集》(第三卷),北京出版社,1999,第711页。

秋，他在《警世钟》中激烈呐喊道："耻呀！耻呀！耻呀！你看堂堂中国，岂不是自古到今四夷小国所称为天朝大国吗？为什么到如今，由头等国降为第四等国呀？外国人不骂为东方病夫，就骂为野蛮贱种。中国人到了外洋，连牛马也比不上。"①陈独秀对国人的身体也充满了焦虑，他在《今日之教育方针》中说："余每见吾国曾受教育之青年，手无缚鸡之力，心无一夫之雄；白面纤腰，妩媚若处子；畏寒怯热，柔弱若病夫；以如此心身薄弱之国民，将何以任重而致远乎？"② 事实上，"病夫"不仅是身体柔弱的隐喻，它还意指民族的软弱。找到强国强种之方才是思想家们建构"病夫"话语的最终目的。所以，陈独秀也有与梁启超相同的问题："吾人之少年青年，几无一不在病夫之列，如此民族，将何以图存？"③ 在迷茫的困途之中，人们就改造身体达成了共识。那么，接下来摆在人们面前十分紧要的问题便是通过何种途径进行改造。

2. 尚武救国：改造身体的药方

尽管对造成"病夫"的原因不尽一致，鲁迅、陈独秀等文化精英也对武术有批判，但在反思如何祛除个人与国家的身体之病态的过程中，更多的人——无论是革命派还是保皇派，都把解决问题的方法共同指向了"尚武"。

孙中山是提倡尚武救国的领袖之一。在日本留学期间，孙中山考察日本民族的明治维新后，发现了尚武精神对民族与国家发展的重大意义。1905年，他明确指出："维新诸豪杰……皆具有独立尚武的精神，以成此拯救四千五百万人于水火中之大功。"④这也是他首次公开提倡尚武精神，并开始大力在留日学生中间广泛传播尚武精神。孙中山并不是纯粹的理论派，他积极将尚武精神加以实践。这主要体现在他对四方豪俊的接纳以及对国内武术组织的大力支持上。

因精武体育会与革命党以及同盟会有着密切的联系，所以孙中山对其大加赞赏与支持。他多次受邀参加精武体育会活动，并欣然为精武体育会

---

① 刘晴波、彭国兴编《陈天华集》，湖南人民出版社，2008，第61页。
② 《陈独秀文章选编》（上），生活·读书·新知三联书店，1984，第89页。
③ 陈独秀：《独秀文存》，安徽人民出版社，1987，第43页。
④ 广东省社会科学院历史研究室、中国社会科学院近代史研究所中华民国史研究室、中山大学历史系孙中山研究室合编《孙中山全集》（第一卷），中华书局，1981，第278页。

十周年庆题写"尚武精神"匾额，并为《精武本纪》作序，以示鼓励。孙中山盛赞中国旧有武技为国粹，并认为武术为战场贴身肉搏获胜的强有力后盾。① 通过精武体育会，孙中山表达了尚武以救国的政治宣言。他说："精武体育会……盖以振起从来体育之技击术为务，于强种保国有莫大之关系。"②

作为保皇派，尽管梁启超与孙中山有着不同的政治理念，但他在探求强种救国方略的过程中，也极力提倡尚武精神。在梁启超看来，尚武才是文明得以继续的根本所在——"尚武者，国民之元气，国家所恃以成立，而文明所赖以维持者也"。可以说，在当时的社会环境下，人们将生的希望都寄托在尚武精神的弘扬上。蒋智由在为梁启超的《中国之武士道》作序时就表达了这一观点。他说："而后吾知吾国尚武之风，零落数千年，至是而将复活，而能振吾族于蕉悴凌夷之中，复一跃而登于荣显之地位，以无贻祖宗之羞，其必有赖于是也。"③

此外，在尚武思想的启蒙下，军方人士也进一步高度肯定了尚武的价值。推崇军国民思想的蔡锷认为，尚武精神应该是一种文化性格，必须通过改造身体，养成尚武精神。④

一时间，全国上下一扫数千年的重文轻武的阴霾，文人墨客、政治家、思想家皆在谈论尚武，为解救积贫积弱的身体和国家而出谋划策。在他们看来，尚武是增强体质、医治"病夫"的一剂良方。正所谓，"民质能尚武，则其国能强"，所以才形成了推动武术进行教育转化的内在动力，进而也有了我们上文所提到的校园武术、国术教育以及精武体育。

3. 文化思潮：国粹主义与军国民教育主义

从尚武的角度似乎还是无法深入地解析为什么近代进行武术文化资源的教育转化问题。事实上，这个时候西方体育以及兵操已经大面积传入我国，并在学校与军队中颇为流行，改善体质也不唯独武术可以胜任。这也

---

① 《精武技击运动纪》，《申报》1916年11月6日。
② 中山大学历史系孙中山研究室、广东省社会科学院历史研究所、中国社会科学院近代史研究所中华民国史研究室合编《孙中山全集》（第五卷），中华书局，1985，第150页。
③ 梁启超：《饮冰室专集》，中华书局，1936，第2页。
④ 毛注青、李鳌、陈新宪编《蔡锷集》，湖南人民出版社，1983，第19~38页。

就是为什么此时会出现"土洋体育之争"的重要原因之一。因此，我们不禁要问，为什么最终还是武术解救了孱弱的国民身体和民族呢？为了进一步厘清这个问题，就不得不引入在当时兴起的国粹主义与军国民教育主义文化思潮。

文明冲突无处不在，它总是以不同的形式存在于历史的每一个角落。当西方文明携带着先进的科技与思想，来到独裁专制的大清王朝门外之时，胜负其实早已分出三分。1840年的鸦片战争开启了中国人民苦难的一个世纪，① 同时也带来了强势的西方文化入侵。因此，中华民族深刻的危机在某种形式上，或者说本质上表现为广泛的文化危机。在痛定思痛后，中国本土文化心理强烈反弹，文化民族主义应然而起。文化民族主义强调对本民族文化的认同与文化独立的维护，归根结底是民族主义问题在文化上的一种表现。② 因此，伴随着文化民族主义的是对传统文化的颂扬与提倡，以及对外来文化的奋力抵抗。比如，这一时期出现的以康、梁为主的维新派知识分子试图以"儒教"来对抗西方基督教文化思想，这就是文化民族主义的体现之一。

作为对文化帝国主义的回应以及受文化民族主义的影响，国粹思潮呼之欲出。1905年，以国学保存会和《国粹学报》的出版为标志，以邓实、黄杰为代表人物，国粹思潮兴起。国粹派认为，避免亡国的关键在于"存学"，他们力求通过复兴古学来重新建构中华民族。在中西方文明冲突中，西方文化占据上风，尤其是在"全盘西化"之声不绝于耳的情况下，国粹派认为应该思考如何学习西方以获得发展的动力，但不重蹈西方的覆辙。因此，他们开始重估传统文化的价值，并主张回归传统，"研究国学、保存国粹"自然也成了他们的宗旨。③ 尽管国粹思潮夸大了传统文化在救亡图存中的作用，但它指出了传统文化的出路与价值所在，进而也引起了整个社会的关注与共鸣。正是在文化民族主义与国粹思潮的

---

① 〔美〕徐中约：《中国近代史》（第六版·上），计秋枫、朱庆葆译，香港中文大学出版社，2005，第196页。
② 郑师渠：《近代中国的文化民族主义》，《历史研究》1995年第5期，第89页。
③ 黄节：《国粹保存主义》，《政艺通报》1902年第22期，第180~181页。

影响之下，"国术""国画""国医""国乐"等被建构起来，人们对文化传统的认知也逐渐加深，民族文化自信得到了加强。换句话说，在一定程度上，"国术"就是文化民族主义与国粹思潮的产物。

19世纪中叶以来，日益加深的民族文化危机造就了复杂的局面，深刻地改变了中国本土文化的历史走向。面向身体的思考，让保种救国思想指向了对武术等国粹文化资源的开发与使用。

除国粹主义外，军国民教育主义思潮也是推动武术教育转化的重要文化力量之一。中国近代的军国民教育主义思潮主要从日本引入国内，在日本留学的蔡锷、蒋百里等极力提倡尚武，宣扬军国民主义，以图强国强民。他们写出了著名的《军国民篇》《军国民之教育》等一系列文章。在第一次世界大战的国际环境以及中国遭遇鸦片战争、割地赔款、国势垂危的现实国情下，任何能够解救中国于水火之中的办法都是值得尝试的，这当然也包括军国民教育主义。

军国民教育主义核心观念在于提倡尚武体育。此观念一出便得到了社会的响应。梁启超写出了《中国之武士道》与《新民说·论尚武》等文章直接推崇军国民教育主义思想。陈天华在《国民必读》中指出："中国非人人有尚武精神，人人有当兵资格，绝无希望。"他们研究邻国日本的强盛，尤其是日本对俄作战的胜利，发现了日本提倡柔道的价值，张之江说："日本明治维新以侠武唤起大和民族所谓太和魂武士道充塞三岛而日强。"[①] 因而，"渐知拳术之为国魂"。1911年，《教育杂志》上鼓励提倡古典武艺的文章称，"中国之击剑、枪术、弓法、骑法等为最佳运动"并主张以此代替西式体操，作为学校体育的内容。[②]

武术能够进入校园成为学校教育资源被利用，着实离不开宣扬军国民教育思想的教育家们的支持。1912年，中华民国教育部成立后，出任教育总长的蔡元培明确提出要推行军国民教育，并且指出"军国民主义为体

---

① 《浙江国术游艺大会汇刊》，1930，序一。
② 熊晓正：《传统的批判与批判的传统——略论本世纪初提倡民族传统体育的得失》，《体育文史》1987年第2期。

育"①。虽然蔡元培没有直接说武术,但是在他的军国民体育概念中,武术是占有很大比重的。因为他曾提出:"军国民教育就个人言,在补自卫力之不足;在国家言,在求国家之强盛。"② 显然,能实现自卫能力提升的体育非武术莫属。范源濂继蔡元培之后任教育总长,他也积极在全国倡导推行军国民教育,且更为直接地提倡尚武精神。他提出,学校教育要"明世界之大事,示科学之重要,振尚武之精神,阐爱国之真义"③。体育教育家徐一冰也曾向政府建议"高等小学、中等师范,亟应添习本国技击一门"④。正是有着教育总长和教育家们的齐力推动,1915年全国教育会联合会第一次会议才顺利通过了《拟请提倡中国旧有武术列为学校必修》的议案,最终"各学校应添授中国旧有武术"被列入《军国民教育实施方案》。尽管军国民教育思想存在种种弊端而遭人诟病,但是其萌发与倡议和当时中国的时代需求相吻合。正是军国民教育主义思想的推动,武术才于近代正式被纳入普通学校体育课程,因而也完成了一次影响深远的历史跃迁。

第二节 先秦至民国时期武术文化资源教育转化过程中的价值实现

我们已经考察了从先秦至民国这一历史时期中武术文化资源的教育转化问题,对其中较为典型的表现进行了深入的探讨,同时从教育的视角审视了武术文化资源创造性转化的历史表现与传统。现在我们将转向新的论域,研判武术文化资源教育转化过程中的价值实现问题。

对武术文化资源进行教育转化的过程,其实质就是实现武术文化教育价值的过程。不同的历史时期,对武术文化资源进行教育转化的价值取向、实现路径,以及所彰显的特征各不相同。同时,我们还要看到,伴随

---

① 舒新城编《中国近代教育史资料》(下册),人民教育出版社,1961,第1025页。
② 高平叔编《蔡元培全集》(第二卷),中华书局,1984,第131页。
③ 范源濂:《今日世界大战中之我国教育》,《中华杂志》1914年第23期。
④ 徐一冰:《整顿全国学校体育上教育部文》,《体育杂志》1914年第2期。

着对武术文化资源的教育转化，武术的文化定位也在不断地变化。对武术文化资源的教育转化在形成武术进一步发展基础的同时，也形塑了武术的内涵，并融入了武术的历史进程。这一过程启动于先秦时期的贵族射艺教育，以"射"为代表的"武"被纳入学校教育范畴，开启了"以武化人"的创造性转化新征程。

就武术本身而言，由军事武艺转化而来的武术体系，是一个以技击为核心的技术体系，也是一个以"仁""义""礼""智""信""勇""天人合一""道法自然""太极阴阳"等中华传统思想为基础的，由术、艺、道三重境界所构成的思想体系。因此，在武术历史上，武术并不是以单纯的技术体系显示其功能，而是被用在教育上，培养符合社会需要的人才，实现了武术功能的扩展，使其不再是以"击"为唯一表现的武文化，还增加了仁、忠、义、礼等价值取向的道德功能。在国家教化政策推动下，从六艺教育到武举、武学，再到中央国术馆等多种渠道，武术渗透进了中国传统文化结构的各个层面，并成为中国传统文化价值体系的重要构成部分。在世界范围内，武术凝聚成了具有独立品格、拥有自己特征和内涵的独特文化类型，也成为一种形塑人们日常生活的方式。我们可以说，武术凝结了中华民族文化精神，武术传统是中华民族的重要文化遗产。在回顾武术文化资源教育转化的过程中，我们发现，武术的价值定位在不断变化，武术也在历史传承中，不断得到新的发展、确认、阐发和彰显。

一　武术文化资源教育转化过程中的价值定位

纵观武术文化资源教育转化的历史变迁，武术不再单是夺取生命的技击术，而是被视为一种重要的教育资源与手段，在实现教育目标的过程中，武术更呈现为一种军事武艺、一种文化、一种教育。武术价值定位的这种变化，源于中华民族在历史进程中所发生的重要改变。

（一）武术处境的改变

武术融入教育所呈现的创造性转化，为历史上先秦以来的武术存在状态带来了极大的变化——武术从战场走向学校，同时在新教育体制中逐渐系统化。

1. 从战场走向学校的武术

弓箭最初为猎杀的武器,《翠微先生北征录·弓制》中对此已有明确说明。也就是说,最初的射箭活动主要发生在战场之上或者打猎的过程之中。然而,先秦儒家将射箭列入贵族教育的"六艺",开启了武术走向学校,并"以武化人"的新征程。西周时期,保氏以"礼、乐、射、御、书、数"六艺教国子(《周礼·地官》)。《周礼·夏官》也提到:"春合诸学,秋合诸射,以考其艺而进退。"射箭一跃成为国子教育非常重要的内容之一。从现有研究成果看,我们并不知道为什么射箭会突然成为教育的内容。但是,以射箭在战场的重要作用可以推测,国子学习射箭最初应该还是为战争服务的。巧妙的是,射箭在教育之中很快变成了"礼"的化身、权力的符号以及政治的隐喻。正所谓"是故古者天子,以射选诸侯、卿、大夫、士""射而不中则不得为诸侯"(《礼记·射义》)。在人才选拔过程中,射也成为重要的核心考核内容之一。射箭与教育、宗教、艺术、哲学、仪礼的结合使其超越了杀伐本身,进而发展成为一种居于社会主流地位的尚武传统。[①]

射箭以及马枪等军事武艺能够在古代教育体系中传承并弘扬得益于其本身重要的军事战略价值。冷兵器时代,弓箭与长枪是战场上的主要作战兵器,具有重要的军事价值。无论是六艺教育,还是武举与武学,都为选拔国家需要的人才服务。也就是说,古代武术教育是与军事和政治直接联系在一起的。这一点在民国时期并没有发生太大的改变,只是武术教育的内容不单单局限于射箭、马枪这些军事武艺内容,而是更为多元化。即使是精武体育会这样的民间组织,在建立之初仍然具有明确的政治诉求,得到了同盟会的大力支持。

但是,武术所彰显的教育价值并非仅仅局限于军事方面,它还强调对人的综合素质的培养以及对中华优秀传统文化的传承。比如,西周射艺之于谦谦君子的"君子无所争,必也射乎"的精神塑造,就大大超越了武术本身的技击属性的展示,而是承载了很多"仁"和"礼"的内容。此外,

---

① 龚茂富:《由"术"至"道":中国传统射箭的文化变迁与创造性转化》,《成都体育学院学报》2018年第6期,第45页。

不管是精武体育会还是中央国术馆，在塑造新民以救国的同时有着强烈的传承优秀传统文化的内涵。武术成为国术，意味着人们脱离了被轻蔑、鄙弃的命运安排。民族复兴为武术的发展带来了新的空间，使其获得了新的生命力与价值。

清末民初，冷兵器时代结束，武术作为军事武艺重心的地位已经丧失。然而，武术所形成的传统思想在国家社会生活中的广泛影响并没有因此消失。反而是国家教育部门在普通学校的推行，以及中央国术馆和精武体育会的大力推进，让武术发挥了前所未有的教育价值。武术凭借国家教育部门的权力保护而得以顺畅、稳定地发展，从而奠定了新中国成立以后其在体育教育事业中的一席之地。

2. 武术在新教育体制中逐渐系统化

从先秦到民国，教育的武术逐渐呈现系统化的发展趋势。首先，这主要表现为武术教育内容结构的丰富与完善。西周时期的六艺教育最早将射箭项目引入国家教育体制。随后，武举与武学又将马枪、踏弩与技勇引入教育体制，武术教育内容进一步丰富。武术淡出军事战场后，武术教育有了更充足的发挥空间，不再局限于军事实战项目，而是扩展到了多种多样的拳术、摔跤、器械等内容，这为后来国术概念的成熟和内部结构的完善奠定了基础。

其次，武术教育所呈现的内容是精挑细选的结果，而并非武术的全部。先秦时期，需要通过射箭来厘定社会秩序或权力秩序，因此射箭的内涵被不断充实与丰富，并得以凸显。武则天开武举以后需要选拔军事将领，因此战场上最常用的射箭、马枪等才是武术教育所要传承的重要内容。清末以后，国家最为需要的是提高人的身体素质、传承中华民族文化以及激发尚武精神。在清末《教育宗旨》明确提出的国家教育所要实现的五项目标中即包括"尚武"。① 因此，教育所接纳的武术内容就进一步增加。不难发现，这些都是围绕着教育目标所选取的武术教学内容。能够入选的武术项目也并非武术的全部项目，而是根据国家发展的需要进行

---

① 参见璩鑫圭、唐良炎编《中国近代教育史资料汇编》，上海教育出版社，1991，第534～539页。

挑选。

最后，武术的教育价值不再局限于军事人才的培养。从清末武术淡出军事战场以后，武术教育就不再单纯地为军事人才培养服务了。中央国术馆培养的很多武术人才除了一小部分到军队担任教官，其他大部分则是走进了各行各业，有的甚至也不以武术为生。精武体育会更是将武术作为一种体育项目，重在通过大面积推广来提高国民身体素质，获得强健的体魄。于近代开启的体育化之路让武术获得了新的文化身份认同。

在新的时代，武术被从军事武艺中挑选出来进行教育的转化以及在形成新的体系的过程中，其内涵和思想被逐渐建构并丰富起来。通过改变自身适应时代的需要，武术的教育价值与理念在社会生活中表现出积极的作用。人们在文化自觉中消费着从历史中形成并贮存在社会之中的武术文化资源。

（二）武术的价值定位

1. 武术：一种军事武艺

综观武术的教育转化，其不断获得强化的定位即武术是一种军事武艺。军事武艺是武术的一个重要源头，同时武术在古代也主要表现为一种军事武艺。尽管文献记载，宋代以后，民间武术呈现了浓郁的娱乐化氛围，但武术的主流仍然是军事武艺。武术在教育中推行的主要目的也在于为军队培养和选拔后备人才。武术教育不断强化了武术的军事武艺定位，尤其是在武举和武学中的表现形态更为明显，因为武举和武学的主要目的便在于强化军事。因此，技击是这一价值定位中最为核心的功能属性。

2. 武术：一种文化

前文已述，学界将武术视作一种文化应肇始于20世纪80年代末期。但是武术成为一种文化则比这要久远得多。如果用广义的文化概念，作为搏击技术的武术理应属于文化的范畴，似乎并没有什么可以争议的地方。但是，中国本土的"文化"概念，最早指的是文德教化。刘向说："凡武之兴，为不服也，文化不改，然后加诛。"（《说苑·指武》）我们这里所说的成为一种文德教化的武术，正是在其被纳入教育体制时所体现出来的。

古代武术的文化首推射艺。射艺是一种教育，在外延的扩展中所形成的射礼更是将野蛮的、嗜血的杀戮之射转变成了"射以观德"的教育活动。在这个过程中，不但不能责怪比自己技术好的对手，反而要做到"反求诸己"。这是一种多么巧妙的创造性转化！这得益于"礼"的加入，同时也是对"德"的塑造。所以说，"以立德行者，莫若射"①。可见，经过教育转化的武术早在周代就已经具备了修身的道德教化作用，形成了独特的文化现象。

3. 武术：一种教育

武术到底应不应该是"体育"或者被称为"体育"，成为近百年以来武术研究论争的热点问题之一。诚如王岗和张大志所言："具有'身体运动'特征的中国武术被无情地'安置'在了所谓的'体育'之中。之后的几十年，'中国武术'就被贴上了'体育'的标签，成为体育学、体育教育、体育运动中的一部分内容和一个具体项目。进而成就了'武术就是体育'的不完整认知，甚至是错误的认知。"② 这是"土洋体育之争"后，一直存在的一种很有代表性的观点。众所周知，"体育"是经由日本传入国内的概念，至今仅有百余年历史。近代之前，尽管武术也承担了一定的体育职能，但中国确实并无体育的名词称谓。因此，武术被贴上体育的标签也是很晚的事。

不管是"体育"也好，还是其他的什么名词符号也罢，通览武术文化资源的教育转化过程，武术被转化成一种教育并成为教育的重要组成部分似乎并没有可以争论之处。为什么呢？因为武术成为一种教育是国人对武术教育价值的发现与挖掘。从上文的分析可以看出，古代射艺的教育转化承担并凸显了"内志正，外体直"即内外兼修、身心合一、教化育人的教育功能。武举武学本身就是一种国家教育与人才选拔机制，这不正是孟子所说的"得天下英才而教育之"（《孟子·尽心上》）吗？古往今来人们对教育也生发了很多阐释，但教育的本来含义无外乎上施下效，使其作善。

---

① （清）阮元校刻《十三经注疏》，中华书局，1980，第3347页。
② 王岗、张大志：《从"体育"走向"文化"：中国武术当代发展的必然选择》，《成都体育学院学报》2013年第6期，第2页。

民国国术更是在强化身体的同时，在国粹思想的影响下超越了对身体的追求而上升为对国人思想的教化。

为此，我们愿意提出，超越武术体育论调的第三条路径在于武术向体育上位概念——教育的认同与复归。在文化民族主义的影响下，体育中充斥的西化思想始终是遭诸多学者诟病的根本性问题，然而，教育则不然。武术教育观，或者说武术成为一种教育，不是刻意的选择或建构，而是它在历史形成过程中的一种内在超越的实然状态。

二 武术文化资源教育转化的实现路径

（一）新价值的认同与追寻

中国武术文化资源的教育转化所取得的新进展，首要的表现就在于加强武术与所处时代社会生活的联系。在一般人的观念中，武术似乎与生活从来都是截然不同的两个方面。事实上，在探寻武术与生活的联系实践中，人们体现出了十分明显的对武术教育转化价值的认同。

射艺的重要意义，即在于明确彰显了武术之于人的教育转化价值，并且得到了从国家到社会的广泛认同。这当然属于先秦儒家的创造性贡献，他们努力发掘射箭一艺可以被社会所用的潜在的那些文化资源，将射艺完全融入当时社会生活的各个方面。从射礼体系可以看出，以射育人的体制已经很完备。武举与武学的存在也折射出国家对于武术教育的高度认同。现有的很多研究，更多关注武举与武学本身，但对这套教育培养体系所彰显的新教育思想视而不见。尤其是清末鸦片战争以后，由于受到西方文化的冲击，冷兵器时代趋向终结，代表中国传统文化遗产的武术在拥有军政领导职务的马良的助推下，开始了走向校园的尝试。在今天看来，这一举动的意义甚为重大。教育需要武术来实现对文化遗产的传承以及提高学生身体素质，武术也需要教育来实现进一步的发展。西方文化的冲击，非但没有把东方文化击垮，反而激发了传统文化的力量。在不断涌入的更丰富、更富有趣味的西方体育文化面前，只要对武术的历史传统稍作谦逊的反思，就不得不承认，将西方体育思想融入武术教育是十分有必要的决策。

尽管人们在清末废除武举的争论中，已经明确了弓马武艺失去了存在的价值和土壤，但是由于体育思想的缺乏，人们没有意识到武术在锻炼身体上的普遍价值，更没有注意到武术作为一种文化遗产的历史价值所在。反倒是在中西文化的冲突中，武术自然而然地走进了国粹的领地，获得了前所未有的价值肯定。武术在19世纪末20世纪初这段特殊的历史时期中获得了向学校普及与发展的契机，踏入了新的教育生长空间。民国时期的教育家与武术家们相信，武术完全具备锻炼身体、培育智力、增长智慧、弘扬传统、传承精神的功能。在这一点上，武术不仅不比国外传入的很多项目差，反倒是出于本土化的原因，在传承民族文化和精神上，具备了超越国外运动项目的独特属性。武术形成了能承受教育需求的力量和文化厚度。武术教育已经超出了武术本身所固有的文化内涵和功能，进而升华为凝聚着时代教育诉求的标志与符号。武术对教育的执着，实际上是一种自我的全新定位，表明武术决心在历史的前方与教育相伴而行。

武术在认同教育价值的同时，还十分自觉地挖掘自己固有的文化资源，努力做出与时代需求相吻合的并且有助于社会发展的阐释。从"射"以成"礼"、武以立君到尚武救国，这样的文化变迁凸显出武术在思想上的发展与转变。尤其是民国的国术所形成的文化品格，对于思考民族兴衰消解文化冲突所带来的各种焦虑，提供了重要的启示和方案。尽管武术在保种救国上真正能做的十分有限，但仍不失为努力开拓思想资源的尝试。

（二）武术教育转化中的体系重建

武术的发展一直伴随着重建的过程。从历史角度来看，主要有两条十分重要的重建路径应引起我们的重视：一是民间私人领域的各种建构武术尝试；二是国家公共领域内的重构武术实践。鉴于本研究的论域，此处只对第二条路径重构武术实践做出必要的探讨。

武术的技术表现与精神文化内涵是武术进行怎样的教育转化的合理性体现。因此，在对武术文化资源进行教育转化时，武术项目技术本身以及该项目所能够承载和彰显的文化内涵就显得异常重要。因此，追寻、探索项目本身技术体系的结构与文化意义十分自然地就成了武术教育需要解决的首要问题，也是实现武术文化资源教育转化的重要路径。在先秦的射艺教育、唐及以后的武举与武学以及民国的学校武术教育中都有着各种应用于学校的武术教育体系建构尝试。

先秦以降，射箭是国家教育之中最为重要的技艺之一，无论是先秦的国子教育还是后来的武举与武学，莫不如此。弓箭是人类最伟大的发明之一，它是狩猎、战争乃至求偶的重要工具，尤其是在军队的运用，直接改变了战争的格局。在很长一段历史时期，弓箭对人类社会的文明进程起到了重要的影响。这是射箭被列入国家教育最为重要的原因。同时，射箭在发展的过程中也形成了足够的文化内涵，在功能与价值方面所形成的多元一体文化格局，让它成为上至皇族下至百姓日常生活的重要内容。除了与祭祀和军事政治保持密切关系，由射箭而衍生的射柳、投壶、木兰秋狝、九射格等都让射箭在服务国家与社会秩序建设中成为不可替代的文化存在。射箭获得了强大的社会适应性与流传力，形成了普遍的社会价值。

基于教育的武术项目技术体系建构呈现了明显的变迁，并分别形成了"射艺体系"、"武举武学体系"、"中华新武术体系"、"精武体系"和"国术体系"等武术教育内容体系。射艺体系，前文已经阐述得比较详细，此处不再赘言。唐兴武举以后，已经在射箭的基础上加入了马枪一项，清代又添置了倾向于展示膂力与技巧的舞刀一项。但是，不管怎样射箭一直都是考核的重点项目。在这个基础上，可以看出从先秦至清末，国家教育与选拔考试中对武艺体系的建构皆以军事实用为核心，力求实际，形成了以"射箭（步射、骑射）、马枪、舞刀"为主的教育内容体系。民国之后，由于西方文化的介入与各种社会文化思潮来袭，以及冷兵器时代的终结，武术在国家教育之中的体系结构也随之解体。在新式国家教育之中，马良以"摔跤、拳脚、棍术、剑术"四项取而代之。古代教育中的射箭、马枪、舞刀三项皆被去除。这是近代以来第一次对武术教育内容体系进行的现代化改造与建构尝试，形成了徒手技艺与兵器技艺相结合的内容结构，具有十分重要的意义。可以看出，马良牵头建构的"中华新武术体系"学校教育较为精简，继承了徒手技艺中的"踢、打、摔、拿"，以及生活中较为容易获取的器材——棍与有着显赫历史地位的"剑"，具有一定科学性。遗憾的是，由于马良在军政上的失势，这一体系并没有得到大面积推行。精武体育会与中央国术馆对社会上流行的武技内容兼容并蓄，因而其构建的武术教育内容体系就较为多样庞杂。比如，精武体育会的武术教学内容除了"精武十套"还有其他内容，多达上百项。精武体育会建构的"精武体系"过于庞杂。与之相比，中央国术馆的教学内容体系则略为精简一些，拳械套路、摔跤、短兵、长兵、散手的推行使"国术体系"在套路与实战之间保持着一定的覆盖与平衡。此外，从精武体育会与中央国术馆的武术教学内容来看，二者都大大吸收了民间武术的内容，彰显了明清以后民间武术与国家教育之间的互动。

武术教育转化中的体系重建并不局限于技术内容方面，对武术文化内涵的建设也是武术教育转化过程中典型的表现。"礼"是儒家思想的核心，儒学认为"人之所以为人者，礼义也"（《礼记·冠义》），"礼者，天地之序"（《礼记·乐记》），"礼，经国家，定社稷，序民人，利后嗣者也"（《左传·隐公十一年》）。因此，儒家礼文化在社会文化中占有非常重要的地位。国家教育在建构武术体系的过程中让礼文化成为武文化的重要内容。在这方面，"射礼"是最为直接的体现。射礼的形成不但让射箭成为礼制的重要组成部分，也将礼文化嵌入了武文化。礼文化在明代两京武学中也有着明确的规定。《学规》中明确指出："都指挥纪广等升堂听讲，执弟子礼；不系听讲之时相见，各以礼待；其幼官以下，常在学肄业者，必行师弟子礼。"[①] 由此可见，武学《学规》不但对课堂礼仪进行了规范，同时对课外老师与学生相见时的礼仪也进行了明确的规范。这对丰富武学教育中的"礼"文化内涵以及对整个学校武术教育文化体系的完善都具有积极的作用。

民国时期，从儒家思想衍生出来的"武德"被提高到了非常重要的地位，并不断得到大力提倡。浙江省国术馆主任李景林提出："国术虽重技击，仍重道德，武术与武德并重，方不流于蛮横，才是恢复中国固有武术文化之道。"[②] 李芳宸将军在 1929 年的浙江省国术游艺大会闭幕宣言中专门论到"武德"。他说："武为刚德，与好勇斗狠者有别，拳技比赛，决胜

---

① （明）陈文等：《明英宗实录》卷八十一《正统六年秋七月壬寅》，台北中研院历史语言研究所校勘本，1962，第 1616 页。
② 李景林：《李主任贝庄训话》，《浙江国术游艺大会汇刊·演词》，1930，第 19 页。

负于俄顷，失手负伤事所恒有，然于个人情感无关……为仇斗狠实为提倡武力之绝大阻力，愿切戒之。"① 虽然中央国术馆推动了武术教育的发展，体现了民族精神，但不同门派在民间社会沾染的门户陋习也被带进了中央国术馆，擂台之上也出现各种问题，因此重塑"武德"以规范武者行为，并充实"国术"的文化内涵，就显得尤为必要。精武体育会将儒家"智、仁、勇"三德纳入"武德"，对武术教育进行了道德重塑。"智、仁、勇"三德是孔子非常推崇的三个重要品德，被称为"达德"，正所谓"智仁勇三者，天下之达德也"②。另外，在民国时期，爱国精神也被整合进武德体系，成为武德教育的核心内容。梁启超、张之江、霍元甲等一大批思想家和武术家共同完成了"武德"的价值塑造，凝聚了国民精神，形成了现代武德"爱国、进取、担当"的基本面貌。③ 精武体育会、中央国术馆和其他武术教育机构都对"武德"进行了大力弘扬。民国武术教育通过对"武德"的价值塑造，培养了大批专业武术人才，无论是当年的教师，还是学生，比如王子平、孙禄堂、常东升、朱国福等，后来都逐渐成长为一代名家。这也是民国武术轴心时代的一大突出表征。

（三）多重力量的综合推动

武术文化资源在教育上的创造性转化是一个十分复杂的工程。研究发现，来自国家、社会以及个体的多重力量共同推动了这一转化目标的实现。

首先，国家的直接参与、组织或授权让学校武术教育成为可能，并使之成为国家希望的样式。在很多人看来，国家与教育的关系是一个常识性的不证自明的命题。但是，事实上国家与教育的关系并非想象的那样简单。国家是教育规则的制定者，也是教育直接服务的对象，因此国家是理解教育及其发展本质的核心。④ 有必要指出，国家与武术教育的关系是一

---

① 李芳宸：《大会闭幕宣言》，《浙江国术游艺大会汇刊·言论》，1930，第17页。
② （宋）朱熹：《四书章句集注》，中华书局，2011，第176页。
③ 刘启超、戴国斌、段丽梅：《近代中国"武侠"再造与"武德"型塑之研究》，《体育科学》2018年第5期，第80页。
④ A. H. Halsey, Hugh Lauder, Phillip Brown and Amy Stuart Wells, eds., *Education: Culture, Economy, and Society*, New York: Oxford University Press, 1997, p.254.

个十分值得关注的领域。武术教育依托于国家,并服务于国家,同时武术教育也会对国家产生一定的影响。

国家对武术教育的影响力主要集中在以下几个方面。第一,国家拥有强大的力量,是武术教育政策的制定者与批准者。我们常常谈论武术教育问题,阐述武术的教育价值与内涵,但是常常忽视国家在武术教育实现过程中巨大的作用。无论是射艺教育、武举、武学,还是民国时期的武术教育,其背后都隐藏着国家意志与力量。国家的认可与需求,让武术教育的推行成为可能。第二,西周射艺教育维护了既定的国家秩序。射艺教育重在"礼"。射艺中,君行君礼、臣行臣礼,乃至于以射选官。射艺教育是对既定社会秩序的巩固,旨在对统治阶级的特权进行再生产。它既形塑了各种权力关系,又彰显了国之天子的威权,维持了等级特权。第三,作为国家权力产物的武举体制在创造最大公平体制的同时,积极生产维护国家利益的人才。国家始终是武术教育的主宰者,武举是国家权力再生产的工具,它将剥离出一种新权力赋予通过考试的武艺人才。而与武举密切联系的武学的招生路径直接显示了武学为国家统治阶级服务的性质,这是当时国家教育政策的直接反映。第四,国家的在场凸显了民国武术教育的与众不同,在一定意义上,它直接显示为国家命运的产物。中央国术馆与精武体育会的教育目标就在于救国图存,张之江曾经向民国政府提交过《请审定国术为国操推行全国学校暨陆海空军省警民团实行普及以图精神建设期达强种救国案理由》,可为这一论点佐证。这也从一个侧面反映出,在民国武术教育大面积推行之初,国家已在场。在学校中开设武术教育,就是要人人强身健体、人人有力量,然后去保卫民族与国家以及捍卫包括生存权在内的各种权利。张之江说,这就是国术与三民主义的关系。[①] 推行国术的意义即在于复兴民族国家。换句话说,当时的民族与国家需要国术来承担这样的责任,是国家将武术塑造成了国术。

其次,武术文化资源的教育转换还得益于社会力量的支持。社会力量在民国武术教育转化过程中扮演了重要的角色。以精武体育会、北京体育

[①] 张之江:《国术研究分馆之成立预备会》,《申报》1928 年 6 月 21 日,第 15 版。

研究社等为代表的一批社会武术办学机构积极推动武术教育的开展，它们在推动武术教育政策形成、传播武术教育理念、培养武术人才等方面都发挥了积极的作用。

民国部分武术社会组织积极提倡武术教育，并向政府提出议案，积极推动武术教育政策的形成。据统计，成立于1912年的北京体育研究社相继提出了11个议案，[①] 与武术教育紧密相关的有《全国教育会联合会拟请提倡中国旧有武列为学校必修课案》《请将武术实行加入正课案》《呈教育部请规定武术教材文》等。其中，部分议案得到教育部的采纳，直接促进了武术教育在学校的合法推行。这些议案来自民间社会，表现出社会力量对开展武术教育的影响。

社会武术组织在探索武术教育理念方面取得了积极的成效，为武术教育的可持续发展提供了借鉴经验。精武体育会与北京体育研究社等社会组织积极倡导中西融合的武术教育理念，它们并没有排斥西方社会传入的体育运动项目，而是在开展武术教育的同时，兼容并包地传授其他体育运动项目，避免了顾此失彼。不但如此，它们在实施武术技术性教学的同时还开展了相关理论的教学，开创了武术"技术+理论"教学的先河。例如，在北京体育研究社的教学内容中，我们不但发现了太极拳、八卦掌、少林拳、弹腿、摔跤等内容，还有当时非常流行的兵式体操、篮球、足球、田径、柔道等国外传入的体育内容。此外，北京体育研究社还教授武术理论、拳术教练法、解剖学、生理学等理论课程。[②] 前文已述，精武体育会依托其师资开展了广泛的武术项目教学，也对其他体育运动项目，如篮球、台球、乒乓球、单杠、双杠、举重、田径、骑马、溜冰、狩猎等皆有涉及。[③] 将武术与其他运动项目同等教学，有利于武术教育吸收西方体育文化精髓，促进东西方体育文化的相互交流与理解，同时也帮助同学们建构了一个比较完整的世界体育概念。另外，精武体育会在武术教育理念上多有创

[①] 刘帅兵、赵光圣：《北京体育研究社对民国时期武术教育的历史贡献》，《南京体育学院学报》（社会科学版）2017年第4期，第31页。
[②] 《北京体育学校简章》，《体育丛刊》（附录），1924，第4~5页。
[③] 陈公哲：《精武会50年》，春风文艺出版社，2001，第33页。

新之处。比如，精武体育会于1911年首创武术运动大会，这应为近代武术比赛之起源。精武体育会还将以武术教育为主体的体育与智育和德育相结合，倡导"体育者野蛮其体魄，智育者文明其精神，德育者公正其行为"①，开创了武术"三育"教育之先河。性别平等问题也受到了精武体育会的关注，1917年精武体育会开始招收女学员入学。将武术普及到两性，突破了武术"传儿不传女"的性别歧视限制，彰显了男女权利平等的新观念，可谓开风气之先。

最后，个体人才在武术文化资源教育转化过程中也扮演了重要的角色。此处我们将甄选几位代表性人物以探讨他们在武术教育转化过程中所发挥的重要价值。中国武术教育的推行得益于尚武，而尚武思想的形成多得益于严复、梁启超、陈天华、陈独秀等一大批思想家的宣传，其中梁启超的影响异常深远。梁启超是清末民初著名的思想家、教育家、政治家，他对民国尚武思想的形成起到了重要的作用。历史上，能像梁启超一样专门论述尚武的思想家并不多见。他甚至专门为振兴学校武术教育而写了《中国之武士道》一书。该书成于1904年，是梁启超在编纂《中国民族外竞史》时，深有触动，进而为弘扬武德所写。他说："顷编国史至春秋战国间，接先民謦欬，深有所感。动为史裁所限，不能悉著录也。乃别著《中国之武士道》一编，为学校教科发扬武德之助也。"② 梁启超在变法失败后，开启了流亡日本的生活。他在日本期间，深受日本武士道文化影响，意识到尚武对于一个民族与国家的重要意义，并将武士道归结为日本的民族灵魂之所在，以及能够产生明治维新图强效果的原因。他说："日本魂者何？武士道是也。日本之所以能立国维新，果以是也。"在与日本的对比中，梁启超深为中国缺少如此国魂而遗憾。"吾因之以求我所谓中国魂者，皇皇然大索于四百余州，而杳不可得"，"吾为此惧"。③ 这也是梁启超为中国积弱所找到的重要原因之一，因此他书写了《论尚武》一文极力倡导尚

---

① 陈公哲：《精武会50年》，春风文艺出版社，2001，第36页。
② 丁文江、赵丰田编《梁启超年谱长编》，上海人民出版社，1983，第347页。
③ 梁启超：《饮冰室自由书·中国魂安在乎》，载夏晓虹编《梁启超文选》（上），中国广播电视出版社，1992，第221页。

武思想。他指出:"柔弱之文明,卒不能抵野蛮之武力。然则尚武者国民之元气,国家所恃以成立,而文明所赖以维持者也。"① 梁启超等的尚武论调在国内营造了浓厚的尚武舆论氛围,最终演化为对整个中国都有着重要影响的异常轰轰烈烈的尚武思潮。梁启超等知识分子所倡导的尚武精神改变了一直萦绕在国民心中的"重文轻武"观念,激发了国人奋发图强、保种救国的实践行为,对以"救国"为追求的武术教育进行了必要的拓展。

民国时期的张之江、霍元甲、陈公哲等都是武术教育的组织者与践行者,他们为武术教育留下了丰富的文化资源财富。不过,个体对武术教育的影响并不局限于民国。在春秋时期,教育家孔子则是直接为射艺教育注入了灵魂。个体的深度参与及贡献,进一步展现了武术教育的多重力量。

对武术新价值的认同与追寻、武术体系的重构,以及多重力量的形成是武术文化资源教育转化的重要路径。在武术教育转化服务国家需要和个人发展的同时,也使武术自身产生了必要的文化变迁。这种变迁为我们展示了武术文化资源强大的适应能力以及潜在的价值功能,并成为后世武术教育持续转化的基础。

第三节　当代武术文化资源教育转化的发展及困境反思

新中国成立后,作为一种民族文化资源,武术在教育上的开发利用得到了一定的重视。国家出台了一系列相关政策,武术被列入大、中、小学的教学内容。在武术的教育转化过程中,我们取得了一定的成果,但整个过程并非一帆风顺的,也暴露出了一些亟待解决的问题。

一　新中国成立后武术文化资源教育转化的发展

新中国成立以后,国家仍是推动武术文化资源教育转化的必要且强势的力量。教育部、国家体育总局(原国家体委)所提供的政策保障使武术

---

① 梁启超:《论尚武》,载《梁启超全集》(第三册),北京出版社,1999,第709页。

作为学校体育教学内容被列入教学大纲，武术的教育价值和地位得到了政府的肯定。这在中小学与高等院校中皆有不同的表现。

（一）中小学武术教育转化的发展

教育部在1956年颁布的《全国中小学体育教学大纲》中，明确了武术作为教学内容进行传授，以此为标志，中小学的武术教育拉开了序幕。1958年8月，在山东青岛召开的全国体育院校负责人座谈会上，强调要把武术作为体育学院必修课或选修课。① 1961年教育部组织出版的《全国大中小学体育教学大纲》不但对武术的教学内容，而且对每学期的教学时数进行了细化规定："武术在小学体育课中每学期为6学时，中学为8学时；教学内容，小学从三年级起为武术基本功、基本动作、组合动作、武术操，初级拳；中学为初级拳二路、青年拳、青年拳对练等。"这一文件的出台让武术教育的推行得到了制度的保障。不但如此，武术教育的开展还得到了国家层面的重视。时任国务委员的李铁映多次指出："要把武术列入从小学、中学到大学的体育课。武术是国宝，每个学生都应该学会一种拳、一种器械。学校体育课要把现代体育的教学和民族体育的教学联系起来。可先搞试点，也应该列入'达标'标准里去。"② 李铁映的指示明确了武术的"国宝"地位，以及武术教育开展的目标是"一种拳和一种器械"，同时他指明了学校武术教育的开展范围是小学到大学的全域覆盖。这为武术教育的后续发展奠定了基调和发展方向。这一时期武术的教学将基本功、基本动作和新编套路等资源作为主要教学内容进行开发推行，其基本教学目标在于提高学生的身体素质，并传承武术这一民族文化遗产。

改革开放后，中小学武术教学的一个新变化是加入了攻防格斗的内容。1978年3月教育部颁布的《十年制小学体育教学大纲》和《十年制中学体育教学大纲（试行草案）》中明确提到，"在注意学科性和增强体质的同时，要保留武术本身的风格和特点"，并简化了套路技术内容，首次规

---

① 中国武术百科全书编撰委员会编《中国武术百科全书》，中国大百科全书出版社，1998，第81页。
② 国家体委武术研究院编纂《中国武术史》，人民体育出版社，1997，第395页。

定从高一开始，除了学习少年拳，还要增加单人或双人攻防动作。① 这反映出国家和社会对武术认知的改变，毕竟武术的风格和特点最直接地表现为能不能"打"，长时间的去技击化导致大众对武术产生了质疑，社会上有一种观点认为，"武术运动员练的武术套路在路上碰到小流氓都吓不跑，一点自卫能力都没有"②。这一政策的出台可以看作对武术教育的纠正以及对社会关切的回应。但是，武术的格斗价值在学校教育中仍不是主流，一些攻防动作也是以套路对练的形式出现的。1988 年修订的《全国中小学体育教学大纲》对武术教学的规定并没有太多改动，其规定武术教授基本功、基本动作、组合动作、套路和攻防动作。攻防动作的教授延伸至初一。③ 从 1987 年颁布的《全日制中小学体育教学大纲》来看，武术在中小学体育教育中的地位和价值依然得到了国家的肯定。该大纲指出："武术是我国传统的民族传统形式和健身方法，是三至六年级的基本教材之一。"1999 年，国家基础教育改革正式启动，在随后形成的《中小学课程健康标准》中对武术内容做出了明确规定。④ 2004 年，中宣部和教育部联合下发的《中小学开展弘扬和培育民族精神教育实施纲要》指出，"各学科有机渗透民族精神教育，把弘扬和培育民族精神纳入中小学教育全过程，贯穿在学校教育教学的各个环节、各个方面……体育课应适量增加中国武术等内容"。2013 年，武术成为教育部遴选的 7 个重点在学校体育中推广的项目之一，上海体育学院牵头成立了"全国学校体育武术项目联盟"，提出了"一校一拳、打练并进、术道融合、德艺兼修"的发展思路。⑤ 至此，中小学武术教育理念悄然发生了变化，格斗之"打"被提高到与套路表演之"练"齐头并进的位置。而且，武术之"道"与"德"等文化资源受

---

① 汤立许：《建国 60 年来学校武术教育发展的嬗变与走向研究》，《西安体育学院学报》2010 年第 4 期，第 450 页。
② 郭发明、赵光圣、郭玉成、李守培、阴晓林：《学校武术教育中技击功能的传承现状及对策——基于武术家口述史的研究》，《成都体育学院学报》2018 年第 1 期，第 34 页。
③ 陈翠红：《学校教育中武术课程的演变与发展》，《山西师大体育学院学报》2005 年第 1 期，第 83 页。
④ 邱丕相等：《武术文化传承与教育研究》，高等教育出版社，2011。
⑤ 赵光圣、戴国斌：《我国学校武术教育现实困境与改革路径选择——写在"全国学校体育武术项目联盟"成立之际》，《上海体育学院学报》2014 年第 1 期，第 84~85 页。

到史无前例的重视,这是通过武术教育实现学校体育"增强学时体质,提高运动技能,塑造健全人格"三大目标的有力举措。

(二) 高等院校武术教育转化的发展

20世纪中叶,大学武术教育取得了突飞猛进的发展,成为武术文化资源教育转化的一大亮点。首先,北京体育学院、上海体育学院开创了以武术立系的先河。1958年国家体委在青岛召开全国体育学院院长座谈会,对武术发展问题进行了讨论。这为高等院校教育开设武术系及武术专项选修课奠定了基础、扫除了障碍。专业体育高等院校武术教育的开展,有力地推动了全国武术教育的普及和发展,在武术教材编写、人力资源培养、理论研究、竞赛发展、普及推广等方面取得了可喜的成绩并做出了极大的贡献。与此同时,武术也被国家划定为专业。在1963年教育部颁布的《高等学校通用专业目录》中,武术是体育类下设的8个专业之一。1986年9月北京体育学院率先成立了武术系,此后,上海、成都、武汉、西安、沈阳等地的体育学院也相继成立了武术系,标志着高校武术资源的教育转化进入了专业化发展的新纪元。

1993年,在教育部颁布的《普通高等学校本科专业目录》中,武术被列为适当控制设点专业。这说明武术在高等体育教育中的地位再次获得肯定。1982年,经国务院学位办批准,上海体育学院成为第一个武术理论与方法硕士学位授权点,1996年,又成为第一个武术理论与方法博士学位授权点。至此,武术学校教育的最高级别学位培养体制初步建立。1998年7月修订的《全国普通高等学校本科专业目录》中,武术专业被拓展为民族传统体育专业。2012年,在《国家中长期教育改革和发展规划纲要(2010—2020年)》指导下,民族传统体育专业又被修改为武术与民族传统体育专业。[①]

专业体育院校培养的武术师资进入普通高等学校指教后,直接推动了普通高校武术教育的发展。一些学校开设了武术特色课程,部分学校还成

---

① 石爱桥、汤立许:《回眸、窘境与抉择:武术与民族传统体育专业建设的再审视》,《北京体育大学学报》2014年第11期,第49~55页。

立了专业代表队培养高水平武术运动员。1982年，上海同济大学和北京大学还率先成立了武术协会，这成为普通高校武术社团发展的标志性事件。除此以外，一系列高校武术比赛开始举办，并形成制度。1979年，首届上海市大学生武术比赛在上海市高教局的组织下顺利举办。从1985年起，全国中医药大学系统的武术比赛开始举办，并逐渐发展成为有独立赛制的武术比赛。以套路为主的普通高等学校武术教育在丰富学生校园文化生活、提高身心健康方面发挥了一定的作用。但是，以套路为主的武术教育模式也带来了一定的问题，因此2004年教育部颁布的《普通高等学校体育教育本科专业各类主干课程教学指导纲要》提出，武术教学选编的内容要充分体现武术的攻防技击特点，简单实用，易学易练，教学要"淡化套路、突出方法、强调应用"。①

2017年，教育部体卫艺司司长王登峰刊文提倡通过武术教育助力"国运昌盛与国脉传承"。② 同年，教育部部长陈宝生在两会期间也发声力挺武术进校园。这为武术文化资源学校教育转化的进一步发展指明了新的方向。

（三）武术文化资源教育转化取得的成就

从以上论述可以看出，国家为学校武术发展的推进提供了必要的政策保障。武术的教育价值以及在学校教育中的地位也得到了一定的认可，武术成为学校教育不可缺少的内容之一，其发展取得了一定的成绩。

第一，武术的强身健体价值在学校教育中得到了进一步的肯定。中国武术的强身健体价值在学校教育中不是一个新鲜的价值观念。武术被纳入体育范畴最直接的体现即对强身健体价值的强化，同时这也是武术在学校教育功能中的一个基本定位。经过民国时期的发展，武术的技击、文化、娱乐、审美等价值内涵已经得到了很好的证实。在很长的一段时

---

① 《教育部办公厅关于印发〈普通高等学校体育教育本科专业各类主干课程教学指导纲要〉的通知》，中国教育部网站，2004年9月29日，http://www.moe.gov.cn/srcsite/A17/moe_938/s3273/200409/t20040929_80791.html。
② 王登峰：《以学校武术教育助力国运昌盛与国脉传承》，《上海体育学院学报》2017年第2期，第71页。

间中，武术在中小学与普通高校教育实践中最真切的表现是以活动肢体的套路教学为主，很少涉及格斗技艺，这注定了它的技击价值难以被发挥，其他价值在操作中也并非主流。在这一点上来说，新中国对武术文化资源的教育转化并未比民国时期进步多少。这主要由学校体育对提高学生体质健康的要求——健康第一，以及武术学校教育的具体实践所共同决定。但不管怎样，武术之于青少年的强身健体价值得到了延续与弘扬。

第二，随着学校武术教育转化的深入，对武术内涵的认知也逐渐科学完善。一方面，以蔡龙云先生为代表的专家学者在肯定武术技击的前提下，对武术的艺术表现力进行了深入的挖掘，提出了武术的"击""舞"合一论。"去技击论"与"唯技击论"得到了较好的调和，武术的体育属性进一步得到了加强。另一方面，武术"文化论"方兴未艾。从文化的角度挖掘武术的内涵始于成都体育学院以旷文楠先生为代表的一批学者，随后上海体育学院以邱丕相先生为代表的一批学者接过了武术"文化论"的大旗。经过讨论，武术的文化内涵得到了深入的挖掘，同时武术也被定性为一种民族文化。时至今日，武术教育转化的文化观依然是主流。马剑、邱丕相的《武术教育观需要一次境界跨跃：从技能教育转向文化教育》，郭玉成、郭玉亭的《当代武术教育的文化定位》，谢业雷、李吉远的《全球化背景下武术教育的文化选择》，王岗、邱丕相、李建威的《重构学校武术教育体系必须强化"文化意识"》等文章都是对武术文化资源教育转化深入思考的成果。立足于文化角度对武术教育进行探讨，是对武术文化资源教育转化认识的突破与深化，也是对武术本身内涵的完善。

第三，武术人才教育培养体系基本形成。至1996年，以上海体育学院获得武术理论与方法博士学位授权点为标志，武术学士、硕士、博士三个层次人才培养体系基本形成。武术人才教育培养体系的形成，加大了武术技术与理论研究高层次人才的输出力度，形成了武术人才的聚集效应。武术人力资源是武术文化资源教育转化的基础性力量和重要的人才保障，对武术研究理论空间的拓展、武术教育内涵的挖掘、武术的学校教育传承做出了积极的贡献。通过三级人才培养体系所培养出的武术人才反过来进一步促进了武术文化资源的教育转化,他们成为武术教育转化工程中的重要一环。武术文化资源转化的成败往往需要依赖培育出的从事武术教育和研究的高质量人才数量。因为一切武术教育思想的获得与实施最终要靠武术人才来实现。

第四,有效地推动了武术套路的学校教育传承。当大多数人异口同声地批判武术教育成为武术套路独舞的平台之时,却忽视了当前的武术教育中对套路的传承是其取得的一大成就。笔者不赞同一味地批判武术教育中的套路。正如武冬和吕韶钧所指出的,为了避免武术教育中套路的陈旧和繁难,把其砍掉似乎并不十分合适。[①] 因为那样我们无法向学生传达一个正确的武术概念。武术套路和散打是武术文化最基本的两种载体形式,也是武术文化资源中两种主要的技术资源,二者不应偏废任意一方。更何况,自宋代起出现的"打套子"实际上也是武术非物质文化遗产的重要表现形式之一。我们要做的不是对武术成就进行阉割,而是对短板进行弥补,或者至少应该是进行分类指导评价。事实证明,优秀的武术套路在学校武术教育中依然具有重要的意义,至少它的审美艺术价值是无法替代的。新中国成立以来的武术套路教学探索积累了丰富的经验,形成了成熟的教学模式,这是学校武术教育转化取得的重要成果之一。

二 武术文化资源在学校教育中转化遭遇的困境

近年来,武术教育成为学术界关注的热点问题之一。一方面,中华民族伟大复兴唤起的文化自信与文化自觉使武术重新回到教育的话语体系之中。实现中华民族伟大复兴需要弘扬优秀传统文化,教育是强有力的措施与手段。在对教育的探索过程中,凝聚优秀传统文化基因、承载优秀传统文化精神的武术自然就被放置到了镁光灯下。另一方面,更为重要的是,尽管从1956年起我们就将武术作为中华民族文化资源进行教育传授,但其一直都没有被很好地执行落实,更没有取得理想的教育效果。这直接导致武术文化资源教育转化大打折扣,遭遇了极大的困境。

---

① 武冬、吕韶钧:《高等学校武术课程体系改革研究》,《北京体育大学学报》2013年第3期,第94页。

对此，有学者甚至发出了学校武术教育在表面的繁华背后其实早已名存实亡的警示与忠告。① 武术文化资源的教育转化并未取得理想的效果，甚至已经病入膏肓。因此，各种武术教育改革之声不绝于耳，并形成了三种主要的武术教育改革思想——"淡化套路、突出方法、强调应用"②、"突出拳种、优化套路、强调应用、弘扬文化"③ 与"强化套路、突出技击、保质求精、终身受益+一校一拳、打练并进、术道融合、德艺兼修"④，试图矫正学校武术教育，推进武术文化资源在学校教育中进行创造性转化与创新性发展。

（一）武术教育自身的问题使武术文化资源在学校教育中的转化遇到很大阻碍

当代武术教育出现了亟待解决的问题。有学者认为这是 21 世纪以来武术发展所面临的最严重问题，⑤ 此说并不为过。大多数学者对武术教育本身所出现的问题达成了一定的共识，如"时至今日学校武术教育的发展现状却令人担忧……武术教育还没有真正在学校普及……武术教育没有从根本上在学校扎根"⑥。"武术教育方面的问题依然严峻。"⑦ "从 1987 年至 2001 年学校武术教育内容进行了多次的修改与完善，使学校武术内容不断丰富，但目前学校武术教育仍然存在很多问题亟待解决。"⑧ "我国中小学

---

① 王岗、李世宏：《学校武术教育发展的现状、问题与思考》，《成都体育学院学报》2011 年第 5 期，第 84 页。
② 《教育部办公厅关于印发〈普通高等学校体育教育本科专业各类主干课程教学指导纲要〉的通知》，中国教育部网站，2004 年 9 月 29 日，http://www.moe.gov.cn/srcsite/A17/moe_938/s3273/200409/t20040929_80791.html。
③ 武冬：《体育教育专业武术课程教学内容和方法改革的研究》，硕士学位论文，北京体育大学，2006。
④ 赵光圣、戴国斌：《我国学校武术教育现实困境与改革路径选择——写在"全国学校体育武术项目联盟"成立之际》，《上海体育学院学报》2014 年第 1 期，第 84～85 页。
⑤ 杨建营、王家宏：《三种武术教育改革思想辨析》，《武汉体育学院学报》2015 年第 8 期，第 5 页。
⑥ 邱丕相：《中国武术文化散论》，上海人民出版社，2007，第 123～131 页。
⑦ 郭玉成、郭玉亭：《当代武术教育的文化定位》，《武汉体育学院学报》2009 年第 6 期，第 69 页。
⑧ 吉洪林、赵光圣、张峰：《我国学校武术的发展历程与变革探析——兼论对当前武术教育改革的启示》，《北京体育大学学报》2014 年第 12 期，第 91～97 页。

武术教育状况，可以说是'一无是处'……与中小学武术教育相比，当下的普通高校武术教育也问题重重。"① 问题缠身的武术教育对开发利用武术文化资源造成了极大的困难。

我们不妨梳理一下武术教育本身存在的具体问题，以便后续讨论的深入。对目前暴露出来的武术教育本身的问题表现简要总结如下：学生喜欢武术，却不喜欢武术课；② 武术在中小学，已名存实亡；③ 传统武术在大学已经落寞；④ 教学内容未突出武术的本质属性；⑤ 散打未能成为武术教学内容；⑥ 多年来以武术训练代替武术教学，挫败了青少年的习武积极性；⑦ 武术段位制可能导致青少年对武术学习的"蜻蜓点水""多而不精"，对练也无法提高青少年的防身能力；⑧ 中小学武术课有大纲、有内容、有计划，但无人教、无人学，强化的指导纲要和弱化的教学实践形成了强烈的反差……武术教学内容与青少年脑海中的武术大相径庭，甚至出现了矛盾，难练的基本功与失去技击的纯粹动作连接记忆，使青少年无法体验到成功的滋味；⑨ 当代武术教育与时代精神偏离，以及对武术教育本质的关照不足，导致武术文化教育在武术教育中所应具有的灵魂地位没有得到足够的重视与认

---

① 王岗、李世宏：《学校武术教育发展的现状、问题与思考》，《成都体育学院学报》2011年第5期，第85页。
② 蔡仲林、施鲜丽：《学校武术教学改革的指导思想——淡化套路、突出方法、强调应用》，《上海体育学院学报》2007年第1期，第62～64页。
③ 《关于武术教育改革和发展的研究》课题组：《改革学校武术教育 弘扬中华民族精神》，《中华武术》2005年第7期，第4～5页。
④ 慈鑫：《武术被跆拳道踹出都市时尚》，搜狐网，2005年4月1日，http://news.sohu.com/20050401/n224964164.shtml。
⑤ 《关于学校武术教育改革和发展的研究》课题组：《我国中小学武术教育状况调查研究》，《体育科学》2009年第3期，第86页。
⑥ 陈翠红：《学校教育中武术课程的演变与发展》，《山西师大体育学院学报》2005年第1期，第83页。
⑦ 邱丕相：《"温总理，你会武术吗？"引发的思考》，《武术科学》（搏击·学术版）2004年第2期，第1页。
⑧ 赵光圣、戴国斌：《我国学校武术教育现实困境与改革路径选择——写在"全国学校体育武术项目联盟"成立之际》，《上海体育学院学报》2014年第1期，第85页。
⑨ 王晓晨、赵光圣、张峰：《回归原点的反思：中小学武术教育务实推进研究》，《天津体育学院学报》2014年第3期，第198～199页。

知，最终在武术文化中出现实践缺位；① 甚至一些学校的负责人明确表态武术课可以取消；② 等等。在众多专家眼中，似乎武术教育从头到脚都被问题包裹，但有的学者在文章中对武术教育的成就只字不提似乎也不够客观公正。

在笔者看来，"一无是处"的武术教育默默流行了这么多年，以至于到今日才被提上讨论是阻碍武术文化资源进行教育转化的最大问题。一方面，问题缠身的武术教育必然无法对武术文化资源进行深入挖掘，难以建构完善的武术教育价值体系。另一方面，长期对武术教育问题的搁置，凸显出学校有关教育者、相关部门工作人员等对武术文化资源转化的漠视，这势必无法强有力地推动武术文化资源在学校教育中转化与发展。如果学校武术教育本身的具体症结得不到解决，武术文化资源在学校教育中的创造性转化最终难免只会沦为一句响亮的口号。

（二）学校教育中的武术在与其他运动项目话语权的竞争中处于劣势

近代以来，尤其是鸦片战争以后，中国门户大开，西方体育随着西方文化一道涌入国内，并成为学校体育教育的主流。因此，在学校教育场域中，武术与其他运动项目的遭遇也被学者们归结为中西方文化冲突的结果。这一点并无多少不合理之处。秉持通过武术教育来传承民族文化精神、保持民族文化身份、捍卫"国粹""国学"的初衷，武术被认为是最优秀的体育运动——"拳艺者，体育之最上乘也""中国击剑、枪术、弓法等为最佳之运动"。进而出现了上文所提到的各种提倡武术为学校教育内容的提案，以及马良的中华新武术进入全国教育体系、中央国术馆推行尚武教育等。经过"土洋体育之争"，武术被保留在学校体育之中，获得了一席之地，并被确立为大、中、小学的必修课之一。应该说，在民族主义的保护之下，学校武术教育奏出了时代的最强音，与西方体育教育形成

---

① 马剑、邱丕相：《武术教育观需要一次境界跨跃：从技能教育转向文化教育》，《成都体育学院学报》2016 年第 1 期，第 46 页。
② 邱丕相、马文国：《武术文化研究和教育研究的当代意义》，《体育文化导刊》2005 年第 4 期，第 18~20 页。

了互补态势，也反映了中西方文化在中国大地上的相遇与碰撞。然而，以武术为代表的"土体育"与西方的"洋体育"在学校教育中的碰撞也并非仅仅表现为冲突。武术从西方体育中也吸收了很多有价值的东西，进而使自身的教学更加合理，中西方体育文化在学校场域中产生了一定程度的交流与融合。这一交流与融合的结果便是学校体育内容的多样化，武术并没有消失反倒是有了长足的发展。民国时期北京体育研究社对全国40所学校展开调研的结果显示，有29所学校开展了国技（武术）的教学，有25所学校把国技列入学校的体育课（包含正课与选课），有4所学校的国技仅在课外活动中举行。这一比例远远大于现在学校体育课中武术课的开展情况。不但如此，关键在于这些加授国技的学校中，学生对国技课颇感兴趣。① 仅就这一点或许就让现在学校的武术课汗颜。因为，现在武术课的尴尬情况是"学生喜欢武术，但不喜欢武术课"。

然而，在学校教育中，武术之于其他运动项目的优势并没有保持很长时间。换句话说，在竞争和教师与学生的选择等多种因素的作用下，武术在体育教育中的话语权逐渐处于劣势，具体表现为学校中开设的运动项目多如牛毛，武术只是其中一个，选修网球、游泳、足球、篮球、羽毛球、健美操等课程的学生需要排队甚至抢课，但是选武术课的学生比较少。有的学生选了太极拳课，看中的也只是太极拳课比较轻松，打太极拳没那么劳累，这并非新中国成立后才有的情形，早在民国末期，这一颓废之势就已显露端倪。1940 年，张之江在全国国民体育会议上指出："查全国各级学校，列有国术课程者，统而计之，不过十分之一，且作为课外活动，迄无国术课程者，尚居十二分之八九。"② 这种情况出现的原因较为复杂，并非三言两语可以言明。然而，诸多学者更倾向于西方体育文化渗透扩张论调，将武术在学校体育中的衰落归因为"西方体育不断渗透和扩张的结果"，进而产生一种强烈的"对抗"或"抗争"话语。不得不承认，这种民族主义情结很容易带动一种保护本民族文化的舆论氛围。这种现象是 20 世纪民族主义运动在当代的延续，同时也是二元对立思想以及斗争思想在

---

① 吕思泓：《民国时期学校武术考论》，《中国体育科技》2016 年第 1 期，第 16~23 页。
② 国家体委武术研究院编纂《中国武术史》，人民体育出版社，1997，第 351 页。

武术教育中的体现。西方体育这个"他者"的介入的确影响了学校武术教育的发展，但并非主要原因。笔者认为，强势西方文化的影响的另一个结果是激发了武术教育潜能的爆发——学者的奋力呼吁就是一个典型的表现，让学校体育教育文化更加多元，学生的选择也更加丰富。从这一点看，西方体育这个"他者"的出现似乎也并不总是坏事。另外，西方体育文化渗透扩张论的一个危险之处在于归因过于单一，进而遮蔽了武术教育本身存在的问题，这可能让武术教育改革变得更加遥不可期。因此，笔者更愿意在讨论武术与其他所谓的西方体育运动之间的关系时用竞争、合作与交流来取代冲突扩张对抗思维。

学校武术教育应该承担起继承与弘扬中华优秀传统文化的责任。我们更应该反思为什么武术在与那些所谓的西方体育的竞争中落了下风，以及哪些体育项目如何变得如此成功，以从中吸收经验来推动武术教育进行改革，让武术课在传承中华民族精神的同时变得更加有趣味，更加能够满足青少年的需要，最终完成对冲突论的超越，实现武术与其他体育项目的有效合作与交流，站在完美人性发展与人格塑造的角度为学生的教育与成长服务。

（三）武术教育组织管理过程中主体的缺失

在武术教育改革的众多呼声中，我们忽视了武术教育组织管理过程中主体的缺失。组织管理主体的缺失将直接导致武术文化资源创造性教育转化的困境。也许有人会说，我们有学校、有教师，武术教育怎么还会缺失主体呢？这里的主体缺失，主要是指武术教育过程中始终缺乏一个强有力的推进主体来监督和保障武术教育的落实。武术学者与专家们书写了大量的具有真知灼见的文章，其观点不可谓不新颖，其办法不可谓不可行。但为什么专家学者们的论说变成了自说自话与自娱自乐，而武术教育的推行依旧困难重重？其根本原因在于武术教育推进过程中主体的缺席。

应该说，各级教育主管部门应该对武术教育的现状负有直接的主体责任。教育之于国家民族发展以及合格公民之养成具有不可推卸的重要责任。任何国家的教育都不是随意推行的，而是对青少年的有意塑造。这也是众多学者呼吁依靠国家强势推行武术教育的原因所在。从先秦的射艺教育到后来的武举与武学,再到民国时期的尚武教育,无一不是国家强力推行的结果。邻国日本武士道在中小学的推行也是在国家规定与有力监督下取得了理想的成效。① 反观当下,尽管教育主管部门在学校武术教育方面提供了一定的政策支持,比如《全国中小学体育教学大纲》《中小学课程健康标准》《中小学开展弘扬和培育民族精神实施纲要》等文件中均有武术教育的内容,但是这些宏观的政策执行效果如何呢?糟糕的执行反映出的恰恰是政策的落地缺乏必要的监督和责任主体部门缺席的尴尬。

主体缺失让学校在执行武术教育政策时大打折扣。任何一个困难都可以成为不开设武术课的借口,甚至有学校的负责人表示可以取消武术课。这种以学校负责人的个人意志与好恶为是否开设武术课的决定的现象,所凸显的正是由于主体权力缺失而造成的对国家教育政策的亵渎。在年复一日的重复中,主体缺失所带来的负面效应还包括一线教师与专家的"空悲切"。张山与夏柏华就曾失望地表示:"上面不支持,下层再认真也是自娱自乐。"② 课题组在调研过程中也反复听到一线武术教师发出"没有办法""上面没有硬性规定,结果只会是这样"等无奈之语。

在培育并弘扬中华民族精神的时代背景下,武术教育更能达到塑造中华民族文化自信、传承中华民族精神教育的目标。既然如此,这就要求在保障学校一定自主权的情况下,教育部门制定具体可操作的制度来强力推行武术教育的开展,以确保学校武术教育落地有声、开展有序。

(四)武术文化资源教育转化过程中的知行分离

除组织管理主体外,谁或者哪个组织还负有推进学校武术发展的责任呢?武术教师在学校武术教学的第一线,理应思考并上好武术课。此外,武术进校园是中国武术协会近年来提出的普及推广武术的"六进"目标之一,因此中国武术协会对校园武术的发展也应负有一定的责任。即使没有"六进"目标,在青少年中推广武术也是中国武术协会的分内之事。然而,一线武术教师和中国武术协会在践行武术文化资源教育转化的过程中做得

---

① 武冬:《百年学校武术百思解》,《中国学校体育》2015 年第 8 期,第 62 页。
② 转引自王晓晨、赵光圣、张峰《回归原点的反思:中小学武术教育务实推进研究》,《天津体育学院学报》2014 年第 3 期,第 198 页。

又是否足够好呢？极少部分武术教师对学校武术教育的开展做出了积极的探索，取得了一定的成果。中国武术协会也做了一些普及工作，但从学校武术教育发展的现状看，这两者似乎做得都还不够。那么，它们是否知道学校武术教育中存在的重重问题呢？答案应该是肯定的。一方面，武术教师处于武术教学第一线，他们最清楚武术教育问题在哪里；另一方面，中国武术协会从众多学术文章中也能够轻易发现武术教育发展的种种障碍。但是，为什么缺少付诸实践的行动呢？笔者认为，这是武术文化资源教育转化过程中知行分离导致的。

"知行合一"是儒家重要的教育思想之一。一代大儒王阳明先生在贵阳文明书院讲学时提出了"知行合一"说，随后发展为儒家主流思想之一。所谓"知行合一"，主要是指思想意识与实践行动之间的关系。王阳明认为，知行是一体，知中有行，行中有知，真知必行。他在《传习录中·答顾东桥书》中说道："知之真切笃实处，即是行；行之明觉精察处，即是知；知行工夫本不可离。只为后世学者分作两截用功，失却知行本体，故有合一并进之说。真知即所以为行，不行不足谓之知。"[①] 这种知行合一的思想恰恰是武术文化资源教育转化过程中所或缺的。在对学校武术教育研究成果进行整理分析的过程中，我们也发现了部分学者存在一定的"知行分离"或者"知而不行"。很多人能够指出学校武术教育中存在的问题，也能够提出很好的建议，但只有极少数人在教学实践的过程中去践行自己所提出的建议，以及在力所能及的范围内解决问题。很多人对学校武术教育进行了深刻的理论思辨，但真正付诸实践的少之又少。事实上，这是学校武术教育问题迟迟得不到解决的重要原因之一，同时也暴露出学校武术教育中的浮躁与功利。如果中国武术协会能够以实实在在的行动有效地推动武术进校园，将校园武术的氛围带动起来，每一位武术教师都能够立足岗位，积极探索武术教育改革，相信学校武术教育必然会呈现另外一番"致良知"的模样。

---

① 〔日〕冈田武彦：《王阳明大传：知行合一的心学智慧》（中），杨田等译，重庆出版社，2015，第13页。

三 武术文化资源学校教育转化的重构

文化的发展方向并非人的主观能动性与意志所能够决定的，但是我们的自觉努力有助于文化的发展。在思想和价值的领域内，如果客观条件允许，我们可以通过持续不断地努力而有所创新。在武术文化资源的学校教育转化实践过程中，有太多的问题亟待解决。因此，我们有必要在当代学校教育过程中对武术文化资源的利用做出必要的进一步探讨，以图推进武术文化资源的创造性转化与创新发展。

学校教育过程中武术文化资源的创造性转化，是对武术文化的价值系统和核心观念加以利用，使其成为有利于青少年成长以及满足国家社会建设需要的积极因素，同时使青少年继续保持对武术的文化认同的过程。基于我们对武术文化的认知，武术文化资源的学校教育转化问题事实上可以归结为武术文化的基本价值与核心观念在现代学校教育的要求之下如何调整与转化的问题。武术文化资源向学校教育转化的这一过程已经持续了数千年。在感叹于武术文化资源教育转化的悠久历史之际，我们也发现这一转化的关键在于武术是否能够满足国家文化建设的需要，以及青少年身心发育成长的现实需要。尽管武术文化的范畴一直处于变动之中，但事实上武术在学校教育中一直都秉承着自身的文化传统。

（一）武术文化资源学校教育转化的目标定位

在当代学校中武术教育的开展方面，面对武术教育的现实危机，一批学者不约而同地强调了"文化"的重要性，笔者对此也深表赞同。不容忽视的是，在探寻武术学校教育的文化预设的同时，武术技术载体的重要性或多或少地受到了忽视。好在"全国学校体育武术项目联盟"推出的学校武术教育改革将重点拉回了对武术技术核心的探讨上。这让关于学校武术教育的讨论避免了走向空洞的可能。

无论是对文化的强调还是对技术的重视，武术文化资源在学校教育中转化的目标定位始终要着眼于"立德树人"。党的十八大提出"把立德树人作为教育的根本任务"。2018年5月2日，习近平总书记在与北京大学师生座谈时指出："要把立德树人的成效作为检验学校一切工作的根本标准，真正做到以文化人、以德育人……要把立德树人内化到大学建设和管理各领域、各方面、各环节，做到以树人为核心，以立德为根本。"① 因此，立德树人是当代学校教育的根本目标，也是一项政治任务。在学校武术文化资源的教育转化过程中，对武术教育的目标定位出现过一些争议，歧义甚多。将学校武术教育转化的目标定位为立德树人，既是新时代国家与社会建设的需要，也是对学校教育中武术文化资源创造性转化本质的科学概括与把握。通过武术教育而立德树人，其本质在于对青少年的培养，这是实现武术教育本质的理性复归。

武术是学校教育实现立德树人的重要课程内容。拳谚说："未曾学艺先学礼，未曾习武先习德。"武德是武术文化的重要组成部分，爱国、诚信、正义、敬人等中华民族优秀传统文化基因在武德中均有深刻体现。因此，实行武术教育是增强中华民族文化自信、增强中华民族凝聚力的有力措施。武术不仅能够增强青少年的体质健康，其道德教育还能弘扬中华民族精神、传承民族文化，而且在历史上，武术教育也的确有弘扬中华民族精神的历史传统。在这一点上，可能没有哪个一个运动项目可以超越武术。武术正是以身体技术的修炼，达到精神的提升、人格的健全、意志的磨炼，最终实现全面发展的教育目标。

（二）武术文化资源学校教育转化的基本原则

对武术文化资源进行学校教育转化的最基本原则是需要坚持武术的育人文化传统。在从术至道的历史发展过程中，武术教育无论是在社会生活方面，还是在学校教育方面都发挥了极大的价值，成为备受关注的教育资源，并逐渐发展成为特色鲜明的育人学问。武术教育是具有中华民族本民族属性的育人方式，它与文化教育共同构成了中国教育的一体两面。武术教育起源于先秦的"六艺"教育，经过后世不间断的实践探索，形成了以尚武为核心，重在身心合一、知行合一的价值体系。

针对学校武术教育转化，专家学者们初步达成了一些共识。比如，进

---

① 李忠军、钟启东：《人民日报：落实立德树人根本任务，必须抓住理想信念铸魂这个关键》，人民网，2018 年 5 月 31 日，http://opinion.people.com.cn/n1/2018/0531/c1003 - 30024346.html。

一步明确了"增强青少年体质，提高学生运动技能，养成健全人格"的宗旨；解决武术教育本身所遇到的教什么、如何教、谁来教等一系列实操问题，以实现武术教育在学校中真正扎根；通过武术教育传承民族文化，以弘扬民族精神与爱国主义；强化武术趣味性，要让学生"一看就喜欢，一学就上手"；等等。这其中既有宏大的观念性理论预设，也有实践性很强的现实操作，这些都是为了最大限度地发挥武术文化的潜在资源力量。不管怎样，武术文化资源的学校教育转化都要在尊重国家与社会需要的前提下对青少年人性进行培养与教化。

学校的武术教育转化的直接服务对象是青少年，他们习练武术更多是为了获取快乐、健康，以及净化心灵与升华精神。因此，我们可以从五个方面对其进行深入的细化，即习武正身、习武养德、习武正心、习武守法、习武竞技。在正身中打造完美的身形与强健的体魄；在养德中修炼仁、爱、敬、礼、和等优秀品德；在正心中通过审视与思考认知灵魂深处的自我，达到心灵的净化；在守法中达到技术的进步进而塑造法则意识；在竞技中实现精神超越的升华。① 唯有如此，武术教育才能达到人们通常所说的"既是体育，又高于体育"的理想状态，进而实现立德树人的目标。

（三）当代武术文化资源学校教育转化的几点建议

过往的学校武术教育也并非一无是处，我们从中可以得到很好的启示。学校武术的教育转化必须立足于全社会对武术思想深刻认识的基础，然而这并不是一蹴而就的，需要长期的努力才能达到。1956年至今，我们在学校武术教育方面更多的是"临渊羡鱼"，"退而结网"的工作干得比较少，这方面是将来需要发力的方向。

在实际操作层面上，武术文化资源如何实现在学校教育中的创造性转化，由于存在多种可能性，此处无法完全予以解答。就本研究范畴内所能做的努力而言，可以针对武术文化资源学校教育转化提出以下几点切实的

---

① 龚茂富：《由"术"至"道"：中国传统射箭的文化变迁与创造性转化》，《成都体育学院学报》2018年第6期，第48页。

建议。

第一，武术文化资源学校教育转化的重构要吸收学校武术教育历史的经验，不能仅依靠政府或国家的强制力量，还要调动一线教师的积极性。当前，很多学者呼吁用国家的强制力量来推行学校武术教育。从民族文化传承和民族精神弘扬的角度来说，政府采用强制性措施来推行学校武术教育无可厚非。但是那样我们便忽略了基层体育教师的力量，如果一线教师没有被动员起来，可能无论多么强制性的力量也无法起到理想的效果。只有上下联动，学校武术教育才能变得活泼有趣、富有生机。但是有必要强调的是，政府必须对以立德树人和传承民族优秀传统文化为己任的学校武术教育给予强有力的支持和资助，因为那是政府应尽的责任和义务。

第二，武术文化资源的学校教育转化效果的好坏根本在于是否激发了青少年的学习兴趣。兴趣是最好的老师，对于活泼好动的青少年更是如此。无论学校武术教育如何改革，在内容、教材、教法等方面如果不能有效地让青少年产生兴趣，那么改革很难获得成功。武术文化资源学校教育的转化不能是我们有什么就给什么，而是要针对青少年的身心特点对现有的武术内容进行创造性的变革。武术文化不可能以它的本来面目融入教育，这已经被几十年的发展历史所证实，我们要做的是通过文化自觉的努力，使其朝着更适应青少年身心特点和需要的方向发展。

第三，践行以武载道，实现武术教育的术道并重。离开了道，武术文化就失去了灵魂。"术"与"道"是武术文化的一体两面，在武术教育中不可偏向其中任何一方。但是，当前武术教育最基础的"术"问题仍然没有得到很好解决，也就是"教什么技术"的问题。2013年，上海体育学院以"全国学校体育武术项目联盟"为依托，提出的"一校一拳、打练并进"思想渐成学校武术教育主流，但效果到底如何还要做进一步的观察。事实上，在推进武术技术教学的同时，必须要增强对武术文化之"道"的弘扬与传授。这是武术文化形而上的核心内容，尽管武术教育中一直倡导对"道"的追求，但其在武术教育实践中并没有得到很好落实，致使学校武术教育停留在"术"的层面不能自拔。

从"术"至"道"是中华传统文化的境界进阶过程。如果学校武术教育始终停留在"术"的层面，那样我们的学校武术文化再生产就只是对武术发展历程的反复而已，无法形成突破与创新，绝不利于学校武术教育体系的建构。青少年教育中不可或缺对民族文化的传承与美好道德的塑造，以及完美人性品格的养成。实现"以道统武，由武入道"才能让具体的"武"不失文化内涵，同时抽象的"道"也会变得具象化，最终达成学校武术与青少年教育的完美融合。

第五章

城市建设中的武术文化资源：太极与成都*

文化与城市总是有着特殊的关系。一方面文化在推动城市品性的成熟，另一方面城市也成为文化的重要组成部分与表现形式。在城市文化建设过程中，或者说，在城市文化品性形成过程中，总少不了要对文化资源进行创造性的开发与利用。犹如北京对古都历史文化的应用、上海对现代体育文化的开发等。

成都是古蜀文明发源地，历经4500余年城址未徙，城名未易，有"历史文化名城"之誉。在发展的过程中，成都逐渐形成了"天府之国"与"休闲之都"的文化特色。在这一大背景下，近年来成都发现了自身与太极拳文化内涵的某种契合。尽管太极拳在成都的发展历史并不悠久，但2012年成都市启动了"太极蓉城"项目计划，以此助推武术太极文化资源与城市文化建设之间的深度结合，这在成都发展史上属于首次，具有明显的创新意义。该项目一经推出便并取得了较好的文化效应——不但"太极蓉城""太极之都"等城市文化品牌逐渐形成，其城市文化内涵也更加丰富，是文化强市的有力证明。

---

* 注：本章中的相关数据与图表主要来自陈倩《"太极蓉城"建设进程中武术太极文化资源的开发利用研究》，硕士学位论文，成都体育学院，2017。

第一节　在成都发现太极拳

在武术拳种之中，太极拳是比较晚诞生的。关于太极拳的起源，目前学术界有两个主流观点：一说认为太极拳由元末明初武当山道士张三丰创立；另一说认为太极拳由明末清初河南省温县陈家沟的陈王廷创立。[①] 另外，还有创立者为王宗岳、陈卜、宋远桥、程灵洗、韩拱月、许宣平、李道子等不同说法传世。目前学界对太极拳起源的论证尚存在分歧，没有形成定论。不管怎样，这似乎并不影响太极拳作为一种文化的珍贵与价值所在。

民国末年，太极拳始传到成都。李雅轩是四川太极拳第一人。李雅轩（1894~1976年），原名李椿年，字雅轩，河北交合县人，师承陈殿福、杨澄浦等，擅长杨氏太极拳、少林拳等，为南京中央国术馆首期教授班成员之一，四川太极拳传播的开拓者。[②] 李雅轩自幼酷爱武术，拜当地拳师陈殿福为师学习少林拳。1914年，李雅轩结识傅海田并为其太极拳技折服，遂向其学习。后经傅海田推荐，拜师杨澄浦专攻太极拳。1928年，李雅轩以一套精湛的太极拳和太极大枪被南京中央国术馆吸纳为首期教授班成员。1929年，李雅轩追随师父杨澄浦到浙江省国术馆，担任太极拳主任教员。1934年，被江苏太极拳社聘为社长。1935年，任南京国民体育学校国术教员，享受上校级待遇。全面抗战开始后李雅轩经徐州、郑州、汉口、武汉、长沙、宜昌等地，1938年到达重庆，而后定居成都，收徒传播太极之道。从此，杨氏太极拳在四川扎根发展。1939年，他被聘任到成都北教场国民党军校做太极拳教官，1946年任国民党二十八军军官总队同上校教官，同年调任重庆陆军大学任教官之职，教授太极拳。新中国成立后，李雅轩立足成都传授太极拳艺，从学者甚众，知名者有王明伦、林墨根、陈

[①] 于志钧：《中国太极拳史》，中国人民大学出版社，2012，第1页。
[②] 陈龙骧、李敏弟编著《李雅轩杨氏太极拳架精解》，四川科学技术出版社，2007，第1~16页。

龙骧、李敏弟、马寅德等。李雅轩为太极拳在成都的传播做出了卓越的贡献。① 2011年，李雅轩太极拳成为四川首个申遗成功的太极拳种，也是四川省非物质文化遗产名录中唯一一个体育项目，同时也是国内申遗成功的第一个太极拳具体流派。

继杨氏太极拳在成都的传播普及之后，其他太极拳，如陈氏、吴氏、武氏、孙氏、赵堡、武当太极拳在成都也均有所发展与传播。四川省武术协会统计，近年来，陆续有综合太极拳研究会、和氏太极拳研究会、肖德生太极拳学研究会、陈氏太极拳研究会、太极推手研究会、吴式太极拳研究会、东岳太极研究会、陈正雷太极研究会成立，② 再加上著名的青城太极以及"成都太极"，成都的太极文化可谓百花齐放、百家争鸣。

太极拳在成都得到普及与发展有着极其深刻的社会原因。一方面，是近年来太极拳在国内外大流行的结果。太极拳为什么会在国内外流行并不是本研究的重点，但是太极拳的健身价值与文化价值受到了社会的认可与肯定应该是最为直接与重要的动因之一。另一方面，则是太极拳融入了成都人的生活。成都有"天府之国"之誉，2009年成为亚洲首个正式被授予"世界优秀旅游目的地城市"称号的城市。成都的三星堆历史文化源远流长。该地物产丰饶，气候宜人，生于斯长于斯的成都人逐渐养成了享受生活、享受自然、享受文化、享受人生的恬淡闲适的生活习惯。据统计，2014年，成都拥有茶馆9264家、KTV2344家、串串香店1302家、书店1129家，"吃喝玩乐指数"在全国城市中位居第四，在西部城市中更是排名第一，这构成了成都独特的休闲城市性格。③ 这些截然不同又各有联系的文化品性，使成都形成了"慢生活"与"闲适"的城市文化性格。在太极拳的文化内涵中，其含蓄内敛、刚柔相济、动静皆宜、行云流水的风格，以及入静放松、以意导气、以气养神的习练要求都与享受生活、享受人生的休闲城市性格不谋而合。同时，太极拳修身养性、陶冶情操、强身健体、延年益寿的价值，更是有助于人与自然、人与社会的融洽和

---

① 龚茂富：《中国民间武术与社会变迁》，中国社会科学出版社，2018，第197~198页。
② 四川省武术协会编著《峨眉武术史略》，人民体育出版社，2017，第142~143页。
③ 《成都"休闲之都"名副其实》，《华西都市报》2014年7月25日。

谐。成都在塑造"休闲""慢"的城市生活风格的过程中逐渐发现了太极拳可以成为开发利用的资源之一，进而推动了"太极蓉城"项目的提出与运行。

第二节　一个城市文化品牌的提出："太极蓉城"

一　城市建设与文化资源

城市是人类社会创造出的居住与生活空间，也是社会文明高度发展的集中体现。在城市建设中，文化是重要的内容之一，甚至是一个城市的标志以及凝聚力所在。所谓城市建设就是对城市资源进行合理规划，将各种资源与城市发展密切结合，以促进城市发展的过程。城市建设是大课题，包括很多领域，如土地开发、道路规划、住房建设，以及本研究所涉及的文化建设、社会生活等。城市规划是人们以城市层次为主导对象对城市未来发展的空间规划，它在小空间范围内，可以延伸到每一个建筑群体的空间设计；在大空间范围内，可以扩展到区域规划和国土规划的空间设计。[1] 在城市建设中，其顶层规划和设计非常重要，优秀的规划和设计可以让城市特色更加鲜明、人民生活更加美好，能够为城市发展注入活力，带来更多的发展效益。综观世界各大城市，没有文化特色的城市难以取得更好的发展——文化特色是城市竞争力的决定因素之一。因此，城市建设过程中对城市文化资源进行创新性开发和利用就显得尤为重要。有学者研究指出，产业发展战略和科技发展战略作为城市创新发展战略的主架构，为城市的创新发展指明了驱动方向。创新资源、创新网络、创新主体、创新机制和创新文化五大城市创新驱动要素，促进了城市创新发展，为城市的创新发展提供了战略支撑。[2]

城市建设不仅要合理地开发各种文化资源，而且要做到科学地、创造

---

[1] 李德华主编《城市规划原理》，中国建筑工业出版社，2001，第42页。
[2] 尤建新等：《创新型城市建设模式分析——以上海和深圳为例》，《中国软科学》2011年第7期，第84页。

性地利用文化资源。文化资源是一种特殊的资源，在城市建设中运用得好则妙趣横生，运用得不好难免会画蛇添足。因此，在城市建设过程中，对文化资源进行利用时要对其进行科学分析、管理与规划。城市规划就是在城市发展现有的有利和不利的条件下，运用科学、系统的分析手段与生态经济学知识和各种自然、社会条件，来对城市各种复杂关系进行系统规划、调节和改造，以寻找效益大、风险小的可行性对策。[1] 随着全球城市化进程的加快，国内外城市间的竞争愈加激烈。这种竞争既是资源的竞争，也是吸纳资源能力的竞争。在寻求城市发展的突破口上，大家一致瞄准了"城市特色"与"城市创意"。事实上，城市特色也好，城市创意也罢，都是对城市文化的彰显，即通过文化创意形成独特的优势和魅力，增强城市的竞争力和文化性。创意城市文化是未来城市的发展趋势。创意城市文化是指城市发展突破城市客观条件的限制，通过对文化资源的创造性转化，增强城市竞争力、辐射力和创造力。[2] 城市建设离不开文化，通过对城市文化资源进行深入挖掘整理，创新性利用、规划和设计，可以实现对城市文化资源的优化配置，从而促进城市的科学化建设，最终为完善城市生活服务。

城市建设中对文化资源的有效利用可以形成品牌效应。品牌是市场营销学的一个核心概念，也是城市发展过程中一个重要的文化现象。大卫·艾克曾指出，品牌就是联结和沟通产品、符号、人、企业与消费者之间的桥梁。创立品牌的目的是辨别产品和服务，与竞争对手区别开来，其内涵包括名称、标记、商标和版权四个方面。[3] 城市文化品牌若不能和生活在城市中的人形成友好的亲密关系，那么城市将失去它的吸引力和凝聚力。城市的文化品牌效应，涉及城市与居住者和生活者之间方方面面的联系，而且城市文化品牌是可以让市民亲身体验和参与的。城市文化品牌代表着一系列文化事项的特征，具有特定的代表性和综合性，是一

---

[1] 李浩淼编著《西部地区生态文明建设与经济发展关系研究》，西南财经大学出版社，2013，第99页。
[2] 牛继舜等编著《创意是著名城市的灵魂》，经济日报出版社，2014，第94页。
[3] 〔美〕菲利普·科特勒：《营销管理：分析、计划和控制》，梅汝和等译校，上海人民出版社，1996，第607页。

种集合诸多元素的文化代表。城市进行文化品牌建设的主要目的在于培养城市的文化性格与内涵，使其区别于其他城市并为市民提供优质服务。城市文化品牌可以为城市发展带来附加值，并成为城市无形资产的重要组成部分。

城市建设过程中对文化资源进行创造性转化并形成品牌的过程，实质上就是对文化的创新利用，即利用一系列生产或再生产手段把文化资源与城市进行创新性融合，推动形成相应文化产品，进而实现产业化、品牌化。

对文化资源的转化和利用，将直接影响城市的发展。首先，文化资源可以促进城市的经济增长，运用武术文化资源实现这一目标的例子也不少见。邯郸是杨氏太极拳创始人杨露禅的故里，太极拳自然就成为邯郸市重要的文化资源。邯郸市政府借助大赛优势，把握"文化搭台，经济唱戏"的主线，以"太极拳文化"为核心，抓住发展机遇，先后投资10亿元修复了距今已有2600年历史的广府古城以及宗师故居；投资近1800万元拍摄电视剧《广府太极传奇》等，大力发展、宣传文化旅游项目，促进周边产业的发展。2013年仅旅游综合收入就超3亿元，太极文化产业链收入超过2亿元，成为当地重要的经济增长极。① 文化资源一经发现，就会发挥出难以想象的力量，尤其表现在经济价值的发挥方面。太极拳是河南温县核心文化图腾与资源。笔者到陈家沟考察时惊奇地发现，陈家沟一半以上的人融入了与太极拳相关的经济产业。太极拳在温县的经济价值不断增强，已经成为拉动地方经济的增长点。无独有偶，福建省松溪县围绕湛卢剑文化资源进行产业开发和创造性转化，也取得了较为理想的效益。早在《吴越春秋》和《越绝书》中就有记载的湛卢剑，近年来成为松溪县的重点开发文化资源，实现了由一把文献历史之剑向地方特色文化品牌之剑和产业经济之剑的转变。2011年，湛卢剑成功入选福建省第四批非物质文化遗产名录。② 松溪县湛卢剑文化资源开发被写进了政府工作报告，松溪县

---

① 《河北永年：太极拳"打"出新产业》，新浪网，2014年6月12日，http://finance.sina.com.cn/roll/20140612/190019395336.shtml。
② 《福建省人民政府关于公布第四批省级非物质文化遗产名录的通知》，福建省人民政府网，2011年12月14日，http://www.fujian.gov.cn/zwgk/zfxxgk/szfwj/jgzz/kjwwzcwj/201112/t20111223_1183668.htm。

政府以湛卢剑文化为核心打造了湛卢特色小镇、中国冶金博物馆、湛庐山旅游区、湛卢书院等一系列相关文化产业，拉动了地方旅游经济的增长。《闽北日报》报道，2015年前9个月，松溪共接待游客30.02万人次，同比增长17.32%；旅游收入达2.06亿元，同比增长22.38%。①

其次，对文化资源的深度开发将导致其价值潜能得到强劲发挥，其地位甚至会从辅助变为主导。近年来，少林武术文化资源在郑州经济发展中的作用越发明显。据统计，每届少林国际武术节期间，郑州地区的金融交易额都超过了20亿元，协议洽谈交易额也超过了40亿元。这表明少林武术文化给予了郑州经济建设巨大的经济支持，推动了少林武术文化相关产业发展，完善了市场机制，促进了区域经济的腾飞。②但是，城市建设视角下对文化资源的创造性转化也需要一些必要的条件。张鸿雁在对苏南文化资源进行分析时指出，苏南文化资本再生产过程的创造性完成，既需要一个真正明确建立在文化的历史、文脉的挖掘和鉴别能力之上的文化基本核心价值内核，又需要一个在"城市文化自觉"的影响下，能够创新地方文化资本的操作模式和表现形式。③

再次，文化资源在城市发展中的创造性转化，可以促进特色城市文化品牌的建立。城市建设渴求文化资源，因为城市的文化特色可以直接提高城市的竞争力。尽管国内的很多城市"千城一面"，但是细究起来每个城市还是有属于自己的精神气质和文化魅力。没有美丽的故事，是很容易被人遗忘的，城市建设也是如此。因此，国际著名城市的发展都得益于自身的文化特色，诸如水上之都威尼斯、建筑之都罗马、港口之都鹿特丹等。文化特色是城市留给人们的美好记忆。比如，云南原生态的民俗文化经过创造性转化生成的震撼人心的文化产品《云南印象》就带动了云南旅

---

① 《〈闽北日报〉湛卢剑瓷文化拉动松溪旅游经济》，松溪县人民政府网，2015年12月2日，http://www.songxi.gov.cn/cms/siteresource/article.shtml? id = 100354920147550000&siteId = 40185175012560000。
② 吕玉萍、储建新、白震：《我国武术产业集群优劣势分析及发展策略研究——以嵩山少林武术产业集群为例》，《山东体育科技》2013年第1期，第32页。
③ 张鸿雁：《新型城镇化进程中的"城市文化自觉"与创新——以苏南现代化示范区为例》，《南京社会科学》2013年第11期，第63页。

游业的发展，进而促进了云南经济的发展和云南民族民俗文化品牌的形成。

最后，文化之于城市建设的影响力还表现在"文化立市"战略的出台。南京是六朝古都，在城市建设过程中主打文化牌，推出"文化南京"促进城市发展。"文化南京"主要包括目标体系、内容体系和途径体系三个相互关联的内容主体。"文化南京"的目标体系在于将六朝古都文化和长江风光完美融为一体，尽情彰显南京人文特色，使历史与现代在南京实现交相辉映。其内容体系重在对南京市的历史文化资源进行保护和整合，突出转化与创新，实现文化形象提升。文化南京的实现途径就是强调要运用创新思维，将理念、政策、资源实现无缝整合对接，以传承优秀传统文化历史文脉和铺设新的文化建设道路。① 这一点在武术文化资源方面也有鲜明的体现，对河南省焦作市来说，太极拳无疑是不可替代的珍贵文化资源，更是"山水焦作"之外又一亮眼的文化名片。

城市的吸引力、竞争力和凝聚力不是体现在其发达程度上，而是在于它的文化力。文化资源的创造性转化才是未来城市建设的核心所在。文化资源作为城市发展的一种无形资源，通过创新以及合理的开发，可以形成一种资产累积效应和价值增值。可以说，在一定程度上，城市以文化论输赢。

二 成都与太极的融合

在文化强国、体育强国、健康中国等国家战略背景下，成都在占领西部科技与经济发展高地的同时，努力创造舒适的社会生活环境，文化强市成为其发展战略之一。事实上，无论在自然资源还是历史文化资源方面，成都的储备都异常丰富。成都历史悠久，文化发达，有闻名中外的世界双遗产都江堰-青城山，古蜀文明金沙遗址，三国文化圣地武侯祠，三国文化遗址剑门蜀道，杜甫草堂，佛教圣地文殊院、昭觉寺、大慈寺，著名道

---

① 张胜冰：《产业化视角下的文化资源开发：问题及其解决方案》，《中国海洋大学学报》（社会科学版）2008年第3期，第32页。

教"西南第一丛林"青羊宫，川剧，水井坊，火锅，茶馆，川菜，等等。①

在文化强国建设与治蜀兴川的战略引领下，四川提出了"文化资源大省向文化强省跨越""建设与西部经济发展高地相适应的文化强省""加快建设文化强省"等发展目标。成都作为副省级城市，自然首先承担着重要的发展责任。这一系列目标与战略的落地需要载体才能实现。成都积极响应加快建设文化强国战略，在向和谐文化与健康休闲文化目标迈进的过程中，开发利用具备动静缓急、阴阳调和等特点并深受人们喜爱的太极拳就成了应有之义。

成都与太极拳在文化上有着天然的契合。成都是道教文化发源地之一，文化基因中充满了"天人合一""道法自然""健康养生"的内涵。成都和谐包容的城市发展理念与太极拳的动静相兼、刚柔相济文化特色不谋而合。成都的发展为太极拳带来了机遇，太极拳也为成都城市文化内涵的丰富提供了支点。为了使太极拳更好地融入成都市民的生活，成都市人民政府早在2012年就出台了《2012年"太极蓉城"系列健身活动实施方案》。该方案强调：为更好地传播太极健身理念，应倡导正确的健身锻炼方式，让太极文化健身活动成为健康生活和全民健身的新时尚、新亮点，将成都打造为区域领先、群众满意并具有国际影响的"太极之都"。因此，成都市政府在2012年启动了"太极蓉城"系列健身活动计划。②

成都通过一系列手段与措施进行太极拳文化的创造性转化，不仅开展了太极拳比赛、太极拳培训、太极拳交流活动，而且还出版了内部刊物，甚至创编了"成都太极"，为市民了解、参与、体验"太极蓉城"提供多渠道服务。也许有人质疑成都与太极的深刻关系，认为成都不是太极拳的发源地，打造"太极蓉城"未免有些牵强。但是，作为对武术文化资源的创造性转化，这似乎并不是主要的问题，更何况作为太极拳理论基础的太

---

① 谭继和、唐永进等：《四川文化资源与文化强盛建设》，四川人民出版社，2008，第19～30页。
② 《成都市人民政府办公厅关于印发2012年"太极蓉城"系列健身活动实施方案的通知》，成都市人民政府网，2012年5月3日，http://www.chengdu.gov.cn/chengdu/c131029/zc-wjney.shtml?id=47823&tn=6&index=A0000B0200304201200020&wz=E6%88%90%E5%8A%9E%E5%8F%91。

极文化与属于道教祖庭的鹤鸣山与青城山有着密切的内在联系。成都的太极文化实践也为我们提供了武术文化资源创造性转化的绝佳案例，就像《成都日报》所报道的一样——"成都成为太极之都并不意外"。[①] 对武术太极文化资源的开掘为成都打开了另外一片天空，也丰富了健康、休闲、和谐、慢节奏的城市文化品牌内涵。

武术太极文化资源从原来的潜力文化资源一跃成为成都的优势文化资源。各种太极拳比赛参与人数呈几何级数增长。比如，2015年成都市的第12届太极拳锦标赛就吸引了132支队伍的1700余名参赛者。这个参赛人数规模刷新了成都市太极拳锦标赛的参赛人数记录。经过近几年的发展，太极拳已经发展成为成都市民的主要健身方式之一——成都市习练太极拳的人从最初的20万人增加到了280余万人。不但如此，太极拳在成都已经发展成为一种时尚的生活方式。太极拳不再是老年人的专属，青少年与中年人也越来越多地参与进来。尽管成都不是太极拳的发源地，但有着占总人口1/6的太极拳人口，"太极蓉城"这个文化品牌从一个概念转变成了事实。成都市体育局主要负责人也十分感慨地说："这是'太极蓉城'的骄傲，也是成都的骄傲。成都作为'太极之都'是名副其实的。"[②]

武术文化资源的文化价值虽然并不直接等同于经济价值，但是对文化价值的开发与转化能够带来经济价值的增长与积累。成都市太极拳人口的大量增加，也为相关产业注入了活力。成都市连续几年举办的"太极嘉年华"活动为太极产业发展提供了平台。课题组对参加2015年太极嘉年华的销售太极鞋的某企业经理进行了访谈，他表示自"太极蓉城"系列活动启动以来，企业的销售业绩良好，几十元上百元的鞋，现在一年的销售量达到了30万双。而在成都，生产和销售太极相关产品的企业并不止他们这一家。

成都对太极拳的创造性转化还有着更高的价值追求。成都市体育局局长谭学军接受采访说："太极推广不仅是对拳术的推广，更是对文化内涵

---

① 《于再清评价"太极蓉城"：成都是太极之都不意外》，人民网，2014年11月2日，http://sports.people.com.cn/n/2014/1102/c22176-25956994.html。
② 《洛带，2万人乐享太极》，网易新闻，2015年11月23日，https://www.163.com/news/article/B935NPL400014AED.html。

和精神的推广,是新的发展时期,也是成都市建设社会主义核心价值体系的重要载体,通过对太极的大力宣传和推广,太极系列健身运动已经成为全民健身的新时尚、新亮点,从而更加进一步地推动全市全民健身活动的深入开展。"[①] 通过太极拳塑造的"太极蓉城"已经成为成都市的城市名片。为了能够进一步让武术太极扎根成都,成都市体育部门还组织专家进行理论的提炼与传播。其精心编纂,并由人民体育出版社出版的《成都太极》一书反映了成都与太极文化的深度融合。也许"成都太极"还存在这样或那样的一些问题,但毋庸置疑"成都太极"是城市建设与武术文化资源融合创新发展的结果,创造了武术文化资源搭台,促进城市发展的新模式。

成都对武术太极文化资源的开发利用,对推动城市建设与发展起到了积极的作用。在优化武术太极文化资源配置的基础上,对太极拳的资本转化,丰富了成都"休闲之都""慢城生活"等城市文化内涵,推动了相关体育产业以及文化旅游产业的发展,丰富了人民群众的日常生活。最为重要的是,通过连续几年的运作,太极拳已经成为成都市的文化精髓之一,也使成都市更加具备了区别于其他城市的文化特色,打造了"太极之都"的文化名片。

为了进一步分析成都市对武术太极文化资源的转化与利用,下文将对其各方面的细节进行细致探讨。

第三节 "太极蓉城"建设与武术太极文化资源的开发与利用

一 "太极蓉城"里的太极拳习练者

太极拳辅导站是成都推广太极拳的主要基层组织单位。为了进一步了解市民的参与情况,课题组对太极拳辅导站中的部分习练者进行了随机抽

[①] 《太极创出"成都模式"》,网易新闻,2015年11月23日,https://www.163.com/news/article/B935NQJM00014AED.html。

样问卷调查。总计有 378 名"太极蓉城"辅导站习练者参与了课题组的调查。

课题组对成都太极拳辅导站习练者的文化程度进行了统计。经过分析发现,成都太极拳辅导站习练者的学历结构实现了从初中及以下到硕士及以上的全覆盖。这说明,太极拳在成都的实践受到了各个学历阶层人士的喜爱与认同。那么,在这些人中,哪个学历阶段的市民参与人数最多呢?统计显示,在参与调查的人中,高中与中专层次的人数最多,为 164 人,占比为 43.40%,其次为大专与本科层次的人,共 110 人,占比为 29.10%。占比最少的是硕士及以上层次的人,只有 15 人,占比为 4.00%(见表 5-1)。对于这组数据的理解要结合太极拳习练者的年龄特征加以分析。在老年人为主体的太极拳习练群体中,接受了中等教育的人占比较大,因此,在统计数据上高中、中专层次的参与人数居多。另外,虽然硕士及以上学历习练者仅占参与人数的 4.00%,如果考虑到这一学历群体在整个社会群体中的比重,事实上这已经是一个不低的参与率了。

表 5-1 成都太极拳习练者文化程度

单位:人,%

文化程度	人数	占比
初中及以下	89	23.50
高中、中专	164	43.40
大专、本科	110	29.10
硕士及以上	15	4.00

在参与调查的习练者中,男性习练者有 155 名,占比为 41%,女性习练者有 223 名,占比为 59%。在性别结构上,呈现了鲜明的男少女多不均衡的参与性特征(见图 5-1)。据课题组观察,这种参与性别比例分配在成都太极拳辅导站中具有普遍性,与社会中普遍存在的女性平均寿命长于男性是一致的。当然,并不能将练习太极拳与长寿画上等号,但至少可以说明女性更愿意参与太极拳的习练。

在关于习练者习练太极拳的时间统计方面,调查结果表明,在接受调查的习练者中,习练太极拳时间在 2 年至 5 年和 5 年至 10 年的比例最高,

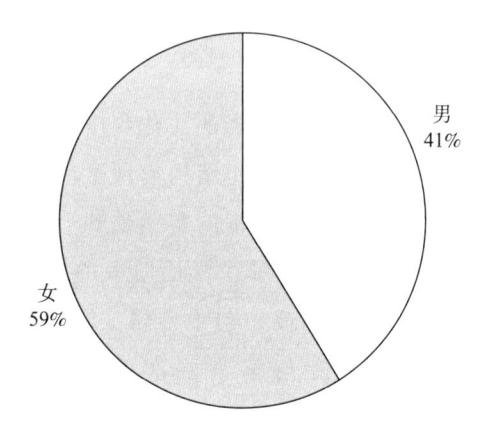

图 5-1　成都太极拳习练者性别比例

分别为 26.19% 和 18.78%。他们是参与群体的中坚力量。考虑到我们调查的时间节点，习练 2 年以下的参与者的统计意义更值得关注。这部分人群总计达到了 42.07%，所占比例较大（见表 5-2）。关键在于，他们是"太极蓉城"项目启动以后的参与者，展现了"太极蓉城"的吸引力。

表 5-2　成都太极拳习练者花费时间

单位：人，%

时间	人数	占比
7 个月及以内	68	17.99
7 个月至 1 年	32	8.47
1 年至 2 年	59	15.61
2 年至 5 年	99	26.19
5 年至 10 年	71	18.78
10 年以上	49	12.96

在成都太极拳辅导站从事太极拳习练的人群在职业层面也基本实现了社会职业种类的全覆盖。从统计数据看，离退休人员所占比例最高，达到了 28.57%（见表 5-3）。离退休人员有着充分的闲暇时间可以支配，也有较为稳定的经济来源，这是他们能够充分习练太极拳的重要保障。另外，离退休人员处于 60 岁以上的年龄段，这个年龄段的人群在健康上有着强烈的刚性诉求，而且太极拳对老年人群体的健康促进作用已经被医学所

证实，这也是他们主动参与太极拳锻炼的重要原因所在。

表5-3 成都太极拳习练者职业情况

单位：人，%

职业	人数	占比
公职人员（含公务人员和除教师外的事业单位人员）	26	6.88
教师	29	7.67
企业管理人员	29	7.67
工人	40	10.58
农民	18	4.76
个体户	19	5.03
下岗、待业人员	24	6.35
离退休人员	108	28.57
其他	85	22.49

从问卷统计来看，一半以上的习练者能够每次坚持一个小时以上的太极拳练习。如表5-4所示，太极拳习练者每次进行太极拳练习时间60分钟以上的人数占总调查人数的57.41%。由此可见，辅导站中太极拳习练者对太极拳的喜爱程度确实非常高。

表5-4 成都太极拳习练者每次习练太极拳时间

单位：人，%

时间	人数	占比
10分钟及以内	12	3.17
10~30分钟	45	11.90
30~60分钟	104	27.51
60分钟以上	217	57.41

根据对太极拳辅导站习练者每周练习太极拳次数调查分析认为，大部分习练者每周能够练习5次及以上，可以很好地坚持。据统计，参与调查的人中有118人能够每周坚持练习5~6次，占总人数的31.22%。有26.46%的受调查者每周可以达到7次及以上，这说明太极拳对他们有着很

强的吸引力,他们甚至有时候每天要做到练习2次及以上的太极拳(见表5-5)。

表5-5 成都太极拳习练者每周练习太极拳的情况

单位:人,%

次数	人数	占比
1~2次	93	24.60
3~4次	67	17.72
5~6次	118	31.22
7次及以上	100	26.46

在习练内容上,尽管陈氏、杨氏、吴氏、武氏、孙氏、李雅轩太极、青城太极,以及太极拳器械等都有习练者参与练习,但杨氏太极拳和陈氏太极拳在成都的习练比例较高,甚至有超过半数的受访者在练习杨氏太极拳,这可能与杨氏太极拳在成都普及时间较长有关(见图5-2)。

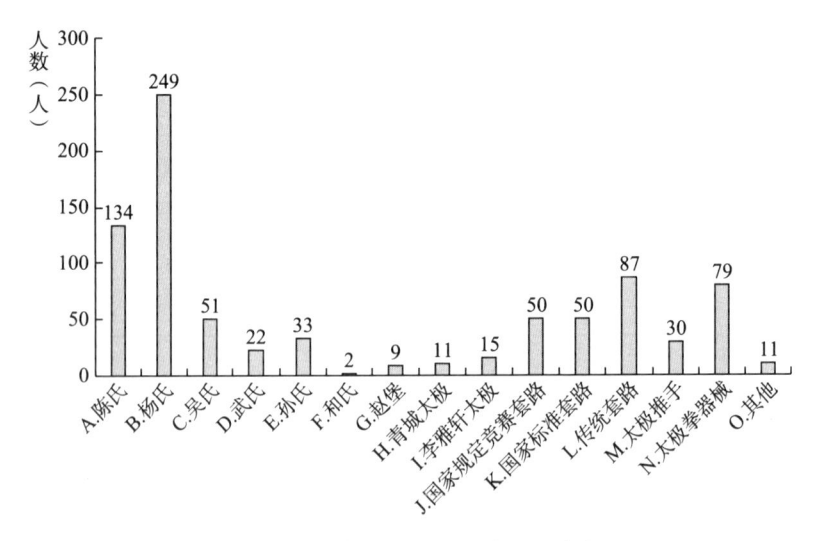

图5-2 成都太极拳习练者习练内容

太极拳是成都对武术文化资源进行转化后提供给社会的文化产品,那么消费者在太极拳上的消费投入情况如何呢?调查显示,每年太极拳消费上投入500元及以下的人数占比为52%,500~1000元的人数占比为33%,1000~2000元的占比合计为8%,还有7%的人每年消费在2000元以上。

这些太极拳习练者的消费主要集中在太极鞋、服和太极器械上面。其中，太极鞋、服占比为84.39%（见表5-6及图5-3）。

表5-6 成都太极拳习练者年消费

单位：人，%

金额	人数	占比
500元及以下	197	52
500~1000元	123	33
1000~1500元	15	4
1500~2000元	15	4
2000元以上	28	7

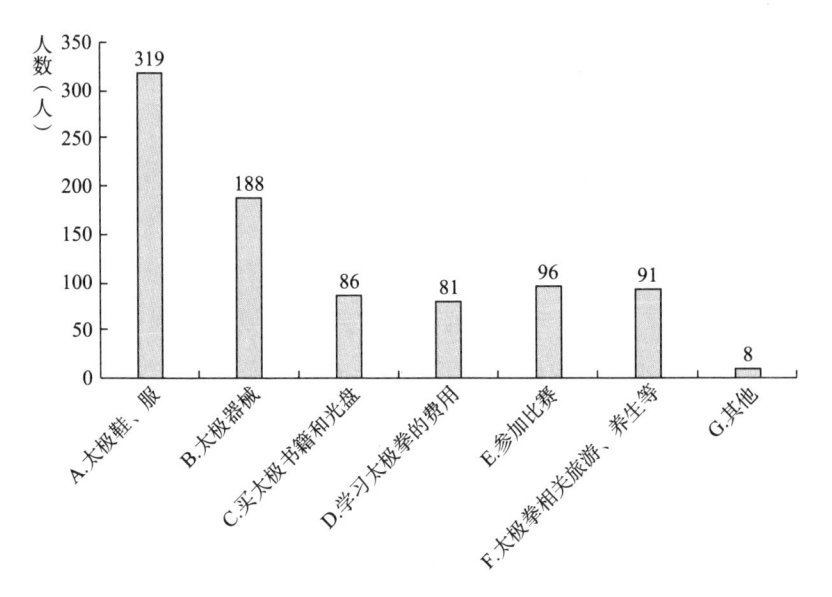

图5-3 成都太极拳习练者习练太极拳消费内容

目前，成都全市在成都市武术协会注册的辅导站点有200余个。太极拳辅导站是成都市太极拳爱好者和习练者交流的绝佳平台和组织，其中多以"太极蓉城"辅导站、各地（区）武术协会和太极拳协会命名进行注册。太极拳辅导站让太极文化资源更加集中，便于集中指导，给广大太极拳习练者带来了诸多便利。

二 精准传播，深挖太极拳健身价值，强化成都健康文化品牌形象

通过研究"太极蓉城"的发展实践，课题组发现，成都通过对太极拳传播的升级实现了更加高效的推广普及，为太极拳的创造性转化奠定了扎实的前期基础。成都市行政管理部门的介入改变了太极拳以往在成都民间化、随意化、散漫化的传播模式，通过组织化的"五进""六进""七进"等活动使太极拳传播形成了点对点的精准传播，进而大大提高了太极拳在成都的传播效率与质量。

成都在"进社区、进学校、进企业、进机关、进写字楼"的"五进"活动的基础上，发展出了"进社区、进学校、进企业、进机关、进写字楼、进家庭、进敬老院"的"七进"精准传播模式。不但如此，相关部门还针对不同人群组织各级各类太极展演、太极健身培训、太极辅导站推广，以及从2013年开始打造"'太极蓉城'嘉年华"活动等。在这些措施的保障下，太极拳很快在成都落地开花，并深入社会各个领域与角落，推动习练人口在短短的五年时间内由最初的20万人快速增长到了280多万人。从传播效果来看，一半以上的人对"太极蓉城"做到了很好的了解（见图5-4）。太极拳在成都得到了前所未有的普及，太极文化深入人心。这为深入挖掘太极拳的健身价值做好了准备。

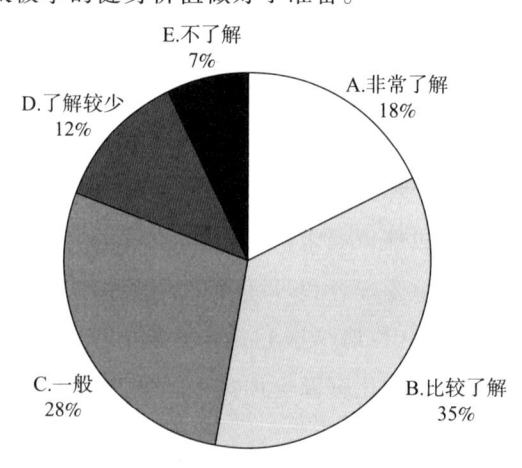

图5-4 成都太极拳习练者对"太极蓉城"的了解程度

太极拳的大力普及，让这项运动逐渐跻身成都市民健身休闲的主流选择之中，成为引领成都全民健身运动的一面旗帜。太极拳能够促进身体健康，习练者对此有着深切的感知。在参与调查者中，有47.1%和38.9%的人认为太极拳有着非常明显和较明显的健身效果（见图5-5）。太极拳独特的运动形式，对预防疾病、康复理疗有很好的功效。正是这种有效的健身价值才使太极拳能够被人们接受和习练。调查显示，大部分参与太极拳习练者认为，习练太极拳获得了强身健体以及改善睡眠、提高免疫力的良好效果（见图5-6）。这也成为大家选择习练太极拳的首要原因。对太极拳文化资源的深入挖掘，不但彰显了其在全民健身事业中的优异健身文化价值，提高了人们的健康水平，也推动了武术太极拳文化的大力普及与发展。

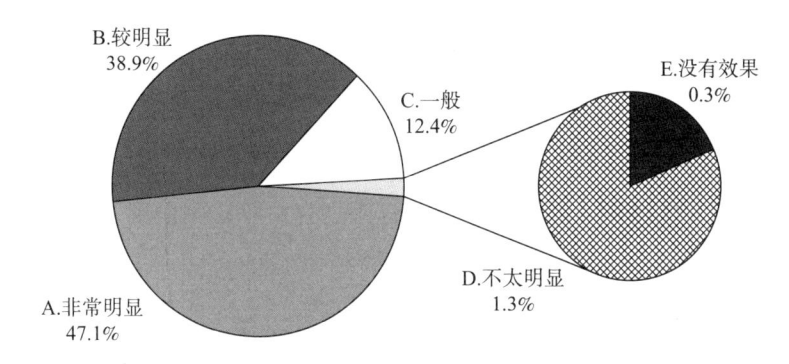

图5-5　成都太极拳习练者健身效果

三　传承传统，突破刻板印象，创新形成太极风尚

以儒、释、道哲学作为基础并结合传统中医学与导引吐纳术的太极拳在发展的过程中形成了内外兼修、刚柔相济的文化传统。在太极文化发展实践中，其因柔缓和谐的运动形式受到了中老年人的喜爱，进而形成了太极拳是老年人专属的刻板印象。这一刻板印象无形之中将太极拳习练人群固定化，也影响了太极拳的推广和普及。

在传承太极文化传统的同时，成都积极向包括年轻人在内的更大范围的人群传播太极拳，取得了很好的效果。近年来，通过一系列的社会体验与推广活动和"七进"精准传播，更多的人逐渐加入了习练太极拳的队伍。成都太极人口结构逐渐发生了变化，清一色的太极拳老年队伍中逐渐

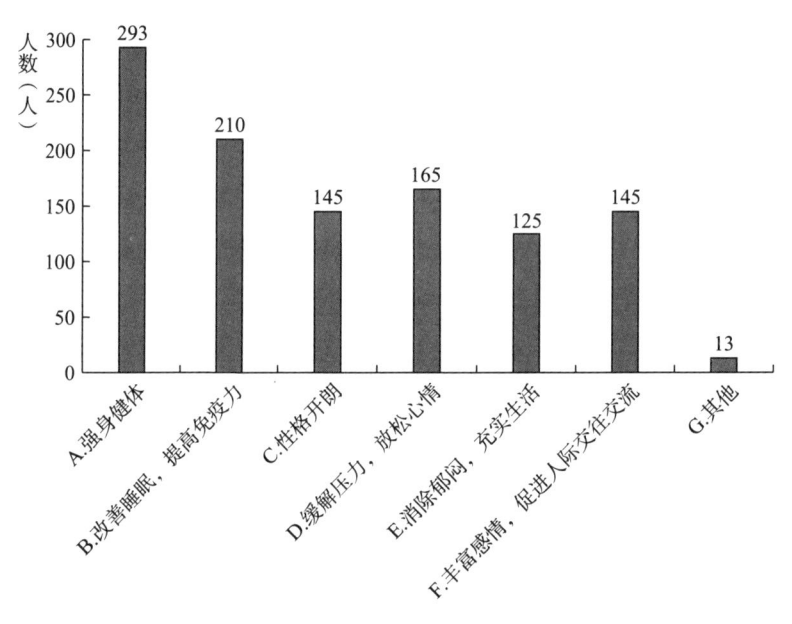

柱状图数据：
- A.强身健体：293
- B.改善睡眠，提高免疫力：210
- C.性格开朗：145
- D.缓解压力，放松心情：165
- E.消除郁闷，充实生活：125
- F.丰富感情，促进人际交往交流：145
- G.其他：13

纵轴：人数（人）

图5-6 成都太极拳习练者习练太极拳后的效果

加入了充满活力的青少年甚至是幼儿，而且青少年比例呈现逐渐扩大的趋势。调查显示，成都市太极拳习练者以41～60岁的中年人为主，占41%，21～40岁和20岁及以下分别占了10%和11%。总的来看，60岁及以下人数占62%，占了受调查人数的一大半，而61岁及以上人数只占了38%（见图5-7）。这说明，在成都，太极拳是老年人专属拳的刻板认知已经被打破，更多的都市白领、学生、企事业单位工作人员、残疾人士等加入了太极拳习练阵营，固有的年龄结构已经被打破，太极拳习练者年轻化趋势更加鲜明。太极拳在成都逐渐演变成一种时尚的、潮流的、适应整个社会的民族传统运动。

自2012年"太极蓉城"推出以来，成都市政府相关部门积极尝试运用新的元素，并将其与武术太极文化资源相结合，进而探索各种创新模式，使武术太极文化资源变得更加新颖时尚，更加适合社会发展的需要。值得一提的是，相关部门人员吸收了成都温江民俗快板文化、舞蹈元素、健身操，以及成都龙泉桃花文化资源，创新出了温江万春快板太极，新都太极操、青羊太极舞、龙泉桃花太极等特色各异的太极拳，大大丰富了

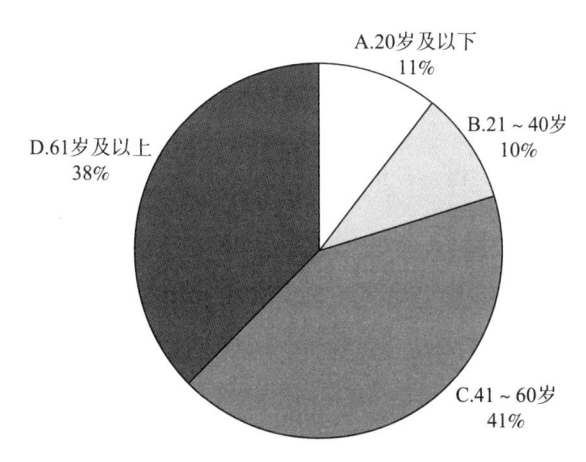

图 5-7 成都太极拳习练者年龄情况

"太极蓉城"的表现形式与内容。这种"太极拳+"理念的运用直接助推了成都太极活动的升级。不仅如此,有意思的是服装秀也被引入"太极蓉城",并深受群众喜爱。2015年起,"太极蓉城"嘉年华将太极服装与时尚 T 台走秀相结合形成了全新的"太极服装 T 台秀"。该活动一经推出,就吸引了广大太极拳习练者参与其中,也吸引了媒体的关注与观众的眼球。由于得到太极拳习练者的积极反馈,"太极服装 T 台秀"活动被延续了下来,从策划到展演也更加成熟,成为成都太极年度活动亮点。该活动的推出,让太极拳变得更加时尚,同时也推动了太极服装产业的创新,为成都太极注入了新鲜的血液。

四 资源深挖,创作成都太极文化产品

武术文化资源必须转化成一定的文化产品才能更好地发挥其潜在的效益。这种武术文化产品的生产与再生产在成都太极拳文化资源转化过程中有着鲜明的呈现,人们创编出了不同类型的太极拳以适应不同人群的切身需求。比如,在传统太极拳基础上推出的适合中小学生练习的"九路太极",就是根据中小学生的身心发育特点而研发出的有针对性的太极产品。不但如此,2014年成都市武术协会与当地民政部门还为坐轮椅的人群推出了"轮椅太极"。轮椅太极取材于杨氏太极拳,功架舒展大方,动作精简,容易上手。这一太极产品的推出,填补了残疾人太极健身的空白,向"人

人打太极"的目标迈进了一大步。《成都太极》一书的出版与发行，更是突破了以姓氏、门派为主命名太极的历史，开了用城市命名太极的先河。在一定程度上，太极拳已经从一种武术逐渐向一种充满时尚气息的现代体育运动过渡，也正是太极拳的时尚运动化进一步加速了它的普及。

第四节　武术太极文化资源之于城市建设的价值创造

武术太极文化资源在成都的破茧成蝶昭示了该文化资源对于城市文化建设的重要价值所在。城市需要文化，一座没有文化内涵的城市比一片荒漠更让人感到凄凉。能够多方面滋养市民和推动城市文化品牌形成的特色文化是当今城市建设过程中的稀缺资源。太极拳与成都的交融为我们展示了武术文化资源巨大的文化力和影响力。

一　形成城市特色文化品牌

品牌（Brand）一词来源于古挪威文字"Brandr"。在英语中，品牌的意思是指（古时烙在犯人身上的）印记、（今烙在牲口身上、表示所有权的）标记。对城市而言，品牌即城市文化性格的一种标志，也是对特定文化价值的一种追求，能够体现城市的厚度和创造力。成都通过武术太极文化资源的转化所形成的"太极蓉城""太极之都"文化品牌，有其独特的文化价值。对城市或者对武术太极本身而言，太极文化品牌的建设与成形达到了互惠的结果——既促进了武术太极文化品牌的建设，又促进了城市特色文化内涵的发展。

太极与城市的结合推动了中华优秀传统文化的传承与发展，也催生了新的中华文化复兴模式。太极文化是中国最为典型的传统文化，也是中国传统哲学命题的核心和基础。作为太极文化最为典型与直接的表现，太极拳在承载文化的基础上还有着直接的康健身心效果，将形而上的太极文化具体化与可感化，使太极拳与城市建设进行结合成为可能。太极拳是武术的下位概念，但是近年来太极拳的发展速度超越了其他的拳种，大有独立发展之态势。这种态势的形成是文化进化的结果，在很多场合下我们已经开始习惯将太极拳与武术融合使用。在基层民众中，知太极拳而不知武术者大有人在。太极与城市的结合无疑大大丰富了城市的文化内涵，提升了城市的休闲与健康形象。一般而言，像太极拳这类武术文化资源具有通用的公共属性，任何个人或组织都可以进行使用。但它同时也具备强烈的排他属性，一旦某一城市加以使用，就让其他同级别城市无法再进行同类型开发，否则就步人后尘，失去意义。太极与成都的结合造就了"太极蓉城"这一中国乃至世界上第一个用太极命名的城市别名以及第一个用城市命名的太极——"成都太极"的诞生。

在文化强国建设进程中，国家对优秀传统文化高度重视，武术文化资源在社会发展以及城市建设过程中的重要作用开始凸显。文化不再是经济的配角与城市的附庸，"文化搭台，经济唱戏"的发展模式也逐渐开始动摇。中华民族优秀传统文化正以前所未有的姿态走在发展的前列，形成新的一波"文化热"，以此来推动和促进中华民族伟大复兴。文化发展是一个新陈代谢、吐故纳新的过程。武术太极文化与城市建设的结合，使其突破了因循守旧的状态，呈现灵活多样充满生命力的形态。"太极蓉城"既是优秀传统文化复兴和发展的一个体现，也是城市民族文化化的典型个案。"太极蓉城"创造性地将武术文化资源与城市建设相结合，标志着以文化城、文化强城时代的到来，同时也标志着中华优秀传统文化的新生。

武术太极文化资源与城市建设的紧密融合形成了以"武术太极文化资源"为圆心的"同心圆"发展模式。这其中蕴藏着武术太极文化旅游、武术太极文化教学、武术太极文化用品制造、武术太极文化健身、武术太极文化影视、武术太极文化养生、武术太极文化娱乐等多样化的内容体系（见图5-8）。

在"千城一面"的时代，城市文化品牌的塑造以及文化形象的确立，对增强城市竞争力、丰富城市内涵而言，何等重要！无论是与国内城市竞争，还是向国际大都市迈进，城市的文化影响力都是必备的重要条件之一。武术太极文化与城市建设的结合在提升城市生活指数、增强

```
                      武术太极文化
                         娱乐
         武术太极文化              武术太极文化
            健身      介质        教学
         武术太极文化   武术太极文化   武术太极文化
            服务       资源         旅游
                      介质
         武术太极文化             武术太极文化用
            影视                    品制造
                      武术太极文化
                         养生
```

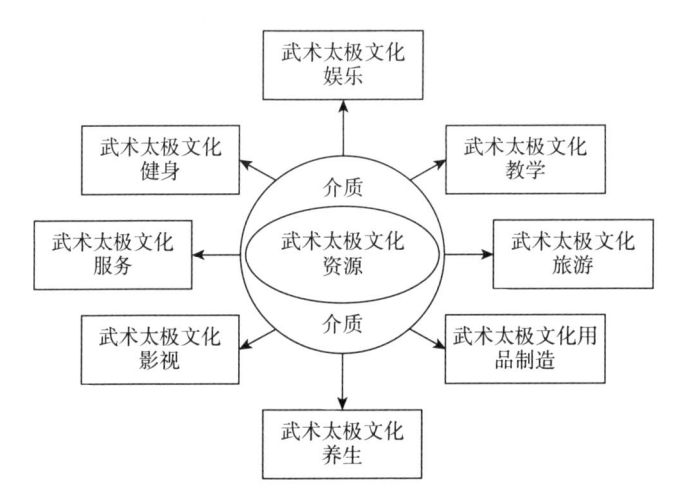

图 5-8　武术太极文化品牌模式

城市传统文化特色、彰显城市文化个性方面具有不可替代的价值。成都借用太极文化资源，汇入成都人的独创精神，让成都的太极文化实践走在全国前列，为成都打上了太极的符号烙印，形成了区别于其他城市的独特文化标志。

虽然我们在讨论城市建设与太极拳之间的关系，但需要强调的是，太极拳文化资源并非仅能与城市建设相结合，它还可以在很多方面发挥出意想不到的功效。有学者指出，太极拳中蕴含阴阳平衡、物我一体、虚实相生、刚柔相济的太极哲学内涵，与现代儒商追求的精神境界不谋而合，太极拳也成为现代儒商强身健体、修身养性的实践方法，其对太极文化精髓的自觉吸收，必将丰富自身的精神内涵。[①]

全球化时代，城市之间的竞争在根本上表现为文化底蕴与品牌的竞争。因此，在城市扩张、重商主义盛行的形势下，城市文化能够立足于经济大潮之中，并引领城市经济社会发展，关键就在于对特色文化的把握。太极拳是依托于太极哲理而创生的，是太极文化形而下的直接表现。太极文化是中国传统文化儒、释、道的核心、灵魂与主干，其文化基因

---

① 仇学琴、宋笑宇：《论儒商精神中的太极文化》，《现代管理》2018 年第 2 期，第 107~113 页。

是原始的阴阳思想。大儒周敦颐在《太极图说》中说道："无极而太极。太极动而生阳，动极而静，静而生阴，静极复动。一动一静，互为其根。"与太极一体的阴阳并不只是孕育出了先秦时代的阴阳家，它在踏出了夏商周神学天道的迷宫后，一方面被儒家所吸收而为"易"学，由先秦孔孟儒学发展为汉唐经学，继而为宋明理学；另一方面又被道家所吸收而为"道"学，由先秦老庄之学发展而为魏晋玄学，继而为隋唐道教丹学。《易经》与《道德经》是中华太极文化的两大元典，而"太极"与"无极"也就分别成为构成太极文化两大"板块"的儒家易学与道家丹学的象征符号。① 对太极拳文化的创造性转化，可以使这些经典文化成为城市发展过程中的无形资源，可以有效提升城市的知名度和美誉度。同时，通过品牌营销，也可以收获文化及经济意义上的可观价值效益，推动城市品牌的进一步发展。

作为中华优秀传统文化的代表，武术太极文化具有独特的影响力和吸引力。通过上文的分析，我们看到了太极文化在"太极蓉城"建设中的支点价值，以及彰显出的文化自信。"太极蓉城"也为我们展示了传统文化经过创新之后与现代城市文化的融合共生。事实上，城市文化说到底还是每一个城市个体所组成的市民生活文化。围绕市民日常生活做文章，武术文化资源才能最大限度地为城市发展所用，才能使城市文化品牌增值，使城市品牌的塑造和提升迈向高速路。城市文化品牌的塑造只有强化城市的"魅力与特色"，才能发挥城市文化品牌建设对经济增长的"乘数效应"。② 对武术文化资源进行开发的城市并不只有成都，河北邯郸、河南焦作、河北沧州、海南三亚等都有大手笔的开发运作。就文化品牌塑造而言，武术文化资源还是要紧紧抓住人民生活与武术文化资源的价值，才能确保城市物质文明与精神文明的提升。文化作为城市的命脉，是城市实现转型的关键要素。挖掘武术特色文化，将其创造性地融入城市发展的方方面面，才能更有效地为城市集聚更多的文化能量，实现城

---

① 束景南：《中华太极图与太极文化》，苏州大学出版社，1994，第9页。
② 朱占峰、王发曾、赵永杰、张晓东：《城市形象塑造的概念、尝试、问题及对策——以宁波为例》，《现代城市研究》2013年第2期，第120页。

市生活品质提升。

二 创造城市可能的经济增长点

当成都遇到太极,很多有意义的事情也随之发生。尽管其贡献的GDP还微不足道,但太极在成都已然形成了结构性的产业链,新的经济增长点逐渐发育并成为可能。作为一种兼具深厚文化积淀和现代价值的文化资源与健康运动,太极拳与城市的融合正成为一个朝阳文化产业。越来越多的政府部门、社会组织机构把目光聚焦到太极拳上来,太极拳正显示出它的经济附加值。近年来,由国家体育总局武术运动管理中心主办的太极拳相关比赛成为数量增长最快的赛事之一,各地政府部门争相承办太极拳相关比赛。海南三亚更是斥巨资连续打造了三届"世界太极文化节"。随着健康中国战略的提出,太极拳的健康与康养价值也逐渐引起了社会的广泛关注。这都为太极拳发挥经济价值奠定了基础。以"太极蓉城"为例,成都改变了武术太极文化资源的原有结构和模式,增强了对武术太极文化资源的资本转化能力,开启了武术太极文化资源向产业化发展的新征程。太极进校园、进社区、进公司、太极嘉年华,以及各种系列性的太极比赛等,形成了以"太极蓉城"为龙头的武术太极文化产业链(见图5-9)。太极拳已经不仅仅是一种武术技术,它真正被视为一种产业文化资源进行开发,得到了更加合理有效的利用。"太极拳+"和"+太极拳"理念,让武术太极文化资源与其他社会资源合理嫁接,转化成了武术太极文化资本,发挥出了武术太极文化资源潜在的经济价值。

2018年12月21日国务院办公厅发布的《关于加快发展体育竞赛表演产业的指导意见》指出,发展体育竞赛表演产业对挖掘和释放消费潜力、保障和改善民生、打造经济增长新动能具有重要意义。近年来,我国体育竞赛表演产业快速发展,已经成为推动体育产业向纵深发展和建设健康中国的重要引擎。[①] 武术文化资源对于城市建设的意义正像这个文件所阐释的一样,对武术太极文化资源的利用和开发,就是对武术太极文化资源的

---

① 《国务院办公厅关于加快发展体育竞赛表演产业的指导意见》,中国政府网,2018年12月11日,http://www.gov.cn/zhengce/content/2018-12/21/content_5350734.htm。

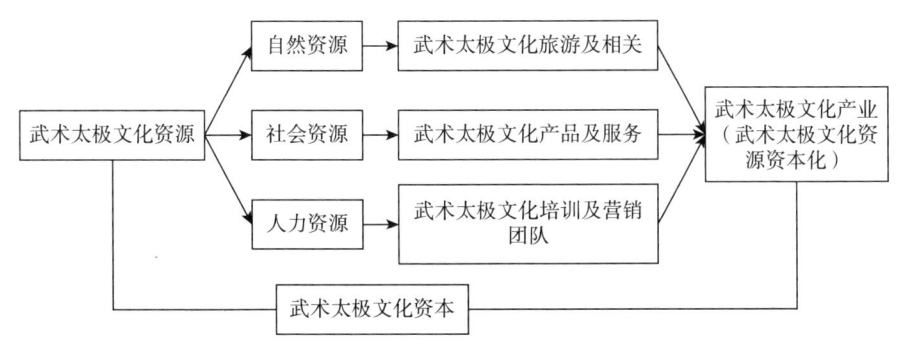

```
                  ┌─── 自然资源 ──→ 武术太极文化旅游及相关
                  │
武术太极文化资源 ──┼─── 社会资源 ──→ 武术太极文化产品及服务 ──→ 武术太极文化产业
                  │                                                (武术太极文化
                  └─── 人力资源 ──→ 武术太极文化培训及营销                资源资本化)
                                    团队
                  └──────────── 武术太极文化资本 ──────────────┘
```

图 5-9　武术太极文化产业链

再生产和再创造，可以推动武术文化产业向纵深发展。武术太极文化资源与其他资源相结合形成了各种相关产业，如武术太极文化旅游、武术太极文化产品、武术太极文化教学、武术太极文化影视等，这些新的文化产业完善了成都体育产业的结构模式，对成都体育产业的进一步发展具有积极意义。太极拳与医疗、保健、预防等康养产业有着天然的密切联系，在文化强国与健康中国战略思想框架下，武术太极文化康养价值将更加受到人民群众的青睐，并将越来越深刻地影响人们的生活。与健康中国的结合，让武术太极文化资源发挥更大的作用，也为武术文化资源向经济资本转化带来了更多可能。

三　传承中华太极文化

尽管太极拳的历史并不是十分悠久，但发展势头却十分迅猛，现在已经成为被全球数亿人口所接受和参与的一项时尚运动。在武术史中，甚至是整个人类体育发展史中，太极拳的诞生都是一个具有重大意义的事件。太极拳又被称为"哲拳"，它最大限度地吸收了中国古典文化的精髓，以至于形成了自身完整的拳论。太极拳以肢体语言表达了对宇宙、生命以及天人之间关系的哲学思考与理解。太极文化随曲就伸、借力打力、以退为进、以柔克刚、后发先至、曲中求直、舍己从人、阴阳相济的思想对我们解决当前人类面临的一些共同难题，比如资源枯竭、生态危机、人类自我中心主义等都具有极大的启发意义。同时，太极拳尊重生命、崇尚自由、透视心灵，在练武中升华生命的真义，具有坚定的养生追求，这对缓解人类在高度城市化中面临的精神压力也有着积极的功效。

"拳起于易而理成于医",太极拳是依托太极思想而形成的一项运动,因而也是中华太极文化的最直接表现。"万物负阴而抱阳,冲气以为和""道生一,一生二,二生三,三生万物"的"道本论"为太极拳提供了本体论支撑;"反者道之动""弱者道之用""无为而无不为"的阴柔应对方式,给它提供了方法论原则;"返璞归真""自然无为"的发展走向,则成了它的价值坐标。① 太极拳融摄了阴阳变换的太极大道,因此也具有了"与天地万物并生"的全息对应特征。太极拳不仅是中国优秀传统文化的化身,同时作为一种身体活动和独特的人体文化符号,它能够全面地反映出中国人特有的思维方式、文化精神、行为逻辑以及审美情绪。因此,将太极拳文化深度引入城市建设进行普及推广,在文化传承上就具有非常重要的意义。

四 弘道养生,哺育城市文明

城市是文明的象征,随着现代化进程的加速,城市文明也在负重前行。这主要表现在以下几个方面。第一个方面是"城市病"越发严重。城市病主要是指高度城市化过程中出现的一系列影响城市发展的社会问题。② 它有一些具体表现,如环境污染、交通拥堵、秩序混乱,水源短缺、房价虚高、需求矛盾加剧、管理失衡等。如果说这些只是城市病的表征,那么就涉及更深刻的第二个方面,即形态失彩、文化失忆、伦理失温、生态失衡。③ 这些文明问题将会成为城市发展的隐患。此外,诸多研究只是看到了城市的光鲜一面却忽视了城市给人、给生活带来的苦难,即身体健康的损伤、人心的冷漠、精神的焦虑与失序。繁华的都市中隐藏着高度工业化与现代化带来的心灵空虚、孤独、焦虑与恐惧问题。城市发展所带来的资源匮乏、环境恶化、健康失衡等这些问题,正使城市中的人们面临生存危

---

① 阮纪正:《拳以合道——太极拳的道家文化研究》,上海人民出版社,2009,第 2 页。
② 陈友华:《理性化、城市化与城市病》,《北京大学学报》(哲学社会科学版) 2016 年第 6 期,第 109 页。
③ 樊和平:《从"城市化"到"城市文明"》,《新华日报》2017 年 9 月 22 日,第 17 版。

机与挑战。

太极拳在城市的大发展有着深刻的社会动因，其中最为重要的便是它能够为现代社会所遭遇的城市病提供一剂良方或者启发。太极拳不仅是一种技术性的武术，更是一种重在弘道养生的生命哲学。《周易》说"天地之大德曰生"，这正是太极之道。从生成论理解，在太极拳的操练过程中，能够体悟到天人合一、体用兼备的即像明体。这种生命哲学体现的正是内在的人与自然和天地之间，以及人与自我以及他人之间的道德和价值的和谐统一意义。这正是人的生命价值之所在。荀子曾说："人有气、有生、有知亦且有义，故最为天下贵也。"通过太极拳身心合一地习练，人们能够清晰理解身心活动进而把握和感悟万物一体与天人合一，这种内向体验在一定程度上能够抑制城市病的产生。

人之生命是一个整体，在与"他者"的联系和能量互换中化育万物。所谓"人身小宇宙，宇宙大人身"，太极包含适时、循序、当位、得机、就势、合度、中节等方面的平衡机理。太极养生便是要做到不可背时、乱序、错位、失机、逆势、无度、乱节，以保养性命。天人合一的观念让太极养生体现为既要养人又要养物，"参天地、赞化育、夺造化"，把历史使命、社会责任、环境生态、个体长寿融为一体的"民胞物与"。太极康养文化秉承着把个体生命与自然生态和社会道德合而为一的价值追求，生发出了热爱生命—重视生理—保养精神—顺应自然—修德养性的整体养生观，这恰恰是城市发展所需要的文明的人性光辉显现。

第五节 "太极蓉城"折射出的武术文化资源的转化困境反思

成都对武术太极文化资源的开发利用，让我们欣喜地看到了武术文化资源在城市建设中的价值所在。但是当时间走到2017年的时候，成都斥巨资打造的"太极蓉城"逐渐升级为"运动成都"。其中，太极拳作为运动成都的部分内容进行重组。

运动成都的崛起昭示了城市管理者思路的变化，也暴露了城市经营中武术文化资源创造性转化存在的些许问题。笔者连续六年跟踪观察成都与太极的关系，虽然没有先知先觉的能力，但多少也预测到了这样的发展态势。我们不难发现，成都相关管理者对太极文化内涵的理解并不是十分透彻，而是满足于用一系列的太极活动制造出繁荣的景象。他们并没有将太极文化上升到形而上的高度，仍然只是停留在术的层面来思考问题。领导层的换任以及急功近利的政绩观导致相关管理者对太极拳与成都城市历史与文化的完美融合缺乏长远规划。这种重形式轻内涵的文化资源转化与建设注定难以形成集群效应，更无法长久。

政府以及很多相关人士对于武术文化资源的态度，多是利用大于保护，这也是文化资源开发过程中普遍存在的一个问题。在成都，尽管太极拳有非常高的民众参与度，但政府和民众都很少深度研究"太极蓉城"，高级别学术专家的缺席更是导致了项目实践的浅薄。综观整个过程，对武术文化资源保护的意识始终没有凸显出来，也没有建立完整的、在保护基础上的开发利用机制。比如，作为成都太极拳的开山鼻祖，在成都有着扎实群众基础的李雅轩太极拳，尽管早在2011年就被列入省级非物质文化遗产名录，也是国内第一个申遗成功的太极拳流派，但在"太极蓉城"建设中一直处于缺席状态。这多少让人有点难以理解。成都太极的历史根源于李雅轩传播的太极，对这一点的忽视直接切断了"太极蓉城"的历史根脉。历史会告诉我们要走向哪里。本土武术太极文化资源的缺席显示出地方政府对武术文化资源不够重视，保护力度小。

不但如此，在"太极+旅游"和"太极+养生"上的短板，多少也加速了"太极蓉城"项目转型。成都是国际著名旅游城市，也是养生文化胜地。成都优越的旅游和养生资源与太极对接必将能够创造出为人们所喜爱的文化产品，使武术太极文化资源更为深入地资本化，并提高其产业化水平。但是我们并没有看到"太极蓉城"在这两方面有很好的策划与落实。脱离本土资源的任何创意都难以实现长久的繁荣，这也给武术文化资源的创造性转化敲响了警钟。

在建设国际性都市的过程中，要给城市注入文化内涵。从"天府之都""熊猫故乡""休闲之都""美食之都""东方伊甸园""太极之都"

等城市文化品牌的更迭来看，也许变化的只是政府工作报告中的文字而已。只要太极文化能内化于人民群众的日常生活，就像茶馆文化之于成都一样，其神韵和个性就不是随意便能够被清除的。太极拳仍然是成都人民喜爱的休闲健康的运动项目，这一点在本质上并没有被改变。

第六章
区域武术文化资源与地方社会发展

地方社会是在一定的社会地域文化基础上形成的社会，其形成与地域的社会经济运作模式、相关的国家行政制度以及市场体系等密切相连。①学术视野内的"社会发展"在20世纪早期开始流行，发展至今，不同学科、不同流派甚至不同学者对其解读不同。在社会科学中主要涉及两方面的解读：一是社会本体（结构、制度、关系、机制等）的变革，二是社会活动能力（适应能力、生产能力、符号沟通能力、情绪调节能力、个人自由发展能力等）的提高。社会发展是一个综合性的概念，指的是社会的整体性发展，主要由经济发展、政治发展、文化发展和人的发展等各方面构成。因此，地方社会发展是针对地方性社会总体状况而言的，它涵盖了在一定地域文化影响下形成的经济、政治、文化以及人的发展等方面。

武术文化资源在地方社会发展中拥有举足轻重的地位和作用。一方面，武术文化资源能够促进地方社会经济的发展。比如，以武校为主的少林武术教育产业成为河南省登封市的支柱性产业，对其经济发展起到了有目共睹的拉动作用。同时，武术文化资源还能够有效地在地方社会文化知名度提升上起到积极的作用。近年来，利用武术文化资源提升地方知名度的例子不胜枚举，比如海南斥巨资打造的"世界太极文化节"、四川峨眉山市打造的"峨眉国际武术节"等。

---

① 周大鸣:《从地域社会到移民社会的转变——中国城市转型研究》,《社会学评论》2017年第6期。

武术文化资源与地方社会对发展之间并非单向的关系，而是双向的互动。地方社会在利用武术文化资源的同时，也对武术文化资源进行了力所能及的重构与整合。其目的重在进一步加强与当地武术文化资源的联系，使其价值出现增量效应，以带动当地社会经济与文化的发展。

第一节　中国武术文化资源的区域聚集

在区域的表现上，中国武术文化资源呈现了多种形式的聚集。通过聚集，武术文化资源积累了一定的资本属性，进而在开发的过程中形成了对地方社会的促进作用。武术文化资源的区域聚集形式较为多样，本研究分析认为，可以将其主要分为名山大川式聚集、村落式聚集、历史性聚集、宗教式聚集、行政区划式聚集五种模式。

一　名山大川式聚集

名山大川式聚集是地域性武术文化资源聚集较为常见的形式。武当、峨眉、青城等武术的主体分别位于武当山、峨眉山、青城山区域，这些大山都是文化圣地，有着丰富的自然与人文资源，依托于此，形成了"武以山名"的文化资源聚集形态。

为什么武术文化资源会形成名山大川式的聚集？这是我们在探讨这一文化现象时不得不思考和回应的焦点问题。从文化整体性的角度看，这些武术文化与名山大川文化是有机的结构共同体，并且这些山川文化为武术文化的生长提供了必要的文化养分。换句话说，在某种程度上，相关的武术文化是这些名山大川文化的内生性文化之一。比如，在武当、峨眉、青城等武术中，它们直接得益于武当山、峨眉山、青城山中僧道文化的孕育。例如，峨眉十二庄是峨眉武术典型的功法之一，它是由南宋末年峨眉山临济宗白云禅师所创。[①] 武当武术则由武当山张三丰道士开创。郝勤先生在《道教与武术》一书中对道教文化与武术深厚渊源关系的深刻阐释也

---

① 傅伟中：《峨眉临济气功——峨眉十二庄述真》，北京体育学院出版社，1988，序二。

为本观点提供了佐证。

从时间的角度看，武术文化资源对名山大川的聚集远远落后于这些山川成名的时间，因此这种聚集更多表现为一种对既有文化品牌的依附关系。品牌的一半是文化。① 武当、峨眉、青城等山川皆因有宗教因素早早成名，为"洞天福地"。武当山在道教七十二福地中居于第九位，且有"太岳""玄岳""大岳"之称，唐以后便为历代皇帝所重视，明代更是为皇室家庙，可谓早已声名显赫，文化内涵深厚。青城山为道教第五洞天，峨眉山在道教三十六小洞天中位列第七。不但如此，这些山川在一些文化名人的造访与助推下，更是驰名于海内外。传播学研究认为，人心作为如今大量资讯的防御物，过滤、排斥了大部分资讯。一般而言，人们只接受与其以前的知识与经验相吻合的资讯。② 因此，我们在运用这些武术文化资源的过程中，不是去创作某种新奇或与众不同的事项，而是去操纵已经存在于心中的东西，去重新结合已经存在的联结关系。③ 彭元植表示，因为峨眉山是坐落在四川省内的名山，四川武术便被一些人冠上了峨眉之号。④ 为了获得足够的社会地位与名分，将民间武术与名山大川之间建立起密切的关系是民间武术文化资源聚集的常用策略，以此达到借名传播的目的。这种建构是人类复杂的文化创造行为，其中既有个人的作用，也能够发现社会与政府的影子。

在探讨武术文化资源与名山大川的关系时，我们不能忽视它与武侠小说文化之间微妙的关系。武侠小说虽然为虚构的文化产品，但它对人们日常生活的影响力却不容小觑。众所周知，近年来常常见诸媒体的青城武术到20世纪90年代以后才在社会上崭露头角，并为人们所熟知。在此之前，

---

① 陈培爱主编《新闻传播精品导读 广告与品牌卷——案例精解》，复旦大学出版社，2005，第279页。
② 〔美〕艾·里斯、杰·特劳特：《广告攻心战略——品牌定位》，刘毅志译，中国友谊出版公司，1991，第3页。
③ 〔美〕艾·里斯、杰·特劳特：《广告攻心战略——品牌定位》，刘毅志译，中国友谊出版公司，1991，第1页。
④ 彭元植口述，程大力整理《解放前的四川武林和我的习武生涯》，载中国人民政治协商会议四川省委员会文史资料研究委员会编《四川文史资料选辑》（第三十九辑），四川人民出版社，1991，第109页。

武侠小说家还珠楼主的《蜀山剑侠传》《青城十九侠》等作品中所描写渲染的青城派武术，为其进行了重要的宣传。金庸先生更是在没到青城山考察的情况下，在《笑傲江湖》等作品中刻画了武侠文学意味浓厚的青城派武术。因金庸笔下的青城派是反派，而且随着电视与电影媒介的大肆传播，"反派青城"更是成为现实中人们对青城武术的刻板印象以及代表性的传播符号，为此他还专门去青城山向真实的青城武术传承人表达了自身作品对青城武术所造成负面影响的歉意。武侠小说对真实武术的影响之深可见一斑。事实上，峨眉、武当、崆峒、昆仑等当今所流行的诸多武术流派，都或多或少地从武侠文学中获得过启迪，并以此进行自身的社会资本转化。

二 村落式聚集

以村落为中心的资源聚集是中国武术文化资源聚集的重要形式之一。村落是以地缘为空间纽带所形成的具有一定规模的聚居生活方式。在中国武术发展史上，为了保护自身安全，并不缺少村民大面积习武的现象。传统村落中时常出现的官吏不能治、政府无法禁绝的"械斗"更是为习拳练武创造了必要的环境。[1] 清末，有些村落甚至秘密结社传播武艺。"义和拳"盛行之时，山东茌平县内就有拳场八百余处，几乎村村有拳场。[2] 当代，尽管很多村落在城市化进程中不可避免地发生了变迁，但有些村落中的武术文化资源不但依然传承与盛行，还形成了一定的品牌，比如西樵武术、陈家沟陈氏太极拳、孟村八极拳、冀南梅花拳等都是这方面典型的案例。因此，村落是武术文化得以传承发展的重要社会组织形态之一以及武术文化资源聚集的空间单位之一，同时武术文化资源对村落的发展也产生了积极的作用。

村落是武术文化资源的一种空间结构性要素。在中国社会构成中，村落是社会基层组织单位和行政单位之一，村落文化在整个中国文化中具有举足轻重的地位。村落的形成历史悠久，是社会文明形成与进步的重要标

---

[1] 程大力：《中国武术——历史与文化》，四川大学出版社，1995，第12~17页。
[2] 国家体委武术研究院编纂《中国武术史》，人民体育出版社，1997，第303页。

志之一。在不同的历史发展阶段，村落的社会影响力不尽相同，其对民俗、礼仪、道德、生活方式等文化传承以及社会稳定都具有不容忽视的影响。在村落环境下，以村民为主要参与对象，自在的或含混着防身自卫、强身健体、休闲娱乐等目的所进行的武术活动构成了所谓的"村落武术"。

目前，村落武术文化资源已经初步引起了学界的关注，一批研究成果应运而生。例如，陈威、赵先卿、王舜对武术之乡沛县武术的阐释、[1] 陈永辉和陈勤对湖南新化梅山武功的探究、[2] 乔凤杰和贾亮对河南温县陈家沟太极拳的解读[3]都是这方面的例子。不同学者对村落之中的武术文化资源的传承与变迁的探究呈现了村落武术文化资源多样化的面相。但不管怎样，武术在村落的聚集是村落民众日常生活的重要组成部分，不管是作为曾经的求生手段，还是作为后来的谋生与营生手段，武术恰恰书写了武术文化资源之于村落生活的结构性要义。

武术文化资源村落式聚集的形成本身有着深刻的历史文化根源，同时也呈现了连续的现代化变迁。陈氏太极拳在陈家沟的诞生与发展更多表现为农耕文化的孕育，陈王廷的一句"闲来时造拳，忙来时耕田，趁余闲，教下些弟子儿孙，成龙成虎任方便"道破了陈式太极拳在陈家沟得以产生并传承的天机。贵州安顺鲍家屯由大明王朝调北征南戍边屯堡汉人遗民发展而来，其传承的武艺质地古朴，风格自成一派。因其民众皆为"明代屯军之裔嗣"，所以鲍家屯武术应是明代军事武艺遗留在世的一颗珍珠。江苏徐州沛县历史悠久，为全国首批武术之乡。徐州自古为兵家必争之地，沛县任侠尚武之风可以远追先秦兵家遗风，同时也与古代时常因利益纠纷而发生的乡民"械斗"有着深刻的渊源关系。笔者通过对武术文化资源村落式起源的考察不难发现，形成村落式聚集的诱因是多样化的，无法对其进行统一的归因。在村落发展的过程中，武术文化资源随着村落社会文化

---

[1] 陈威、赵先卿、王舜：《近代以来社会变迁下的武术活动——基于一个武术之乡的研究》，《体育科学》2011年第6期，第10~19页。
[2] 陈永辉、陈勤：《对一个地域村落乡土武术的考察与分析》，《中国体育科技》2007年第4期，第43~45页。
[3] 乔凤杰、贾亮：《陈家沟无形资产的开发与保护》，《河南社会科学》2007年第5期，第1~4页。

变迁得以逐渐形成，村落武术的变迁也是武术现代化进程的重要组成部分。

三 历史性聚集

在对区域武术文化资源聚集探讨的过程中，时间是不可忽视的重要维度之一。时间是理解武术文化资源形成区域聚集的最为基本的逻辑。引入时间的维度对于理解武术文化资源在区域空间上的聚集具有极其重要的意义。这里主要包含两层含义：一是时间是宇宙演变的内在逻辑与属性之一，包括武术在内的万事万物都存在其中；二是任何关系都可以理解为时间上的特定关系，武术文化能否成为资源主要取决于某一特定时间内它与人类之间的关系。当武术文化被看成一种能够创造出价值的资源的时候，人们便很容易认识到，时间是实现武术文化资源积累的一种建构性维度。不管怎样，区域性武术文化资源的形成都离不开时间，在某种意义上它总是历史性的。也就是说，武术文化资源的区域性聚集不单单是空间的问题，同时它还存在时间的问题。

武术文化重视历史性。我们通常说武术文化源远流长，这就是从历史性上来理解的结果，并试图在时间维度中找到与现实生活的连接。现存的某种区域性武术文化资源几乎都拥有厚重的历史积淀，比如上文提到的武术之乡沛县的武术就可以上溯到先秦时期。在中国文化中，文化在这个特殊意义上具有的历史性又紧密地与文化的社会性相联系。[①] 区域性武术文化处在整个地方社会结构之中，就要与社区中的人的生活相联系，如果能够被需要或者能够推动地方社会的发展，则会被传承下来，并加以创造弘扬，进而为整个区域集体所拥有。在中国武术文化中，武术文化本身是持续变化的，能否成为资本还取决于变化和创新。这在村落武术从"求生"的武术向"健生"的武术转变创新的过程中彰显得淋漓尽致。能够被接受下来的那些武术文化资源经过积累和创造才形成能够转化成价值的区域文化资本。区域武术文化资源有自己的历史，有历史的继承性，因此在区域

---

① 费孝通：《对文化的历史性和社会性的思考》，《思想战线》2004年第2期，第1~6页。

社会中也呈现了鲜明的传承性。"传承"是区域武术发展的重要议题。

如果说传承是区域武术文化资源时间上的积累与聚集，那么从传承向传播的转向则是区域武术文化资源谋求对历史时间的突破，并在区域空间上获得更多的社会认同以及对历史性的空间延展。区域武术文化资源的创造性转化面临的一个问题即如何走出区域桎梏。在探索武术文化走出去的过程中，冲出区域空间的实践并没有消解区域武术文化资源的历史性，恰恰相反，它的历史性在反复的言说中得到了积极的强化。笔者在田野调查中的感受是，没有历史性的区域武术文化资源难以实现对空间的延展，也难以获得更为有效的资本转化。

四 宗教式聚集

中国武术文化资源的宗教式聚集主要是指围绕着某种宗教文化所呈现的聚集现象，这主要体现在道教与佛教两个方面。中国宗教文化是武术赖以形成发展的总体文化环境中最重要的构成之一。[1] 中国最早的关于武术的分类，是明末清初思想家黄宗羲提出的内外家之说。他在《王征南墓志铭》中说道："少林以拳勇名天下，然主于搏人，人亦得以乘之。有所谓内家者，以静制动，犯者应手即扑，故别少林为内家。"《宁波府志·张松溪传》也称，"盖拳勇之术有二：一为外家，一为内家"[2]。外家拳正是在佛教文化基础上所形成的以刚猛和主动进攻为特色的佛家武术体系，而内家拳恰恰是"反者道之动"，以道家哲学为基础形成了"以静制动""后发先至"的特色拳种。这种分别以佛、道为核心所形成的少林武术和内家拳法皆有重大发展——少林武术获得了"天下功夫出少林"的美誉，内家拳法有"南尊武当"的芳名。少林与武当也成为中国武术的两大象征。

武术以佛、道两教所形成的聚集现象有着复杂的社会成因，而且佛、道两教武术聚集各不相同。道教是唯一发源于中国、由中国人创立的宗教，它始于东汉，以原始多神崇拜为基础，以神仙思想为内核，以道家理

---

[1] 旷文楠等：《中国武术文化概论》，四川教育出版社，1990，第92页。
[2] 曹秉仁：《宁波府志》，清雍正十一年修，清乾隆六年补刊本，成交出版社有限公司，第2372页。

论为指引。道教文化能够体现出中国传统文化的特质，对整个中国社会都有着深刻的影响。因此，鲁迅有"中国根底全在道教"的论断。中华武术对道教文化的吸收与融摄进一步丰富完善了自身的技术理论体系。武术对道教的精神、理论和修炼方法都进行了吸收融汇，并使之成为武术文化的核心内涵之一。道教文化中的主静、太极、八卦、无为、崇阴、贵柔、气论等思想被武术所吸收并形成了"以柔克刚""后发制人""以静制动"的内家技术理论体系。除松溪内家拳外，后世形成的太极拳、八卦掌、形意拳都以道教文化思想为指导。道教修行之法被武术家们成功地转化成为技击法则，正如《太极十三势行功歌诀》中说："转变虚实需留意，气遍身躯不少滞，静中能动动犹静，因敌变化示神奇。"所谓"舍己从人""随曲就伸""彼不动，己不动；彼微动，己先动""天人合一"等都是道教尚中、贵柔、无为、太极等思想在武术中的体现。正是道教思想的融摄使武术产生了全新的格局。

尽管在历史上，道教徒习武并不多见，但这比起道教文化思想对武术的影响似乎微不足道，因此也并不影响武术通过道教形成聚集，其典型表现就是内家拳技术体系的出现与成熟，以及以武当武术和青城武术为代表的当代道教武术。

武术以佛教所形成的黏附与聚集是中国文化的一大奇观。与道教不同，佛教是于东汉时期传入我国的外来宗教文化，以出世、禁欲、苦行、非暴力、不杀生为思想内涵。佛教传入国内后，很快便本土化，成为中华传统文化的一个重要组成部分。与道教和武术的关系不同，佛教与武术之间并没有深入的思想联系，因为佛教的基本教义与武术的原初价值是对立的。这也是除少林寺外的众多佛教寺庙少见有武术修习的重要原因。

少林寺是武术以佛教聚集的特殊案例。在一系列历史的或然因素的综合作用下，武术得以在少林寺聚集并形成了显著的规模，以至于讨论中国武术，言必称少林。少林寺为天竺沙门拔陀于北魏孝文帝时所建，然而从初唐至明前，少林寺并不以武名。直到明清以后，少林寺才出现"武以寺名，寺以武显"的局面，出现了僧兵，并形成了以拳和棍为核心的技术体系。究其原因，禅宗的宽容性和世俗性为武术提供了在寺庙生根成长的环境，少林佛教的内在稳定性与超世俗性又给武术在寺院中长期发展以保障。同时，少林寺僧对武术的传承与弘扬起到了积极的至关重要的作用。此外，少林武术中的一些传说，在特定历史时期也迎合了社会心理的需要。因此，武术在少林的聚集是我国佛教发展和社会因素共同作用的结果。尽管中国武术与少林寺产生了联系，但武术并没有将佛教精神与思想纳入武术技术体系，因此至今也并没有形成类似日本武士道与禅法的有机融合。这一点颇为遗憾。

五 行政区划式聚集

"行政区划"是一个极具中国学术意义且被经常使用到的概念，主要是主权国家根据国家建设的需要，对其领土进行的层级性划分，并建立相应的国家机关，通过配置一定的公务人员对所负责区域进行有效治理。[①] 早在秦朝时期，中国就已经形成了较为完整的行政区划体系。公元前221年，秦始皇以36郡来划分天下，形成了中国最初的郡县制。[②] 行政区是国家权力的空间投影，因此它是一种十分重要且特殊的区域类型。行政区之间相互独立又密切联系的关系造就了"行政区式武术"的出现，比如我们所说的北京武术、河北武术、上海武术、四川武术、福建武术、广东武术等。

行政区划式聚集是由于行政区划对武术文化资源的刚性约束而形成的以行政区为空间的聚集现象，它主要表现出武术文化资源转化中地方政府的权力运行过程、武术文化资源的一些要素跨行政区流动受到很大阻隔、行政武术结构稳定等特征。行政区划式聚集是多种因素的产物，它与以市场化为主导的市场改革取向之间有一定的矛盾。

作为一种特殊的区域武术聚集现象，行政区划式聚集有着特殊的运行规律，主要表现在以下几个方面。第一，行政区内的武术文化资源开发大

[①] 王匡夫：《国家建设视域下当代中国行政区划变革研究》，博士学位论文，吉林大学，2018，第49页。

[②] 周振鹤、李晓杰：《中国行政区划通史·总论、先秦卷》，复旦大学出版社，2009，第48页。

多以各级相应的行政区为基本单元而展开，政府组织是主要牵头方。第二，行政区划式聚集有着特殊的时代背景，即我国由计划经济向社会主义市场经济转轨过程中所凸显出来的区域武术聚集。第三，各同级别行政区之间存在一定的矛盾，表现为同级别行政区之间和不同级别行政区之间围绕竞技武术所产生的利益冲突。第四，在行政区划式武术文化资源创造性转化中，政府与市场二者之间存在特殊的博弈关系。

一般来说，只要存在行政区就会存在行政区划式武术文化资源聚集现象。尤其是在体育服务于政治的大趋势没有被彻底改变的情况下，中国的区域武术不可能完全超脱于行政区而独立存在。虽然武术不是奥运会项目，但已经被纳入了竞技体育利益格局，或多或少地都会受到行政力量的影响与支配，尤其是在对武术文化资源资本转化的过程中，无法避免地要受到政府权力的干预从而带有行政色彩。区域武术文化资源的创造性转化从来都不是个人或哪个门派自己的事情，而是需要依靠强大的行政力量才能够顺利地实现转化的目标。

行政区是作为利益主体而存在的，围绕行政区形成的武术文化资源聚集在某种程度上也表现出一定的利益属性。在围绕竞技金牌所形成的利益格局之下，地方各级政府的利益主体地位不断被强化，武术的行政区划式聚集也处于显性状态。区域利益是理解行政区划式聚集的关键要素，同时也是在当前的行政体制下推动行政区内武术发展的一个最主要的驱动力量。尽管中国体育实行了大胆的改革，但仍然没有完全改变地方体育系统政绩考核中的金牌优先的固有思路，这就决定了行政区划在竞技武术发展上的约束作用。行政区具有空间层次和行政等级两个相关联的重要特征，是严格按照行政等级体系划分的，呈现了逐级相互嵌套的空间格局。① 因此，依托各级行政区而存在的武术发展格局也随之呈现相应的空间嵌套特征，高一级的行政武术的发展离不开次级行政区武术发展的有力支撑。因而，行政区划式聚集也彰显出一定的空间层次特征，并呈现为局部与整体的有机统一。有意思的是，这种利益与武术运动员和家长之间的利益诉

---

① 刘君德、马祖琦：《中国行政区经济理论的哲学思考》，《江汉论坛》2016年第8期，第7页。

求并不一定完全一致。比如，有些优秀的武术运动员在取得优异的运动成绩获得一定的运动员等级后可能选择退役进而进入大学接受教育，而武术管理部门或相应的代表队更希望的是他们能够继续从事竞技训练获得更好的运动成绩。这二者之间的矛盾普遍存在。

中国行政区划式聚集现象早已存在，但是一直被诸多研究者视而不见。在一定程度上，仅仅从文化角度对地域武术进行的分析或多或少地遮蔽了武术依托行政区所形成的资源聚集。这在重庆武术与四川武术的关系中就体现得十分明显。重庆在未被列为直辖市之前，一直是四川省内重要的武术强市，由于行政区划的关系，重庆只能是四川武术的后备资源储备库。但是，重庆成为直辖市后，由于行政等级与空间权力的升级，重庆武术也成为与四川武术平等的独立存在，进而获得了很多之前所没有的利益与资源优势。如果仅仅从巴蜀武术文化的角度出发很难对这个文化现象做出深刻的探讨，同时其中的权力运行也将会被忽视。行政区武术仍将普遍、长期地存在，对行政区划式聚集的关注和阐释可以帮助我们更好地理解特殊的区域武术文化现象。

第二节　区域武术文化资源整合

一　区域武术文化资源整合的概念

分散的文化资源势必无法形成强大的文化合力，因此对文化资源进行整合就显得有所必要和理所当然。英国哲学家赫伯特·斯宾塞认为，整合是指由系统整体性及系统核心的统摄、凝聚作用使若干相关部分或因素合成一个新的统一整体的建构、序化过程。[①] 整合重在建构一种关系，它是典型的系统化与结构化的过程，"整"是"合"的前提，"合"是"整"的结果。整合是一种思维，它有着广泛的应用领域。在社会学领域，主要存在两种资源整合方式，即自然性整合与强制性整合，不管怎样，它都是对某种规则的遵守或建构。在管理学领域资源整合是为了获得更高的效益

---

① 胡郑丽：《文化资源学》，光明日报出版社，2016，第133页。

而通过优化资源配置进行的必要管理调整。

文化资源整合是"整合"理念在文化领域的应用。文化资源作用的有效发挥不但取决于文化资源的数量和质量,更取决于文化资源所具备的整合能力。随着中国文化产业的发展,文化资源整合已经逐渐引起了各方的重视,国家出台的一系列文件中明确了对文化资源进行整合的重要作用。不但如此,在文化产业实践中,整合现象也轮番上演。王胜鹏对文化资源整合实践进行考察后指出,文化资源的整合就是将文化资源的产业化开发作为一个系统,将系统内各种文化资源通过联系、渗透、互补、重组聚集起来,形成合理的结构,实现整体优化、协调发展,发挥整体的最大功能。另外,还要在保持文化资源性质特点的前提下,通过一定的方式和手段,与其他因素一起共同构成一个有机的、完整的整体。①文化资源整合应该从保护、配置、效益等方面进行考量。在保护各种文化资源的前提下,应将文化资源的各种要素进行科学规划和优化配置,让分散的文化资源产生聚合效应,实现文化资源优势互补,从而提高文化资源的整体效益和利用率。②

武术文化资源是中国文化资源的重要组成部分,对其进行整合是武术文化资源创造性转化以达到创新性发展以及产生发展新动能的需要。整合武术文化资源的前提是要明了武术文化资源的种类、数量、特性等要素,整合的目标在于使武术文化资源形成凝聚效应和效益。在武术文化资源整合的过程中,做到对原有资源的保护以及合理开发异常重要。只有在充分尊重、科学规划与合理开发武术文化资源的基础上,武术文化资源的潜在价值才能实现最大限度地运用并产生积极的意义,这对武术文化资源整合能力也提出了要求。

笔者综合上述分析认为,区域武术文化资源整合可以理解为在已有武术文化资源的基础上,进行科学合理的规划与开发,使区域武术文化资源形成结构性凝聚,从而实现区域武术文化资源价值的增量效应。

---

① 王胜鹏:《地方文化资源产业化发展困境及其开发策略初探》,《湖北民族学院学报》(哲学社会科学版)2012年第1期,第57页。
② 胡郑丽:《文化资源学》,光明日报出版社,2016,第135页。

二 区域武术文化资源整合的意义

武术文化资源是活的资源，只有对其进行有效整合才能发挥其价值潜力，使其转化为文化资本，促进地方社会发展。武术文化也是生产力，如果我们不能有效地激发武术文化资源的生命力，而是放任其自由散漫地发展，那将是对武术文化资源的最大浪费。

对区域社会而言，其文化整合能力与文化影响力将直接决定区域经济社会发展的高度。所以，有效整合区域内的武术文化资源可以帮助其形成核心竞争力，推动区域文化品牌的养成以及文化软实力的提升。武术文化资源整合可以激发区域民众的文化创造力，找到文化发展的增长点。但是，从目前武术文化资源发展的现状看，区域武术文化资源并没有实现集聚效应，其整合力度仍然欠缺，在一定程度上，这不利于区域社会文化经济事业的进一步发展。

（一）区域武术文化资源整合是实现文化资源优化配置的积极尝试

区域武术文化资源的有效整合与优化配置与否是推动地方文化事业发展的关键环节。为推动地方文化创新、实现发展目标，区域文化主体应积极思考谋划，结合地方武术文化资源的具体情况以及其他文化资源的客观实在，推动武术文化资源内部以及武术文化资源与其他文化资源的优化对接与提升。当前，我们常常以"武术文化+"来表示对武术文化资源的转化与创新。这是一个很好的概念，但这样很容易忽视一个问题，即武术文化资源内部的优化配置问题。如果没有很好的措施进行内部资源治理优化提升，实现"武术文化+"的创造性转化可能只是一厢情愿与昙花一现。

区域武术文化资源能够实现整合的前提是武术文化资源能够自由流动并有外力推动。在武术文化资源整合的当下表现中，这个外力所指就比较多样化，既有社会个体、企业公司，也有地方政府的参与。其中，能够对区域武术文化资源产生强大影响力和整合力的非地方政府莫属。这主要是由社会主义市场经济体制所决定的，政府的参与可以大大提高区域武术文化资源的优化配置效率。比如，为大力弘扬峨眉武术文化，进一步挖掘整理峨眉武术内涵，充分发挥峨眉武术资源优势，扶持和培育峨眉武术产业,加快推进峨眉武术发展,乐山市政府于2018年印发了《关于加快峨眉武术发展的实施意见》,提出"重点实施发源地、标准化、产业发展、宣传推广、传承普及"五大资源整合工程。随后,乐山市体育总会出台了《关于贯彻实施市政府加快峨眉武术发展的行动计划(2019—2020年)》,以"武术+旅游+文化"融合发展为路径,推动峨眉武术系统化、产业化、品牌化发展,力图将峨眉武术打造成乐山特色体育文化和体育产业的重要支柱以及对外交流的特色名片。在当地政府的推动下,近些年峨眉武术的发展进入了快车道。

在部分地区,武术文化资源俨然已经成为地方政府着力推进文化资源优化配置的抓手之一。地方政府科学决策,从全局全域出发,打通体制机制障碍,加强组织协调能力,使武术文化资源得到高效整合。武术文化资源成为区域文化资源中重要的结构性要素,这不仅在四川地区,在河南、福建、湖北等地都有明确体现。通过对武术文化资源的宏观调控,武术文化成功嵌入地方文化产业链,完善了地方文化产业布局,提高了武术文化资源的利用效率。

(二) 区域武术文化资源整合是对武术的生产性保护

中国武术是中华文化遗产的重要组成部分。武术文化是一种文化形态,同时也是中华民族文化传承的一种方式。事实上,对区域武术文化资源的整合也就是对武术文化实施一种生产性的保护。犹如龚鹏程先生所言,中国武术是传统文化的一部分,其技艺、历史,以及相关联之医、药、文学、艺术、侠义精神等,影响中国人精神世界既深又巨……故它可以说是属于待抢救保存的人文资源,应尽一切力量去推广、传承。①

生产性保护是近年来在非物质文化遗产保护领域中形成的一个概念,它强调通过生产、流通、销售等方式,将非物质文化遗产及其资源转换为生产力和产品,产生经济效益,并促进相关产业发展,使非物质文化遗产在生产实践中得到积极保护,实现非物质文化遗产保护与经济社会协调发

---

① 龚鹏程:《武林大会》,http://blog.sina.com.cn/s/blog_492808ed0102ehyf.html。

展的良性互动。① 区域武术文化资源整合不但涉及对武术文化进行再生产的产品创造，而且包括对武术文化精神的弘扬与传承。应该没有人会否认武术文化资源的生产性特点。武术文化资源是活态性文化遗产，它始终与地方人民的生产生活方式紧密相连，武术文化参与的社会再生产所形成的产品既具备有形的形态又有精神层面的内涵，因而呈现生产性的特点。

武术是一种身体技术文化，武术的传承需要更多的人来习练。对武术文化资源的整合重在推动武术在人群中的普及与推广，如果没有这一过程，以武术文化为核心的产品就不可能产生。因此，区域武术文化资源整合是一种比较典型的对武术进行保护的方式。区域武术文化资源整合是实现武术在其生长或流行地域内得到保护的独特途径。但有必要强调的是，作为生产性保护措施的区域武术文化资源整合的最终追求在于对武术文化的传承与弘扬，尽管它能够带来区域产业品质或总量的提升。但武术文化资源具备一种有限性，它并不是取之不尽用之不竭的资源，因此从这一点上来说，对其进行的资源整合也是一种生产性的保护。

顺着这个思路也引申出另一个值得注意的问题，即对武术文化资源的整合是否会带来对武术的过度开发与利用。从近些年发生的"假武术大师"满天飞的现象看，这种担心并不多余。在经济利益面前，故意吹嘘自己所传承武术的攻击效果，将武术神秘化，这种对武术文化资源粗鄙的利用让传统武术不断被污名化，并受到舆论挑战。一味追求经济效益，势必会损害武术文化资源本身，甚至是消解武术文化。对武术文化的过度开发和利用还有一种表现，即对武术的所谓"创新"。笔者并不反对对武术进行创新，但创造出一些子虚乌有的招式来冠上某某武术的名号是十分危险的。对武术文化资源的整合性创新是在尊重历史传统与武术本质的前提下进行的，在文化意义的生产层面推动武术面向现代的转型，而不是以牺牲武术历史和传统为代价去获取经济利益。

（三）区域武术文化资源整合可以形成多元化的武术文化产业格局

任何事物都不是孤立存在的，武术文化资源整合在强化武术与其他资

---

① 陈华文：《论非物质文化遗产生产性保护的几个问题》，《广西民族大学学报》（哲学社会科学版）2010年第5期，第88页。

源固有关系的基础上也在尝试建构一种新的联系。区域武术文化资源整合是促使武术文化产业形成的重要前提，正是在整合的过程中催生了武术文化的多元产业化格局。

"武术+"或"+武术"可以让武术文化资源与其他文化资源实现互联互通，以此实现武术文化产业的增长。比如，武术与教育的整合诞生了以武校或俱乐部为表现形式的武术文化产业实体；武术与影视的整合，催生了武侠电影、动作电影、功夫片等新的影视艺术样式；武术与旅游的整合带来了新的产业形态；武术与电竞游戏的结合正在形成新的产业增长点；武术与公园的整合产生了武术主题公园产业模式……武术文化资源的各种有益整合，延长了武术文化的产业链，开拓了新的产业增强点，形成了良性的文化产业发展格局。

从全球化的视角看，武术文化资源具有共享性，如果我们不对武术文化资源进行整合开发，它就极有可能被域外国家先行开发使用。这样的例子不胜枚举，比如《功夫熊猫》系列电影就是美国好莱坞使用中国武术文化资源进行创造性转化生产出来的文化产品。我国是武术文化资源的源生国，但是这种资源优势并不代表我国拥有任何产业优势，也没有任何资源产权保护，如果不进行创造性转化和创新性发展以形成具有知识产权保护的文化产品，这种优势就会被别国利用，优势就很可能会荡然无存。

新的武术文化产业平台的形成，得益于武术文化资源整合过程中的碰撞与融合。武术文化资源整合就是要在运作过程中实现武术文化资源与其他文化资源的共鸣共振，进而生发出新的力量。例如，将少林武术与舞蹈以及舞剧相结合的《风中少林》风靡全球，产生了强烈的艺术展演效果。围绕着少林武术文化，河南省还打造了《禅宗少林·音乐大典》大型舞台剧，使其完美地融入了少林旅游文化产业链，成为当地闪亮的文化品牌。这些武术文化资源的创造性转化在文化资源的相互碰撞与融合中实现了对武术文化价值的重构，并被赋予了新的时代意义。

三 区域武术文化资源整合的可能模式

（一）空间上的跨区域整合

区域武术文化资源呈现鲜明的区域属性与特色，一方面使区域武术文化成为一种资源,另一方面这种属性也强化了武术文化资源之间的区隔,再加上各地区行政上条块分割的局限,长期以来,我国各区域武术文化资源之间相对独立,尚没有实现有效的跨区域资源配置。近年来,这一情况略有改观。在市场的推动下,区域武术文化资源各要素流动性增强,跨区域整合初露端倪。

　　武术的跨区域整合主要表现在以下两个层面。一是以政府为主导的武术文化资源跨区域整合。每年,国家体育总局武术运动管理中心和中国武术协会都将牵头组织大量的各种类型的国家级竞技武术比赛,这些竞赛可以视为典型的跨区域武术文化资源整合实践。然而,从价值开发的角度看,这种跨区域整合所取得的效益较为有限。除竞赛价值外,武术文化资源的其他价值并没有得到多少深挖,观赛人数往往寥寥无几,商业开发举步维艰。如果剔除行政保障因素,在市场经济条件下,这一跨区域整合模式可能会受到很大挑战。

　　此外,各地政府在组织一些武术文化活动时对其他区域武术的整合是近些年来的新变化,应引起足够的重视。比如,走出过杨露禅、武禹襄两位太极拳大师的河北省邯郸市永年县从1991年便开始组织"中国·永年国际太极拳联谊会"(自2008年10月开始正式定名为"国际太极拳运动大会"),截至2018年共举办了14届活动,俨然已经形成了文化品牌。这些活动对国内、国外不同地区的太极拳文化资源都产生了较好的聚集效应。首届大会就有来自13个国家和国内15个省份的43个太极组织的309人参加,第二届大会参与人数迅速上升至1400余人,高峰时有2000余人。2018年第十四届中国·邯郸国际太极拳运动大会举办期间,共有来自美国、英国等27个国家的66名运动员和北京、天津、上海等30个省份的1222名运动员参加了活动。[①] 这种由一个拳种所引起的资源整合效应超出了人们的想象,它在推动太极拳发展的同时,彰显了地方文化的魅力,提升了影响力,社会效益明显。

　　二是以社会组织为驱动的武术文化资源跨区域整合。社会组织进行区

[①] 《第十四届中国·邯郸国际太极拳运动大会举行》,搜狐网,2018年10月3日,https://www.sohu.com/a/257597492_164390。

域武术文化资源整合常常具有鲜明的名人效应或拳种特色，即通常由知名人士进行牵头组织举办或围绕某一具体拳种进行。比如，北京大学教授龚鹏程先生就常常以其影响力策划并推动武术文化资源与其他文化资源的对接整合与展览推广活动。2009年，他在山东莱芜组织的"首届中华侠文化节"中邀请了少林、武当、青城、峨眉、昆仑、崆峒、梅花螳螂拳等门派传人出席并做武术展演活动。此后，他又在"2012年第二届中华侠文化节""2013年天山文化周""2016年南京报恩寺武林大会"等活动中陆续组织了几大武术门派的形象展演与技能展示活动，形成了一定的社会影响。杨氏太极拳传承人杨大卫等组织发起的"感恩太极"活动以云南为基地，采取全国各地流动培训形式对各地太极文化资源进行整合。杨氏太极拳另一位传承人杨振铎在美国西雅图成立"国际杨氏太极拳协会"，该组织近年来整合包括中国在内的世界各地的杨氏太极拳文化资源，杨振铎与其子杨军通过杨氏太极拳的标准化推广培训活动为杨氏太极拳建立了"明理、知体、达用"的教学体系，逐渐形成了自身的产业化模式。事实上，类似的武术文化资源跨区域整合的案例不胜枚举。除太极拳以外，其他拳种也较为常见。例如，陕西红拳与四川赵门武术的联合即如此。2018年3月11日，"国家级非物质文化遗产红拳—四川保护推广交流中心"在成都挂牌成立。这个中心得以成立的原因就在于陕西红拳文化研究会与四川省武术协会峨眉赵门武术研究会达成共识，认为四川赵门是红拳在四川的分支，在"天下红拳是一家"的意识召唤下，促成了两地的合作。

（二）领域上的跨行业整合

武术文化资源的跨行业整合也成为近些年来发展的常态。跨行业整合让相关文化资源形成连片发展态势，最终大大推动文化资源之间的协调可持续发展，取得理想的效益。武术文化资源与其他文化资源的紧密结合可以开发出新的产业形态，形成资源交叉发展，进而产生新的文化产业增长点。

武术文化资源的跨行业整合是一种创新性发展的积极尝试。如何跨行业以及怎么跨行业来实现武术文化资源的整合是十分具体的事，在各个跨行业案例中不尽相同。在武术文化资源与旅游产业相结合的过程中，我们发现了政府在其中的强大推动力。以第十四届中国·邯郸国际太极拳运动大会为例，2018年邯郸市政府以跨行业资源整合进行创新，首次推出了"太极+旅游"的形式，将太极拳与邯郸市旅发大会"合一"同期举办。邯郸市政府在操作过程中，实施政府主导、企业联手、媒体跟进的立体化宣传，其规格之高、规模之大，前所未有。邯郸市体育局局长董保军认为，将太极与旅游相结合突破了以往的办会理念与模式，是对广府古城独特资源的充分利用，旅发大会、太极大会的融合必将与地方特色文化相互融合、相得益彰。[①] 跨行业整合实现了一种双赢，甚至是多赢的局面。武术与旅游的结合也是屡试不爽的做法，中国郑州少林国际武术节、中国四川国际峨眉武术节等都是集武术、旅游、文化交流等于一体的大型综合性节会。中国郑州少林国际武术节于1991年首办至今已经举办了12届，中国四川国际峨眉武术节2007年开始举办，也已经连续举办了6届，通过武术文化资源的跨行业整合所形成的这些新节会文化无论是对武术本身的发展与传播，还是对当地旅游产业的推动以及地方文化品牌的塑造都起到了积极的作用。

在武术文化资源的跨行业整合中，其与电子游戏的结合有着辉煌的历史。在电竞成为官方认可的正式竞技体育项目的新时代背景下，武术与电竞的结合也将迎来新的辉煌。在20世纪90年代，拳皇、街霸、侍魂等一批耳熟能详的武术格斗类电子游戏风靡大街小巷，武术格斗类电子游戏曾经是最受欢迎的游戏之一。但是随着技术的升级和开发的滞后，武术格斗类电子游戏发展并没有跟上电竞业态的发展速度，高规格电竞武术格斗赛事稀缺，武术格斗类电子游戏逐渐被边缘化。但是，在当下，即电竞产业异军突起的黄金时代，武术格斗类电竞这一蓝海市场，再次受到越来越多的人关注。例如，2018年9月，来自全球的100余位玩家参加了在西安举办的"FFC终极格斗冠军联赛总决赛"。但遗憾的是，该赛事并非本土武术格斗与电竞赛事的结合，而是北京优时光网络科技有限公司与日本CAP-COM公司就街霸V格斗电竞项目达成的在中国大陆地区的赛事运营。不

---

① 《第十四届中国·邯郸国际太极拳运动大会暨第三届邯郸市旅游产业发展大会答记者问》，《邯郸日报》2018年8月9日，第6版。

过，中国本土武术文化资源被搬上电子游戏的例子也并不稀缺。八极拳与劈挂掌就曾被引入对打的电子游戏供玩家比赛；峨眉枪在近年也通过其传承人凌云而被吸收进电竞游戏——《王者荣耀》之中。武术与电子游戏的结合已经积累了大量的粉丝，拥有着相当深厚的群众基础，相信武术格斗与电竞的结合必将在未来电竞产业的宏大版图中占有一席之地。

跨行业整合可以带来新兴的武术文化产业开发模式。因此，我们要主动打破行业之间的壁垒，加强武术文化与其他行业的交叉融合，在武术文化资源与其他文化资源的结合中找到新的产业增长点，构建协同共生的文化资源体系。

（三）管理上的跨部门整合

武术文化资源的跨部门整合主要是从管理学和系统论的角度提出的整合思路。区域武术文化资源的创造性转化和创新性发展并不是哪一个部门可以完成的工作，往往要多个部门共同参与，无论是在国家层面还是在地方层面都是如此。以举办一场武术比赛为例，它总是要涉及体育、文化、公安、消防、宣传等部门的合作与参与，如果衔接不畅，整个系统就无法运作自如，会直接影响武术文化产品的生产。

在武术文化资源内部也存在跨部门整合的问题。我们知道，在大武术观视野下，武术并不局限于主流的套路和散打两个项目，它还涉及短兵、推手等项目，以及一些国家体育总局武术运动管理中心管理的泰拳、自由搏击、综合格斗等国外武技。所以，在武术文化资源整合问题上，管理不同项目的部门之间也存在跨部门整合的问题。如果各部门之间没有良好的沟通协作机制，就会造成武术文化资源的低效率利用。

在区域武术文化资源整合过程中，最应该引起重视的是武术管理部门与教育部门之间的资源整合利用问题。前文已经探讨了各级教育中武术文化资源的利用问题，武术教育也是武术文化资本化中十分重要的核心性议题。武术在学校推广与传承方面所面临的种种问题与困境，或多或少都与相关部门之间的体制障碍有关。因此武术管理部门、教育主管部门以及学校之间的跨部门对武术文化资源的整合问题应引起足够的重视。

四 区域武术文化资源整合中存在的问题

尽管区域武术文化资源整合取得了一定的成绩,但不可否认的是在区域武术文化资源整合或整合区域武术文化资源的过程中都还存在各种各样的问题与障碍。这些问题的存在,直接阻碍了区域武术文化资源的进一步整合,影响了区域武术文化资源可持续的开发与利用。综合来看,体制性障碍、市场发育程度、法律法规等方面的问题是区域武术文化资源整合过程中存在的主要问题。

(一) 体制性障碍

透过区域武术文化资源整合与开发的种种表象,我们不难发现,阻碍区域武术文化资源整合背后的深层次问题是体制问题。这其中既有文化体制的问题,也有体育体制的问题,还有教育体制的问题。考察美、日、韩、法、意等发达国家的文化资源创新与文化产业发展,会发现这些国家的文化产业、民族传统体育文化产业、民族传统体育的教育传承等都做得十分出色。其中重要的原因就是它们创造出了适合这些文化资源整合发展的体制,扫除了文化资源资本化过程中的各种体制性障碍。以法国为例,法国以"世界的旗手"自诩,1959 年,法国著名政治人物安德烈·马乐侯奉戴高乐总统之命创立了文化部,并开创性地制定了合适的文化体制,奠定了后来法国文化的繁荣基础。另一位文化部部长贾克朗认为文化部的主要功能是随着时势变化的,要不断改进和创造有利于文化活动发展的环境。在他的治理下,法国文化部成为培养法国人民发明与创造的能力,自由表达才华和接受艺术教育的机会,为人民保存国家、地方或各种社会团体的文化遗产,鼓励艺术创作,促进法国艺术文化与世界文化的自由对话的重要机构与体制保障。①

我国长期以来实行的是事业性文化体制、举国性体育体制,以及应试性教育,不重视以武术为主体的体育教育,由此带来的体制弊端在武术文

---

① 〔法〕Pieeer Moulinier:《44 个文化部:法国文化政策机制》,陈羚芝译,台北:五视艺术事业有限公司,2010,导读。

化资源整合中越来越明显。深入剖析武术的文化发展历程，尽管其在新中国成立以后得到了长足发展，但是在武术管理体制机制中仍然存在大量与新时代要求不相适应的地方。"重事业、轻产业"的思维模式还存在，管办分离还没有落实，协会实体化还没有迈出坚实的一步，创新性得不到体现，学校武术教育长期停留在口头上和教材上。此外，武术的发展长期依靠国家财政拨款，缺少大武术观意识，缺乏市场的锤炼，竞争能力不强。在这种情况下，武术文化资源整合的阻力很大，整合的成本也比较高。事实上，武术自身所形成的利益结构也已经成为阻碍武术文化发展的重要因素。

武术文化的大发展与大繁荣亟待进行体制机制改革，破除各种体制机制障碍，创造有利于武术文化发展的体制环境。当下武术生存与发展的经济、文化、教育等社会环境已经发生了深刻的变化。逆水行舟，不进则退。思想僵化则会阻碍武术文化的进一步发展。在文化强国建设进程中，武术文化是大有可为的。武术也应该趁着文化强国、体育强国建设的东风，主动变革体制机制，彰显中华民族优秀传统文化的力量。

（二）武术文化市场发育不成熟

武术市场是指武术产品和武术服务以商品的形式进行交换的场所以及交换过程中所形成的各种关系的总和。武术市场中交换的对象是武术文化产品和武术服务。武术市场是武术文化资源配置的基础方式，武术市场的发育程度直接决定着武术文化产业的发展状态，成熟的武术文化市场有利于武术文化资源的整合。

武术文化市场发育不成熟主要表现在以下几个方面。首先，武术文化生产能力有待提高。武术文化产品以什么样子出现非常重要，它将直接影响到人们对其是否愿意接受或接受的程度。可以说，作为一种文化产品的散打，所用的服装总是无法吸引太多的人参与其中。大多数武术套路表演服的材质都无法适应平时训练的需要，而武术散打的服装更是缺乏美感。不仅如此，我们是否创造出了适合不同人群需要的武术？这也是一个摆在武术文化市场面前的一个重要问题。其次，民众武术文化消费需求程度较低。民众武术文化消费需求是发展武术文化产业的根本动力。目前，我国

GDP虽然位居世界第二，但是人均GDP仍然偏低。各种客观因素限制了民众的消费水平和消费欲望，因此我国社会消费需求实现程度与国际一般水平相比仍然偏低。这不但影响了武术文化创造力整体质量的提升，也制约着武术文化产业体量的发展。民众对武术文化的消费需求以及对武术文化的理解已经成为影响武术文化市场发育的一大瓶颈。从经济学的角度揭示制约武术文化消费的深层次动因，是将来武术文化研究的重要任务之一。最后，武术文化市场机制尚未建立。一方面，武术文化市场还处于被动的局面，规范化的长效的武术文化市场机制还没有建立起来；另一方面，武术文化的知识产权保护还不到位，侵权现象时有发生。此外，武术文物鉴定、交易，以及职业武术市场运作人才缺乏。这些都不利于武术文化产业的健康发展。

开发区域武术文化资源，需要依托发达、成熟的武术文化市场。没有良好的武术文化市场，区域武术文化资源的创造力就很难发挥出来。因此，建立制度成熟、公开透明、监管完善的武术文化市场就显得十分必要。

（三）法律法规不健全

法律法规是文化资源整合利用的保障和前提，综观各发达国家莫不如此。作为中国传统文化资源的代表之一，武术文化资源整合利用方面的法律法规建设还不够健全。

当前，在文化领域和体育领域，一些基本的法律法规体系框架已经形成，这些法律法规都能够适用于到武术文化资源整合方面。但是，随着武舞表演、职业武术竞技、武术电子竞技等新兴交叉行业内容大量出现，现有法律法规的不足也就暴露出来了。例如，外籍运动员到国内参加职业武术散打比赛时往往使用旅游签证。按照规定，这一类型签证在国内不能够领取任何薪水报酬。但是，他们参加的又是职业比赛，往往都是冲着奖金来的。因此，现有法规与职业武术发展之间就产生了冲突和矛盾。又比如，使用某一拳种动作来开发电子竞技游戏，由于缺少知识产权的保护，这种对专有技术的使用就成了法律上的漏洞。

法律法规建设不是一蹴而就的，往往要紧随着形势的发展而改进和完善。随着武术文化的快速发展，相应的法律法规体系也迫切需要进行改进。应当着眼于武术非物质文化遗产保护、职业武术竞技比赛、武术文化产业、武术文化市场管理等相关方面，建立起基本的法律制度和法律体系。与此同时，加大这些法律法规的执行力度，确保相关法律法规落到实处。

五 促进区域武术文化资源整合的策略

近年来，推动区域武术文化资源的整合利用成为武术理论界和实践界探讨的焦点和前沿问题。不但如此，随着文化强国、体育强国战略的深入实施，以创造性转化和创新性发展为动力的区域武术文化资源整合改革也正在深入推进。当前，区域武术文化资源已经成为地方经济社会发展的重要抓手，是地方文化展示的有效平台，是促进地方文化发展繁荣的有效途径。因此，推动区域武术文化资源高效整合已是当务之急。

（一）理念更新：推动区域武术文化资源整合与时俱进

文化资源的利用与社会的进步都需要发展理念的不断创新——包括对固有思维模式的改变、引入新的视角与方法等。在新时期，区域武术文化资源所处的时代背景发生了巨大的变化，传统的整合理念也因此受到了极大的挑战。社会的不断发展使区域武术文化资源整合理念本身就处在一个不断变化的过程之中。在区域武术文化资源与旅游、会展、游戏、教育、城市发展等诸多领域不断融合的情况下，理念的创新就显得尤为必要。区域武术文化正在深入地影响当地人们的日常生活，改变人们的一些生活方式。因此，区域武术文化资源整合理念的创新根植于武术发展的客观实际需要。

在新形势下要想坚持理念的创新，就要在区域武术文化资源整合过程中坚定实施以创新为驱动力的整合策略，加快提高区域武术文化资源整合创新能力。创新是区域武术文化资源整合的首要动力，用发展理念创新来引领武术文化的发展，既十分重要又极其紧迫。区域武术文化资源价值潜能的挖掘关键在于理念创新，这已经在各种区域武术文化资源整合模式中得到了检验。但是理念创新也有一个非常重要的前提，即要清楚地认识区域武术文化资源的属性，做到对武术文化资源各方面的深入分析和全方位理解，如此才能够在整合区域武术文化资源中实现理念创新。在不理解区域武术文化资源属性的基础上的创新容易成为盲目的"创新"，也很难达到预期的效果。

（二）顶层设计：提高区域武术文化资源整合的效益，拓宽整合渠道

做好文化战略的顶层设计，不仅是一个重大的理论问题，更是一个重要的战略实践。① 当前中国对区域武术文化资源的开发与利用是分散的，这对于推动区域武术文化资源整合是极其不利的。比如，在学校武术教育中长期存在的问题就是缺乏顶层设计。庆幸的是，在教育部的推动下，"全国学校武术项目联盟"承担了此重任。接受访谈的专家对加强区域武术文化资源整合顶层设计的认识较为一致。其中，多位专家提出，在文化强国背景下，有必要改变武术文化资源一盘散沙、缺乏指导的资源利用态势，同时通过顶层设计来消解区域武术文化资源整合中存在的诸多不利因素，实现武术文化资源的价值增值。

在顶层设计中要突出区域武术文化资源整合渠道的拓宽。区域武术文化资源整合必然面对政府与市场的双重压力，随着我国社会主义市场经济体制的不断完善，市场在武术文化资源配置中的作用逐渐凸显出来。这就需要在审视武术文化资源原有整合渠道的基础上，建立适应市场化运作的广泛渠道。改革现有整合渠道，发挥市场在区域武术文化资源整合中的"决定性"作用已经成为学界的共识。社会主义市场经济既要充分发挥市场在资源配置上的效率，又要克服其自发性、盲目性和滞后性；既要消除计划配置在微观经济领域的主观随意性，又要肯定其在宏观领域指导经济发展的战略意义。② 在市场化导向下，区域武术文化资源整合的顶层设计就要引入市场机制，尊重市场的规律，拓宽整合渠道，实现市场在区域武术文化资源配置中的重要作用，切实推动武术文化资本化的全面发展。此

---

① 龚茂富：《论中国文化"走出去"背景下的高校来华留学生武术教育改革》，《北京体育大学学报》2016年第10期，第86页。
② 汪强：《论我国社会主义市场经济》，博士学位论文，中共中央党校，2012，第55页。

外,发挥市场在整合区域武术文化资源中的决定性作用,也有利于激发武术文化的创造力,激发各类市场主体的活力,有利于满足人们对武术文化消费的需求,有利于促进武术文化资源利用方式的变革,同时这也是武术文化资源创新性发展的必然选择。①

(三) 守正创新:实现区域武术文化资源整合过程中弘扬传统与注重当代的贯通

在推动区域武术文化资源整合、弘扬民族优秀传统文化的过程中,如何做到在结合当代进行创新的同时又能保住武术文化传统特性与民族文化特色,是创造性转化区域武术文化资源不得不面对的问题之一。中国武术是生发于中华传统文化之中,并形成完整结构功能特征的一个文化系统。习近平总书记指出:"要加强对中华优秀传统文化的挖掘和阐发,使中华民族最基本的文化基因与当代文化相适应、与现代社会相协调,把跨越时空、超越国界、富有永恒魅力、具有当代价值的文化精神弘扬起来。"② 把继承传统优秀文化又弘扬时代精神、立足本国又面向世界的当代中国文化创新成果传播出去,这就要求我们在对武术文化资源的转化坚持文化自信的同时,还要考虑武术文化的当代现实境遇,在传统与当下之间实现贯通。这也正是本研究的立意所在。

区域武术文化资源的整合要考虑对武术文化传统精神价值的传承,在秉承武术的体育功能属性的同时,加大文化属性的开发力度,赋予其时代新内涵,最重要的是开发出为人们所接受和喜爱的新的表现形式,不断增强武术文化的影响力与感召力。区域武术文化资源的创造性转化必须坚持和重视武术的文化传统,不仅是因为这些传统是在历史中形成的规定性,也因为其是区别武术与其他文化资源重要的内涵型文化符号。贯通武术文化资源的传统与当代,既是区域武术文化资源进一步发展的客观需求,也是推动武术文化资本转化的时代选择。

---

① 刘青等:《体育强国建设进程中的体育体制改革》,人民体育出版社,2015,第188~190页。
② 习近平:《在哲学社会科学工作座谈会上的讲话》,人民出版社,2016,第17页。

（四）完善法律：建立与新时代相适应的相关法律法规

进一步完善相关法律法规，是区域武术文化资源整合的内在需求。任何法律的出台总是带有一定的滞后性，这是由立法的逻辑所决定的。因为法律对社会的派生性、法律预测的有限性和相对稳定性与社会无限变动性之间的矛盾运动，必然会造成"昨日"法律与"今日"现实之间的时空差异性及由此引起的法律功能性损伤。[1] 区域武术文化资源整合中相关法律法规的改革与完善也是如此。但是，无论是武术文化事业自身发展的迫切需要，还是国家建设文化强国与体育强国的硬性需求，都要求我们对相关法律法规进行修改完善。这也是依法治国确保相关法律法规适时发展和现实有效的迫切需求。

区域武术文化资源整合方面相关法律法规的修改完善已经取得了来自管理部门、实践组织、媒体、学者等多方面的共识。区域武术文化资源整合中存在的俱乐部武术运动员转会、外籍职业散打运动员到国内参赛、商业性散打赛事中运动员安全与权益保障、武术运动员操守、武术文化知识产权保护等引起了广泛的关注并成为区域武术文化资源整合中亟待解决的问题。现行的相关法律法规已经不能完全适应武术文化市场化、职业化以及现代化的需要，相关法律法规修订亟待进行。

第三节　区域武术文化资源开发的模式

区域武术文化资源开发存在多种模式，基础性开发和深度性开发是区域武术文化资源主要的两种开发模式。其中，区域武术文化资源的基础性开发模式主要有武术旅游模式、武术文化主题公园模式、武术名人故居模式、武术节庆会展模式等。区域武术文化资源的深度性开发模式是以创新为主的开发模式，主要有武术特色小镇模式、武术竞赛表演产业开发模式等。

---

[1] 殷冬水：《法律滞后三论》，《行政与法》（吉林省行政学院学报）1998年第2期，第28~30页。

一　武术旅游模式

与旅游的结合是当前区域武术文化资源开发中较常见的一种开发模式。当武术文化资源与旅游产业相融合时，一种全新的产业模式——武术旅游应运而生。武术旅游模式在运作上主要有两种表现形态：一种是国内某地方将当地所拥有的旅游资源和武术文化资源进行结合而产生的资源产业融合形态；一种是跨国的武术旅游运作——以国外景点或武术赛事为平台，从国内组织人员参与兼旅游的表现形态。

近年来，第一种武术旅游模式活动此起彼伏，多以政府为主要推动力，而且主办区域实现了从省一级至县一级的全覆盖。在国家有关部门和地方政府联合举办的部分旅游节中，我们时常能够发现武术是其中重要的内容之一。我们不妨列举一些例子，比如，天津市举办的"津武荣耀——2018天津霍元甲国际武术旅游节"、河南新乡市举办的"2018第三届新乡南太行国际武术旅游节"、甘肃天水市甘谷县举办的"甘谷县2016年大像山民俗文化旅游节"、甘肃省旅游发展委员会和甘肃省体育局共同主办的"2017中国·平凉崆峒养生文化旅游节暨崆峒（国际）武术节"、浙江省温州市平阳县举办的"2018年第五届钱仓清明文化旅游节"、山东省梁山县的"2018年水浒文化旅游节"、湖南永州市东安县的"2016年首届武术文化旅游节"等。武术旅游模式彰显出武术文化与旅游文化的深度融合。通过"旅游"，武术文化的资源属性得到了强化，开发了新的旅游文化产品，打造了新的文化旅游品牌。这一模式的低水平重复也给武术旅游模式带来了问题——政府助推的武术旅游模式究竟能在多大程度上发展成为可持续的一种产业开发模式？目前来看，在中国经济整体发展的基础上，这一问题的答案尚不清晰。

除了政府，一些社会组织或个人也在积极地推行武术与旅游的深度融合。比如，青城太极传承人刘绥滨及其团队在四川青城山、广东罗浮山、广东巽寮湾、安徽九华山、南极等旅游胜地频繁组织"太极智慧养生班"活动。近些年来这类活动也逐渐增多，显示出社会资本力量在探索武术旅游开发模式上所做的努力与创新。

在跨国武术旅游运作模式中有两种形式。一是以"习拳+旅游"为主的模式。比如，上海的"谢业雷太极拳俱乐部"积极组织学员前往以色列等国家进行太极旅游活动。二是以参加境外比赛为主的模式。比如，国内一些社会组织和公司借助美国、新加坡等发达国家举办的一些国际武术比赛机会组织国内人员参赛，试图将武术与境外旅游进行结合。

综合来看，武术旅游模式还处于起步探索阶段。武术旅游还没有形成一套成熟的商业运作体系、所提供的武术文化旅游商品进行精细化包装的少之又少、缺乏可供二次开发的武术文化旅游衍生品等都是制约武术旅游进一步发展的原因。不但如此，推动旅游业发展的经济动机和所赖以生存的武术文化价值之间也可能存在一定的冲突。武术旅游对武术本身所造成的影响并不都是积极的，它也有一定的负面影响。比如，刻意的武术展演所造成的武术其他价值被遮蔽。而且，有些地方旅游文化节上武术活动对当地旅游的拉动效应也并不明显（媒体报道的放大效应对这一点有一定的弥补）。这些都是武术旅游模式在将来发展中需要注意和解决的问题。

二 武术文化主题公园模式

主题公园是为了满足旅游者多样化休闲娱乐需求和选择而建造的一种具有创意性活动方式的现代旅游场所，是根据特定的主题创意，以文化复制、文化移植、文化陈列以及高新技术为手段，以虚拟环境塑造与园林环境为载体来迎合消费者的好奇心，以主题情节贯穿整个游乐项目的休闲娱乐空间。[①] 世界上著名的主题公园莫过于迪士尼乐园，它所取得的成功直接推动了主题公园模式在全球的普及与扩张。

武术文化主题公园模式则是以武术为特色文化和创意进行资源开发与整合的主题公园表现形式。武术文化主题公园在武术文化资源的开发利用中属于新鲜事物，其出现也是最近几年的事。目前，还较少有学者关注武术文化主题公园。国内现有的武术文化主题公园屈指可数，如东莞石水口中华武术文化主题公园、佛山顺德李小龙乐园、珠海武林源主题公园等。

---

① 董观志：《旅游主题公园管理原理与实务》，广东旅游出版社，2000，第15页。

另外，一批武术文化主题公园也已经签约或正在建设过程之中。现有的武术文化主题公园中的内容主要涉及武术文化呈现、地方武术历史塑造、民俗风情、设备娱乐、餐饮休闲等方面。武术文化主题公园资源开发模式从主题、立体、情境、空间几个维度来阐释武术文化资源的价值，其中，体验参与是获取价值的核心方式。通常武术文化主题的提炼，武术体验项目的构思、设计、情境浸入，公园服务品质等方面是影响武术文化主题公园价值所在的核心要素。

现有的几处武术文化主题公园尚没有达到理想的经营状态，仍存在一些问题。综合来看，特色不突出、体验不深入、产品设计不合理、服务品质跟不上、经营管理薄弱、市场推广乏力、资金回笼慢等几乎是现有的武术文化主题公园存在的共性问题。这些问题的存在直接影响了武术文化主题公园的进一步深度开发，一阵热闹过后，园子逐渐变得冷冷清清，大部分处于亏损状态。此外，已签约和在建的武术文化主题公园中也并非没有问题：有的迟迟没有投入建设，有的则工期持续延长。武术文化主题公园盈利难的关键在于没有跟上游客持续变化的心理需求，以及挖掘武术文化内涵不足。武术文化主题公园在主题表现、设计思路、营造手法等方面缺少令人耳目一新的设计，更有甚者粗制滥造，存在一定的抄袭问题，因此无法成为精品工程，自然也就无法摆脱亏损的结局。

在文化强国、体育强国以及健康中国建设的宏观背景下，武术文化主题公园正在迎来新一轮的发展机遇。要跟上城市化的发展步伐以及游客对该类产品快速进行品质升级的需求，武术文化主题公园需要超越单纯的主题公园概念，要深入挖掘所承载的武术文化的内涵与传统，进一步凸显特色与优势，创新产品研发，增强武术文化的体验感受。关于房地产对武术文化主题公园的涉足有必要强调一点，即这一模式经济上的成功应归功于房地产业的成功，它并不等于武术文化主题公园本身的成功。另外，针对武术文化主题公园的资金问题，政府应在政策上完善投融资机制，应在充分发挥自有资金效应的前提下，广泛吸纳社会资金注入，采取多样化的投融资方式（资源换资、经营权换资、股权换资等）为资金支持提供可持续的动力，以提前规避风险，确保武术文化主题公园的健康发展。

三 武术名人故居模式

武术名人故居是指武术知名人士生前居住过的房屋，它是武术知名人士留下的文化遗产，在武术文化资源中占有独特的地位。在前文对博物馆的讨论中，我们提到了李小龙在中国留下的故居资源问题。除了李小龙故居，中国还有霍元甲故居、大刀王五故居、杨露蝉故居、黄飞鸿故居等数量众多的武术名人故居资源。在文化资源产业化创造性发展下，武术名人故居也成为创新发展的模式之一。

随着人们对武术名人故居资源属性的日益重视，武术名人故居形成了纪念馆/博物馆的保护性开发模式。武术名人故居保护性开发模式实现了对武术文化资源的原生地保护，对传承与弘扬地方武术文化生态具有积极的意义。对武术名人故居的开发，并不局限于对房产资源的修复与保护，还包括对武术名人生前生活环境的还原、使用物品的收藏和展示等方面。目前，对武术名人故居的保护并不局限于纪念馆/博物馆模式，其使用功能也在一定程度上得到了开发。名人故居是对名人精神与文化的继承和延续，是社会生活的载体，也是文化遗产的重要组成部分。①

然而，在对武术名人故居的利用开发中也存在诸多问题亟待解决。比如，武术名人的标准与认定、武术名人故居的选定、相关法律体系缺乏、认定机制欠缺、开发经费捉襟见肘、多数武术名人故居没有得到保护性开发或利用率低等。如何突破困境的束缚，实现社会效益和经济效益的双赢，成为武术文化名人故居保护不得不思考的问题。

武术名人故居具有较高的历史文化价值和社会价值，对其开发策划应超越故居思维、实现文化资源的整合。首先，应广泛宣传武术文化名人故居的独特价值，提高对武术文化名人故居价值的认知度。与其他名人故居相比，武术文化名人故居总体上还没有得到应有的重视，其保护和开发利用程度也不是十分理想。国内外其他名人故居的保护和利用的成功经验和案例都值得武术文化名人故居开发相关部门进行参考。其次，要对武术文

---

① 《名人故居保护为何成难题?》，中国共产党新闻网，2014 年 6 月 30 日，http://theory.people.com.cn/8hn5/n/2014/0630/c40531-25215949.html。

化名人故居遗产进行专项普查并进行相关研究。我们有必要对现存的武术文化名人故居进行普查、整理和建档，摸清全国武术文化名人故居的基本情况。这是保护性开发的前提，也为该文化遗产的保护提供可靠的第一手资料。最后，对武术文化名人故居的开发要跳出故居本身，让武术文化名人故居融入其他文化旅游资源，做到与区域文化资源同行，开发出更丰富的线路和更多样的产品，实现与周边文化资源、旅游资源形成连片整合开发效应。

四 武术节庆会展模式

武术节庆会展模式是指通过传统民族、民俗文化节庆，以及组织会展等形式对区域武术文化资源进行开发整合的模式。比如，我国河北地区的"飞叉会"、福建与台湾地区流行的"宋江阵"，以及龚鹏程先生大力推广的"中华侠文化节"等就是节庆活动中的武术活动。现在，"宋江阵"已经不局限于春节、元宵、中秋等民俗节庆中的表演，它也大有发展成为独立的武术文化展演活动的趋势。近年来，武术文化产业博览会也已经出现。2017年，首届以武术为主题的"世界武术文化产业博览会"在郑州正式启动。据统计，2018年第二届"世界武术文化产业博览会"举办期间，参展企业有200多家，专业观众达15000人次，成交意向达到300多项。[①]2019年第三届"世界武术文化产业博览会"也在郑州举办。

通过节庆会展，武术文化资源得到了一定的综合性开发利用。通过传统节庆活动，武术文化在公共空间中进行了有效的传播，扩大了区域武术文化的知名度与美誉度。博览会经济为武术文化会展经济开辟出一条新的道路。通过节庆会展，武术器材、文化产品以及区域武术文化形象等都能够得到积极的宣传与推进发展，运用商品交易、展位出租、旅游拉动等形式，实现武术的会展经济价值的开发。武术文化资源的节庆会展还是一种准公共文化服务产品，因此在策划这些经济活动的过程中，要注意紧扣时代主题以及武术文化自身的特色，提升文化内涵和产品品质，增强互动和

---

① 张亚萍：《2019第三届武术文化博览会重磅出击》，http://www.qqgfw.com/News_1Info.aspx? News_1ID=35635。

体验,以实现武术节庆会展产业模式的效益最大化。

五 武术特色小镇模式

2017年,国家体育总局办公厅发布的《关于推动运动休闲特色小镇建设工作的通知》将运动休闲特色小镇的定义为:在全面建成小康社会进程中,助力新型城镇化和健康中国建设,促进脱贫攻坚工作,以运动休闲为主题打造的具有独特体育文化内涵、良好体育产业基础,运动休闲、文化、健康、旅游、养老、教育培训等多种功能于一体的空间区域、全民健身发展平台和体育产业基地。[①] 这一文件的出台被认为是助推体育文化产业转型升级发展的重要举措。文件指出,要扶持建设一批体育特色鲜明的运动休闲特色小镇。在这一利好政策的推动下,一批武术文化特色小镇犹如雨后春笋般逐渐开启了签约与建设进程,并成为武术文化资源创造性转化的产业化发展的新模式。

在该文件出台之前,武术文化资源已经开始融入城镇化发展。早在2012年,四川峨眉山便开始打造"四川峨眉山黄湾武术文化小镇",该小镇已于2018年建成并投入运营。不过,武术文化特色的井喷式增长还是主要来自上述国家体育总局政策的直接推动。比如,2017年,"陕西宝鸡金台功夫小镇"就被列入了2017年国家体育总局公布的首批96个运动休闲特色小镇示范性试点名单。随后,"福建福州永泰国际功夫影视小镇""浙江平阳武术小镇""嵩山少林国际功夫小镇""中国功夫钧安特色小镇""湖北武当山太极国际功夫小镇"等陆续进入规划、投资、签约与建设工作,武术特色小镇渐成规模,开发模式逐渐成形。

武术特色小镇成为新型城镇化建设的模式之一,是武术文化资源与房地产、旅游、康养等产业的有机结合,也是武术文化产业化迈向协同、融合和优化发展的必然要求。在这一模式之中,武术文化资源汇聚了更多的创意性元素,武术雕塑、武术展演、武术诗词、武术竞赛、武术养生、武术设施等内容实现了武术文化资源与居民生活的最大限度的联结,为构建

---

① 《体育总局关于推动运动休闲特色小镇建设工作的通知》,中国政府网,2017年5月11日,http://www.gov.cn/xinwen/2017-05/11/content_5192975.htm#1。

产业集聚带来了可能。不但如此，我们也观察到，武术特色小镇成为推动地方社区发展、经济转型和产业升级的重要动力引擎。

在这一模式发展的初期，也暴露了一些存在的问题。比如，用房地产开发置换了原初的产业建镇概念、有村镇无人住、武术特色不鲜明、趋同性建设甚至创意剽窃等。为此，国家体育总局专门发布了《关于推进运动休闲特色小镇健康发展的通知》进行引导。武术特色小镇是以武术文化资源为核心进行创意开发，实现产业转型升级的实践探索。因此，武术特色小镇开发不能脱离独特的武术文化资源这一要素，其关键在于做好武术主题策划和文化内涵的深度挖掘并与社区营造融为一体。另外，中国不缺各种打造出来的小镇，武术特色小镇要想健康可持续发展，必须要坚持产业建镇，打造以武术为核心的产业链，培育武术文化资本集群，最为重要的是将武术文化价值渗透到小镇居民生活的各个领域中。

六 武术竞赛表演产业开发模式

武术竞赛表演产业是区域武术文化资源资本化的重要内容之一，它主要表现为满足武术竞技观赏市场需要，以武术为主要内容组织生产高质量的武术竞赛表演产品的一系列区域性产业活动。武术竞赛表演产业是武术文化产业的核心内容，它对挖掘武术文化资源潜力、提升武术文化资源创造性转化能力、打造武术产业增强新引擎具有重要意义。

近些年来，我国武术竞赛表演产业取得了快速的发展。首先，建立了较为成熟的竞赛体制。在长期的发展过程中，中国武术形成了以全运会武术比赛、冠军赛、锦标赛等一系列完整衔接的赛事为主，以商业性赛事为辅的竞赛体制。大量成熟的体制内赛事为武术人才资源的培养和选拔奠定了扎实的基础。但是，遗憾的是，这些体制内赛事并未带来多少直接的经济效益。关于武术的商业性赛事主要集中在散打方面。商业性散打赛事要追溯到 2000 年的散打王比赛。经过电视媒体的直播，散打王赛事一举获得成功，曾被认为是具有"巨大的现场销售市场开发前景"[①] 的武术产业。

---

① 朱瑞琪等：《中国武术散打王赛制与市场的研究》，《第七届全国体育科学大会论文摘要汇编》（二），北京，2004，第158页。

尽管 2005 年散打王停办，但 5 年的坚守与经营，使散打王赛事培育了众多蜚声中外的散打明星，创造了空前的卫视收视率，同时也为中国带来了散打事业的繁荣。2017 年，中断了 12 年的散打王赛事于 10 月 28 日重新燃起战火，试图恢复往日的市场荣光。也许是中断的时间过于久远，新"散打王赛事"所面对的社会、市场以及受众已经不再是世纪之初的形态，因此该商业赛事也并未取得理想的市场开发效果。这与社会的变迁有很大关系。12 年的中断，让散打王品牌已经被人们淡忘。在这段时间之中，青少年的休闲娱乐方式也发生了翻天覆地的变化，散打王赛事也无法再对他们形成预期的吸引力。一切都变化得太快了。我们也不能够忽视自由搏击、MMA 综合格斗、UFC 等外来武技商业赛事对散打商业赛事的冲击。

其次，武术散打类赛事呈井喷式增长，一些新的赛事品牌正在形成。搜狐网统计，2011 年以来，武术搏击产业保持着 20% 的增长速度，2015 年产业规模达到 220 亿元。① 2018 年，各类武术散打赛事达到 252 场，呈现一个峰值。其中，以"武林风""昆仑决""峨眉传奇"等为代表的武术赛事品牌正在形成之中。

最后，随着新媒体直播的盛行，"直播+武术赛事 IP"的模式正在初见端倪。客户端直播的出现直接改写了武术商业赛事与媒体之间的关系，也催生了新的产业模式。新媒体客户端直播一跃发展成为武术商业赛事的"助推剂"，它让赛事选手与观众实现了在网络空间中的共存与互动。同时，直播流量与付费点播也成为武术商业赛事的新的变现方式。

尽管武术赛事表演产业发展速度惊人，但也存在各种各样的问题亟待解决。比如，市场薄弱、群众基础不好、文化氛围缺失、价值变现困难、品牌赛事缺失、赛事 IP 生存困难等。这些问题的解决与否将直接影响武术赛事表演产业的进一步发展。2018 年，国务院办公厅印发的《关于加快发展体育竞赛表演产业的指导意见》（以下简称《意见》）为武术竞赛表演产业的发展提供了绝佳的政策空间。该《意见》提出，打造武术等具有民族特色的体育竞赛表演品牌项目，到 2025 年实现体育竞赛表演产业达到 2

---

① 《直播+搏击赛事的商业未来》，搜狐网，2018 年 11 月 6 日，https://www.sohu.com/a/273578908_798255。

万亿元的总规模。这势必将进一步刺激和大力推动武术竞赛表演产业的发展。

此外，区域武术文化资源开发中还存在诸如创意产品开发、电子科技创新开发等模式，由于这些模式尚未形成较大的规模，故此处不再一一展开论述。

第七章
武术文化资源创造性转化的模式、机制与路径选择

从2011年党的十七届六中全会首次正式提出"建设社会主义文化强国"战略目标，到2020年党的十九届五中全会明确到2035年建成文化强国时间表的确立，凸显出文化强国建设在我国国家建设中的定位和目标导向。文化强国建设是一个持续性的过程，肩负着以文化繁荣兴盛助力民族复兴的伟大使命，彰显出中华民族在苦难与奋斗历程中积淀的文化自觉与自信。建设文化强国就要激发全民族文化的创新活力，立足当代中国社会发展现状与需求，在创造性转化与创新性发展中解决我们所关心的文化问题。

武术文化是中华民族优秀传统文化的重要组成部分，是建设社会主义文化强国可资利用的文化资源之一。这主要体现在以下两方面。一方面，文化强国建设需要武术文化资源发挥出应有的影响力和自信力。文化强国建设是一个政治话语也是一个务实的文化实践，需要动员包括武术文化资源在内的一切文化资源投入社会主义国家建设，以满足人们日益增长的文化生活需求。另一方面，武术文化资源能够在文化强国建设中有所作为。在文化强国建设进程中，武术文化资源已经成为社会资源的重要构成部分和经济发展产业链中不可缺少的重要环节。武术文化兼具文化属性与资源属性，它主要由有形的武术文化资源、无形的武术文化资源和武术文化智能资源等构成。在人们对武术文化进行创造性转化过程中，武术文化资源

在经济、文化、社会、精神、历史、审美等领域都有了相应的价值增值。

前文对文化强国建设进程中武术文化资源创造性转化的价值发挥做出了深入的探讨和分析，在此基础上，本章将进一步对武术文化资源创造性转化的模式与机制进行提炼，并尝试指出武术文化资源创造性转化的路径选择。

第一节 武术文化资源创造性转化的模式

通过前文的分析我们可以看到，武术文化资源在创造性转化的过程中有多元模式存在。要想实现武术文化资源的创造性转化，有必要对其转化模式进行基于历史与现实的多角度、多类型的把握和理解，以推进武术文化资源创造性转化的深化。武术文化资源在被我们创造并再次融入社会生产过程时，由于各方面的条件差异，以及我们的创造性思维，导致其在各个领域或各个方面形成了不同的模式。基于武术文化资源的现实表现以及前文的分析，我们将武术文化资源的创造性转化模式划分为"文化传承型"转化模式、"文化资本型"转化模式、"文化产业型"转化模式、"文化整合型"转化模式以及"健康转化型"转化模式五种类型。在建设文化强国背景下，每种模式都有自身的合理性。

一 "文化传承型"转化模式

这种模式的特征是特定主体立足于自身需要，通过对武术文化资源的传承、变革、创新，主要将武术的物质、精神等层面的文化传承下去，完成历史的延续和开拓。这种转化模式的注意点更多地集中于武术文化自身的延续与发展，是在解决武术文化自身的冲突和寻求自我完善中发生的，因而表现出显著的内生性和自主性。"文化传承型"模式的转化往往是武术文化主体（拥有武术的特定人或国家）对武术非物质性的和物质性的文化资源基于当代社会需求而做出的传承转化。在基于武术文化传承的转化过程中，并不意味着对武术文化资源要原封不动地继承。除了对一些武术文物的收藏保管，其他方面的传承更多的是融合了主体人才的智慧，做了取其精华去其糟粕的创新性传承。这种转化模式的动力来自武术文化的自我更新诉求，尤其是在建设文化强国的新时代更是如此。建设文化强国是新时代对新文明的呼唤和探求，整个社会各个领域都在创新发展，武术文化必须相应做出自觉或不自觉的回应，与此同时武术文化自身也发生了创造性转化。这种转化模式在历史和当代都有典型的表现。

历史上我们对各种武术技术的传承、武举制度的开创、中央国术馆的开办、武术的各种挖掘整理，以及当代我们建造的各种相关博物馆、将武术纳入教育、开拓武术的表演与实战功能等，无一不是在我国社会转型期进行的对武术文化保守性和发展惰性的改变和超越，以使其保持发展活力，不断适应新时代与新社会各方面的需求。武术文化资源的这种转化模式是伴随着中国社会发展变革而发生的，这里面不仅是对原有武术文化结构的传承，在很大程度上也是对武术文化的内在超越过程，是传统文化面向现代化的转化过程。武术的文化传承凸显了武术的文化资源属性，提升了武术文化资源与中国社会的契合度，推动了武术文化向更有利于自身生存的角度发展。

二 "文化资本型"转化模式

这一模式的特殊性在于，它更多的是聚焦于在学校和社会中的教育和培养。这里的"文化资本"指的是狭义上的布尔迪厄所说的文化资本。前文已述，布尔迪厄在研究教育问题时突破传统资本的概念，提出了文化资本理论。他指出，资本是积累的（以物化的形式或"具体化"的形式）劳动，行动者或行动者小团体可以在私人性即排他性的基础上占有这种劳动时，也能够以具体化的或活劳动的形式占有社会资源。[①] 我们可以看到，人的武术实践活动产生了具体的武术文化资源，这种劳动的积累形成了现实的武术文化世界。这种积累就是武术文化资源存在的原因。

在武术文化资源的"文化资本型"转化模式中，表现出了三种存在形式。一是具体化的转化形式，比如我们把武术称为文化，把武术用在学校

---

① 包亚明主编《文化资本与社会炼金术——布尔迪厄访谈录》，包亚明译，上海人民出版社，1997，第189页。

教育以及家庭教育和个人的自我修炼式的社会化之中，以获得符合社会规范的社会行为和德行。这一过程比较漫长，可能是某一阶段的学校武术教育，也可能是个体穷其一生永无止境的精神修炼，而且需要武术个体亲力亲为得以实现。二是形成了客观化的可以传承的武术文化资本。武术著作、武侠小说、功夫电影、具体的武术器械等在物质性方面是可以传承下去的。我们也可以将其理解成一种武术文化的载体，最为常见的就是某种形式的武术文化产品。三是形成制度化了的武术文化资本。在这一形式中最为明显的就是通过正式的武术教育获得相应的从事武术的某种资格或文凭。这一点并不难以理解，我们获得的武术运动等级资格、段位资格，以及我们通过武术教育获得的学士、硕士、博士学位都证明我们获得了相应的能力和学术资格。这种相应的能力和学术资格是国家政府认证的、合法化的能力，是官方的，因此也形成了一种特殊性和差别性。深入其中，就会看到体制性的权力、自我表达的权利和捍卫武术信仰权利的魔力，而且带有一定的强迫他人接受的特征。

让我们再返回武术教育的范畴中，很容易发现的是拥有更多武术资源的学生能够拥有更多的武术文化资本，比如武英级武术运动员比一级运动员能力更强，获得的社会认可度也更高，武术方向的博士也比同一方向的硕士更容易就业和产生社会影响力。最为明显的是，运动等级越高、比赛成绩越好的武术运动员进入一流大学读书的机会就更大。在社会教育环境中也是如此，比如阅读优秀武术著作越多或者习练的拳种越优秀，个人的品德修养就可能会获得更大的提升。武术文化资源的这种文化资本转化，成就了主体的竞争力和影响力，同时也让武术文化再生产更为高效，也就能够生产出更多的武术文化产品。这种武术文化产品的世代相传和不断积累，又形成了我们所说的武术文化资源，进而周而复始。

三 "文化产业型"转化模式

"文化产业型"转化模式是指对武术文化资源进行产业化运作以赚取经济收入为主要目标的转化形式。这种模式的存在是人们追求经济利润的直接结果。武术文化资源本身不具备产生利润的能力，但它具有潜在的经济价值，当这一价值得到开发时，武术文化资源就向经济资本迈出了坚实的一步。当我们分析武术"文化产业型"转化模式时，可以看到武术文化资源很难在单独或孤立状态中发挥出想要的经济效果。也就是说，武术文化资源产业化转化过程的实现需要必要的前提——创意。这也是武术文化资源产业化转化的最为重要的特征之一。想要发挥武术文化资源的经济价值，仅仅有资金扶持还是不够的，最为核心的是需要投入足够的创意。在建设文化强国的过程中，将武术文化资源与城市发展相结合、与地方社会发展相结合都是十分好的创意体现。

在武术文化资源进行产业化转化的过程中，最能够凸显创意的应当是影视方面。将武术文化融入影视作品已经成为我国文化产业的一大品牌和代表性产品形式。在全球化的条件下，好莱坞以消费时代人们的精神、文化、娱乐需求为基础，以高科技为手段，以全球发行传播为主导的功夫影视已成为这一领域的"领头羊"。毋庸置疑的是，在国内聚集的武术文化资源是最为丰富的，尽管我们曾经也开发出轰动一时并带动整个行业发展的电影《少林寺》，但是在文化和经济全面结合，跨国界、跨行业、跨领域的好莱坞产品《功夫熊猫》面前，不得不败下阵来。原因何在？最根本的还是我们的创意不够，这也就导致难以满足当下大众的文化、娱乐、精神、心理方面的需求。好的创意也就意味着更高的产业附加值。

武术文化资源产业化转化过程中创意的缺失也暴露出我们武术文化资源中人才资源的不足。人才资源所具有的智慧和创意能够将外在于武术文化资源的文化进行吸收转化，进而让武术文化迸发出新的生命活力，推动武术文化形成产业创新机制。任何文化资源都有一定的惰性，武术文化资源也不例外。但是，只要我们稍加考察便会发现，好的创意就能够打破既定的超稳定结构，把武术文化资源引入新的结构，同其他文化要素整合嫁接，进而生产出新的武术文化要素，创造出客观的经济利润。

四 "文化整合型"转化模式

武术文化资源的"文化整合型"转化模式指武术文化资源在转化过程中，吸收多种外来文化形式并对之加以消化融合创新，从而形成一种适应社会需求的文化产品。古语有云,"孤阴不生,独阳不长"。武术文化资源转化过程中的整合是一种普遍的存在,它依赖于对其他文化资源的不断吸收和持续融合,因此也呈现开放性、多元性和包容性的特点。在武术文化资源整合的过程中,需要不断吸收各种其他类型或领域的文化,并使这些文化与武术文化实现嵌入式的结合,因此也呈现一定的选择性特点。并不是所有的文化资源都能够实现与武术文化资源的整合,只有那些具有目标一致性的文化元素才能更好地与武术文化资源实现完美的整合。武术文化资源整合不允许改变武术的自身文化特色,应该坚持以武术文化资源为主的综合创新。

武术文化资源整合的结果会带来"1+1>2"的理想效果。武术文化不断发展的过程就是武术文化资源与其他多元文化不断融合的过程。武术套路并非最初就有,而是到宋代才出现打套子的形式,散打的诞生则更晚,射艺也是在原始射箭基础上形成的,武术与佛教的结合出现了少林寺的"禅武",武术与奥林匹克精神的结合让竞技武术显耀当代……这些鲜活的例子昭示了武术不断吸收其他文化因素,并且使其逐渐积淀成为自身文化遗产的过程。武术被这些外在文化影响的同时,也在塑造着这些文化。这些文化资源要素在融入武术文化资源的过程中,无论想要如何保持独立性,都会在一定程度上融入武术文化资源,进而形成一种基于武术的新的文化形态。正是这种整合式的创造性转化模式,让武术得以获得生生不息的生命力,得以实现与文化强国建设的融通,以至不断绵延发展下去。

五 "健康转化型"转化模式

在本研究的"城市建设中的武术文化资源:太极与成都"部分,我们以太极拳为切入点论述了武术文化资源与健康的融合。这是我们在提炼武术文化资源创造性转化模式时不能够忽视的重要模式之一。这种模式的重点在于通过对武术文化资源,比如太极拳等的利用来促进人们身体健康提高生活质量。它对人类健康的本质诉求极其重视。我们知道武术是杀生之术,但是基于健康诉求不断地对武术进行革新的转化让武术逐渐成为成仁之术，以适应社会的发展需要。这种转化模式一方面立足于武术技术本身，另一方面源于人们对健康的渴望，并适应现代社会的发展要求对原本的技击格斗之术进行了必要的创造性转化和文化再生产。

这一转化模式的代表就是太极拳。"详推用意终何在，延年益寿不老春"说明太极拳与易筋经、八段锦等有异曲同工之妙，其本质都在于"为寿而已"，"亦已除疾，身体轻便"。尽管太极拳保留了丰富的技击含义和功能，但它在当代更多地表现为人们强身健体、延年益寿、自养其生的重要活动。为了寻求健康，人们对武术文化资源进行了必要的改革。武术技击的关键在于快，但是太极拳在慢中寻求一种平衡的真谛。不但如此，人们还将儒、释、道的文化理论融入太极拳，此举让太极拳成为一种更适合修身养性的"哲拳"。近年来，太极拳在国内和全球的流行更得益于它独特的健身功效。武术与健康的结合形成了一种新的文化模式。武术以自身的技术作为根基和框架引入了健康的文化理念，并对这一理念进行了消化和再造，形成了独具特色的武术健康价值观。武术和康养的结合催生了关系人类生活质量和养生长寿的"健康转化型"转化模式。

第二节 武术文化资源的创造性转化："积淀式创新"与"返本开新"

在文化强国建设过程中，中国武术文化资源要实现创造性转化就要采取"积淀式创新"和"返本开新"相结合的合理的资源转化模式。文化强国建设要弘扬优秀传统文化，以实现中华民族的伟大复兴。武术是中华优秀传统文化的代表，武术文化要想助力文化强国建设，必须结合新的时代背景，以科学的态度传承和弘扬其思想精华，对武术文化资源进行创造性转化和创新性发展，使中华武术文化成为涵养社会主义价值观的重要源泉。要实现这种责任担当，关键在于对武术文化资源的创造性转化。

至此，我们已不难理解武术文化资源的创造性转化。武术文化资源的创造性转化是一种关于武术文化资源的生态运作系统，其中包含主体、对象、产品和中介等要素及其相互关系。武术文化资源创造性转化的主体是人本身，转化的对象是武术文化资源，转化的结果是带有各种价值的相关武术文化产品。实现武术文化资源创造性转化的中介是当代中国各种相关文化事业和文化产业。从前文的论述中，我们不难发现，武术文化资源创造性转化并非一种直接的主客二元对立，而是一种鲜活的主客双向生成系统。在武术文化资源创造性转化的过程中，我们能够观察到或感知到行事主体的智慧所在，这种智慧在构成武术文化资源的同时，也表现为推动武术文化资源进行创造性转化的主观能动性。武术文化资源始终是进行各种转化的根基，我们需要从中吸收必要的养分。作为对象而存在的武术文化资源，在某种意义上也并非被动的存在，而是一种富有生命的转化与创新，它会不断地从自发状态走向自觉状态，以满足主体的生活需要，丰富中国社会的主流价值观。

综观武术文化资源的转化过程我们可以看出，不管怎样，武术文化资源的创造性转化始终包含着传承与创新两个内在核心维度。只有处理好这二者的关系，才能实现中国武术文化资源的创造性转化与创新性发展。换句话说，这无法离开中国武术文化资源"积淀式创新"与"返本开新"的辩证统一。

"积淀式创新"强调的是对武术历史的尊重、延续与积累，聚焦的是中华民族源远流长的文化根基。它是中国武术文化资源创造性转化的重要形式，也是中国武术文化在历史上持续不断得以复兴和发展的内在规律。中国武术文化资源在保持历史连续性的基础上不断积淀，并且与时俱进，主动适应时代发展的阶段特性，回应着不同时代人的内在诉求和现实生活需要，以至于达到文化自觉的状态。与"积淀式创新"相对的是"破坏式创新"，这在武术文化资源的转化史上也真实发生过，比如对武术文化资源的生搬硬套和凭空捏造，找不到历史的起点，最后也无法到达转化的终点。相反，"积淀式创新"则让中国武术文化资源无论如何转化，始终都没有脱离武术文化的核心精神，即对道、仁、礼的坚守。无论是对武术文化遗产的保护与传承还是从孔子以降施行的武艺教育抑或是对武术文化的影视化转化，我们所做的不过是对武术文化经典的重新激活与再阐发，体现的是对武术优秀文化传统的守护与革新。正是在对武术文化不断阐发与开创的积累基础上，中国武术才获得了根植于历史传统的持续的自我革新。

"返本开新"是武术文化资源创造性转化另一个重要的基本形式。一部中国武术文化资源转化史，就是一部中国武术文化复兴史。中国武术为什么能够绵延不断持续更新，为什么能够融入文化强国建设并发展壮大，其主要原因就在于它能够以开放的姿态立足自我拥抱外来因素，并适时地调适、重组和更新自我。比如，强调更高、更快、更强的奥林匹克文化相对于注重和谐统一的武术文化而言是一种异质文化，然而当奥林匹克文化被吸收进武术并融合为竞技武术时，这种异文化的涌入并没有动摇中国武术文化的根基，反而是增加了武术文化资源的活性。再如，商业文化与武术文化的结合让武术文化的经济价值得以开发和凸显。纵使如此转化过后的武术文化也并没有成为异化的他者，而是成为帮助人们获得更好生活体验的助力因素，最终又丰富了自身的文化内涵。武术文化资源的开放包容和接纳能力让武术文化创新成为可能。当然，这种创新是建立在为我所用的具有主体性的文化自主性之上的。正是对武术文化资源的不断重构和创造，才给予了其与其他文化资源进行整合的可能。通过资源整合，中国武术文化得以在历史和创造中不断实现自我完善和成长壮大。

"返本开新"并不是简单的"复古守旧"，其要点在于激活武术文化资源中的传统特性，并加入现代的要素符合现代生活的需要。武术文化资源的惰性需要被激活才能发挥出潜在的价值。那些简单续接过去武术文化资源的努力很难实现。从历史角度看，武术文化资源本身就是社会实践和文化意识的产物。因此，必须促进武术文化资源从自在状态走向自觉状态，由僵化的客体对象转化为有生命的主体存在。比如，武术短兵、长兵格斗脱胎于古代战场，其所形成的资源形态只有被激活并被进行适应现代社会需要的改造后才能走向市场为人们所接受和习练。我们无法像古代战场上那样使用短兵和长兵格斗。只有推动武术文化资源自觉参与现代社会发展实践，在这一过程中不断做出符合人们生活需要的自我革新和自我创造，最终上升为武术文化资源转化实践中的主体性因素与精神性支撑，才能真正实现"返本开新"。因此，我们要让武术文化资源参与到当代社会发展实践之中，让武术文化资源走向文化自觉，做到真正的创造性转化。

坚持"积淀式创新"和"返本开新"的转化模式，做到基于武术文化资源本身的传承发展和开拓创新相结合，使武术文化资源与当代的文化强国建设实践相结合，才能让武术文化资源在新时代迸发出超越性的文化力量。

第三节　武术文化资源创造性转化的机制创新

在建设文化强国进程中，各种文化资源之间的交流变得更加频繁，这不仅包括国内的各种文化资源之间的碰撞和对接，还包括国内文化资源与国外文化资源之间的联动。尤其是"一带一路"倡议与"人类命运共同体"的提出，将中国带入了新时代，同时也将武术文化资源置于整个世界的结构性框架之中。武术文化资源面临的转化问题比以往任何时候都更加多维、复杂和深刻。在新时代，要实现中国武术文化资源的创造性转化，就必须在明确世界文化格局变化新趋势的基础上，正视武术文化资源所处的客观环境，积极探索武术文化资源转化的新机制，推动武术文化资源与文化强国建设的深度融合。

武术文化资源的创造性转化机制问题，始终要考虑的还是武术文化资源的传承、利用与创新问题。很长一段时间以来，我们在时间维度上的纵向传承机制方面取得了可喜的成就，但结合空间维度的横向整合与发展还有待深入开拓。武术文化资源转化机制的创造性，一方面体现在历时性的纵向开新，另一方面要强化共时性的横向开拓，要把二者有机地结合起来。毋庸置疑，武术文化资源的创造性转化首先是在自身特定的文化范畴内实现历史积累和代际传承，让其中的核心文化要素突破时空的限制，实现与当代社会的完美结合。

然而，在全球化进程中，武术文化资源的转化必须强化与世界范围内所有其他文化资源的整合，以实现横向的空间突围。尤其在以人工智能、生物技术为主的第四次工业革命新时代，随着科技的进步，快速的社会变迁变得不可避免，不同文化资源间的交流和联系变得日益频繁与紧密。文化资源是复杂的,不同文化资源之间相互联系、相互依赖、相互整合,共同构成了强大的资源场,任何试图脱离其间或一元化的努力与企图都注定无法推动创造性转化的发生。在如此的社会背景下,推动武术文化资源的转化就不得不正视并处理好武术文化资源与其他文化资源之间的整合关系。事实证明,武术文化资源能够在时代变迁中永葆活力和生机的关键在于注重融入社会发展进程,并积极与其他文化资源实现对接和整合。这样做的目的就在于不断地吸收和借鉴其他文化资源的优势和精华,并将其整合进武术文化资源,最终建立以促进人的全面发展为导向的创造性转化机制。

如果我们对武术文化资源缺乏认识、视而不见,或敝帚自珍、拒绝整合、故步自封、僵化保守,其结果必然会导致武术文化资源价值的自我孤立和衰落。纵观中国武术文化资源的转化历史,我们所取得的每一个成就无一不是在开放包容和改革创新中实现的。因此,推动历史悠久的武术文化资源的转化新生,就要深入研究武术文化资源转化的历史规律,总结经验教训,将单一的开发利用转变升级为纵向传承与横向开拓相结合的综合的、立体的转化机制。

我们要建立武术文化的资源观,进一步明确武术文化资源的价值所在。深入理解武术文化资源与其他文化要素之间的密切关系,武术文化资源的创造性转化离不开对其他文化资源的整合,其他文化资源也能够与武术文化资源实现深度的结合。同时,在武术文化资源创造性转化过程中,应当坚持武术文化自身的主体性地位,努力超越搭台配角的刻板印象,突出武术文化特色和个性,树立文化自信,形成多元共生的发展模式。要努力将武术文化资源的转化与培育社会主义核心价值观和传承民族精神结合起来。立足文化强国建设需要,建立武术文化资源转化的立体机制,用世界眼光找到武术文化资源中能够为大众所接受的价值所在,明确未来将走向何方,才能完成创造性转化与创新性发展。

建立基于国家、社区、社团、企业、个体的综合创新机制是武术文化资源创造性转化的未来发展方向。文化强国建设进程中武术文化资源的创造性转化并不是哪一个人的事情,也不是哪一个企业或社区的工作任务,而是一种全社会参与的国家行为，自然也离不开国家的引导和扶持。武术文化资源创造性转化机制需要融合国家、社区、社团、企业、个体等多种要素，实现综合创新与集成创新，在国家的层面上来进行推动执行，才能实现对原有模式的突破。在这一点上，国家体育总局等14部委于2019年联合印发的《武术产业发展规划（2019—2025年）》是一次有益的尝试，武术文化资源创造性转化正成为全社会的关注焦点。尽管如此，我们仍处于摸索的初级阶段，亟待加强顶层设计，消除当前国家体制机制中存在的一系列障碍，统筹武术文化资源领域的各个核心要素，打造有利于武术文化资源创造性转化机制创新的氛围，逐渐形成国家支持、社会主导、个人广泛参与的纵横联结的转化机制。

第四节　武术文化资源创造性转化的发展方向与路径选择

在对当前文化强国建设进程中几种较为典型的武术文化资源创造性转化与创新性发展模式进行讨论，并提出了各自的症结所在与应对之法的基础上，我们还需要明确武术文化资源在文化强国建设进程中进一步创造性转化的发展方向与路径选择。党的十九大以来，党和国家领导人更进一步明确了建设社会主义文化强国、增强民族优秀传统文化创造性转化的重要意义。就武术而言，其文化资源的创造性转化和创新性发展的讨论也达到了前所未有的高潮。对武术文化资源创造性转化的讨论，往往集中于如何对武术文化进行开发与利用，其基本假定是对武术文化发展方向的主观化决定，这样就忽视了对武术文化自身发展规律的尊重。武术文化资源的进一步创造性转化有必要避免这种倾向，进而秉持开发利用与保护建构并举的路向，在转化中实现对武术文化的创新与建设性发展。因此，武术文化资源的进一步创造性转化的发展方向与路径定位于四个基本方面。

首先，坚持文化自信，深度融入文化强国建设进程，为中华民族伟大复兴凝聚武术文化力量。在本研究中，我们观察到当前社会上有一种对武术文化发展与武术文化资源建设不利的论调存在，其典型的表现即对传统武术文化的质疑与诋毁。这种不和谐的音符是对精深的武术文化内涵理解不到位所导致的，同时也掺杂着消费主义的质疑。人们似乎对武术文化不那么自信了，这将是创造性转化武术文化资源需要面对的最大困境。

因此，讨论武术文化资源的创造性转化首要的一点即要坚持文化自信。武术文化是不可替代的独一无二的优秀民族传统文化资源，中华民族复兴进程中的文化强国建设需要从民族文化中汲取能量与养分。武术是中国人民深层次的精神追求和坚守，文化资源的繁荣发展能够增强中华民族文化的影响力，丰富人民的精神世界。此外，武术文化资源的大发展也离不开文化强国建设。文化强国建设为武术提供了绝佳的发展平台、历史机遇和政治话语，武术文化大有可为。在文化强国建设进程中，坚守那份厚重的武术文化自信，方可以为民族复兴凝聚来自武术的特殊精神力量。

其次，既要坚守武术文化传统，又要不断创新，并且融入中国社会的现代化进程。我们在讨论武术文化资源的创造性转化问题的同时，也进一步加深了对武术文化的认知和了解。无论武术文化资源处在怎样的变化之中，我们都没有办法脱离武术文化传统而讨论武术文化资源的创造性转化问题。离开武术文化传统的求新求变，可能会导致悲剧发生。对太极拳的异化便是一例实证。部分地区生拉硬造的武术奇观并没有创造出想要的效益。武术文化资源的转化离不开创新，但创新也要有底线思维。《功夫熊猫》为什么能够成功，究其原因就在于该制作团队对武术文化传统的坚守以及对现代元素的成功植入，实现了武术文化资源在媒介作用下的传统与现代的完美结合。传统与现代的激荡无法超越时间的维度，因此注定将始终是武术文化资源创造性转化的主旋律之一。

每个时代的武术都将面临传统与现代的相互激荡过程，也都有着属于自身特殊的现代化问题。因此，武术文化资源的创造性转化问题实际上也就是武术的基本价值在现代化的要求之下如何进行调整和转化的问题。遗产保护、青少年教育、城市文化建设、健康发展、地方社会发展等都是当今中国社会现代化进程的重要组成部分。除此以外，中国社会现代化进程还有更为广阔的领域与表现。武术文化资源的创造性转化就是要与中国社会现代化形成紧密的对接，与社会发展同步，才能获得原生的动力。任何脱离于此或反其道而行的实践都难免会遭遇挫折与混乱。因为现代化始终是指向人本身的生活，这也就引出了下一个我们要讨论的重要的路径选择。

再次，坚持融入人们日常生活，重建武术文化资源创造性转化的生成逻辑。坚持让武术文化资源融入人们的日常生活，既是时代发展的要求，也是文化强国建设进程中武术文化资源创造性转化走出困境的要求。当前，身体健康问题已经成为危及人们生存与生活质量的头号问题。武术运动是有效预防人类慢性病的手段之一，太极拳是比较好的选择。当武术文化成为支配人们的习惯和力量时，武术对于身体健康的价值才能够最大限度地发挥出来。换句话说，围绕着人们的日常生活需要，才能实现最为完美的武术文化资源转化。

在人们的美好生活中，武术文化发挥了积极的作用。除了健康，人们还渴望拥有更高的经济收入、更为有序的社会，以及殷实的心灵，这一切都可以从武术文化资源创造性转化中获取。要让武术文化中的"仁义厚德""忠勇信耻""天人合一"等思想价值观转化成人与人之间的交往行为规范。要实现武术文化资源价值的创造性转化就不能够脱离当代社会的现实境遇，因此要在社会变迁和现实需求中把握武术文化资源的价值转换。围绕生活本身重新思考武术文化资源创造性转化，聚焦武术与日常生活的关系，提高人的生活质量和生命境界显得异常迫切和重要。但是，这里有必要指出的是，武术融入生活要把握好"度"的问题，决不能沦为恶搞娱乐、作假欺骗、媚俗肤浅的纯商业炒作，要极力避免庸俗化。

最后，很重要的一点是要坚持世界眼光，面向全球推进武术文化资源的创造性转化。当今世界的一体化趋势愈加明显，建设文化强国一直是在这个全球话语中进行的。建设文化强国不是自我封闭和自说自话，而是面向世界面向未来的开放与改革，因此武术文化资源的创造性转化就必须与世界对接、与全球接轨，在空间上生发出新的拓展，在世界范围彰显武术文化的影响力，让世界共享武术文化的魅力。已故的徐才先生曾提出"武术源于中国，属于世界"的思想，他在提升武术国际影响力、推动武术走向世界方面做出了卓越的贡献，这一思想需要继续得到深化和发展。只有推进武术的世界化,才能充分实现武术文化资源在当代的创造性转化。武术已经被世界认知和接纳,初步实现了走出去,下一步我们还需要思考的是如何让武术在其他国家和地区扎根下去,持续惠泽当地社会。这就要将武术文化资源与外域社会的优秀文化资源进行对接整合,并最终在当地形成生命力旺盛的新文化。唯有如此,中国武术文化资源才能通过创新性发展来实现创造性转化,通过创造性转化促进创新性发展,才能建构出符合文化强国要求的创造性转化综合体系。

第八章

结语

本研究分析呈现了武术文化资源在文化强国建设进程中的文化遗产保护、青少年学校教育、城市文化建设、地方社会发展等诸多领域创造性转化的不同表现形式与价值发挥。武术文化遗产（物质的与非物质的）承载着中华民族特有的精神价值和想象力，在武术文化资源中具有代表性。对武术文化遗产的保护与传承是建设文化强国的重要内容。在这一过程中，武术的优秀传统文化身份与资源属性得到了进一步肯定，武术超越了对技术的"迷恋"，实现了对"技术"与"传承人"的双重尊重，其公共文化属性进一步彰显，形成了文化自信与自觉的技术性路径。武术文化资源在文化遗产保护中展现了巨大的社会效益，无论是对中国社会还是对武术文化本身都产生了极其深远的影响。

青少年教育始终是武术文化资源创造性转化无法绕开的主题，教育本身既是武术文化为人类提供有益思想和价值的手段也是目的之一。将武术融入青少年教育已经有了悠久的历史，武术可以促使青少年养成优秀品德和行为规范，也成为全社会的共识。借助于教育，武术将国家与青少年个体联系起来，实现了对社会的应有贡献和作用。武术在创造性转化过程中塑造青少年与学校体育教育的同时，也被教育本身所塑造——教育让武术从杀戮的技术转变为学校教育的文明传承手段，武术的价值得到了重新定位，并在教育体制中逐渐系统化与文明化，武术的内涵和思想也被逐渐建构并丰富起来。武术成为一种教育，构成了文化教育、体育教育之外的第三条道路——尚武教育，它不是这个社会刻意的选择或建构，而是在历史形成过程中一种内在超越的，从"术"至"道"的境界跃迁。

　　武术与城市文化内涵/品牌建设之间内在关系的建立，并非因缘际会，而是武术文化资源在新时代创造性转化与创新性发展的一种必然。城市是人类文明高度发展的集中体现，城市的发展离不开对中华优秀传统文化的开发与利用，中华优秀传统文化也推动了城市与市民友好亲密关系的建立，促进城市形成更加强劲的吸引力和凝聚力，进而积累城市的无形资产并增加城市的发展附加值。武术文化资源在与城市"联姻"的过程中实现了对武术文化的创新利用，也取得了较好的文化效应，推动了相应文化产品的生产与消费，以及城市文化品格的形成，对城市发展产生了积极的影响。成都以慢城休闲的城市风貌与武术太极文化资源之间形成了很好的对接，"太极蓉城"实践是武术文化资源与城市发展之间合作的佳作之一。对武术太极文化资源的深挖，让武术的健康、休闲、娱乐等价值得到了凸显，突破了以往的刻板印象，形成了创新的太极新风尚。太极拳文化在当代流行的与普及，昭示了武术文化资源对城市文化建设与人类健康的独特价值所在，它哺育了人类城市文明，让城市的内涵更加深厚与殷实，也让城市不再像荒漠一样让人感到凄凉。

　　区域武术文化资源的创造性转化在地方社会发展中打造了一道靓丽的风景线。武术文化资源对地方社会的举足轻重地位和作用，主要体现在促进地方经济社会发展和服务地方社会文化知名度方面。武术文化资源与地方社会在互动过程中形成了相互促进的双向关系，武术文化资源在促进地方社会发展的同时，也被地方社会的各种力量所重构与整合。正因如此，武术文化资源之于地方社会的价值就会出现增量效应，进一步地带动地方社会经济与文化的发展。在区域表现上，武术文化资源实现了多种形式的资源聚集效应，比如名山大川式聚集、村落式聚集、历史性聚集、宗教式聚集、行政区划式聚集等。通过聚集，武术文化资源积累了充足的资本属性。同时，聚集也是对武术文化资源的某种形式的整合。当然，这是在明了武术文化资源的种类、数量、特性等要素基础上才能进行的步骤。对武术文化资源的整合也凸显了人们对武术文化资源理解的加深，以及对通过发挥武术文化价值潜力，激发武术文化资源生命力，以及通过资本化的手段促进地方社会发展的内在诉求。有效的武术文化资源整合，正在帮助地方社会形成核心竞争力与文化软实力，同时也激发了区域社会民众的文化创造力，为地方社会文化发展找到了新的增长点。研究认为，在对区域武术文化资源进行开发的过程中，形成了包括基础性开发和深度开发在内的开发模式。其中，武术旅游模式、武术文化主题公园模式、武术名人故居模式、武术节庆会展模式、武术特色小镇模式、武术竞赛表演产业开发模式等是具有代表性的开发模式。

随着社会进程的加速，武术文化资源创造性转化的各种既有不足与问题也逐渐显露出来。在不同领域范围内，武术文化资源或多或少地出现了一定的转化困境。这些困境有些来自武术文化内部，有些则来自外部社会。综合来看，武术文化创造性转化中存在经验不足、意识淡薄、创新不够、资金困难、人力资源不足、体制阻碍、主体能动性不足、市场不够成熟、法律法规不健全等现实困境。

武术文化资源的创造性转化在不同领域内遭遇的问题不尽一致，因此本研究在书写与叙述上采用的是，在相应章节针对不同领域武术文化资源创造性转化的具体困境给予具体的策略进行应对，以便提高武术文化创造性转化的效率。比如，在武术文化遗产保护上，我们需要转变观念，增强对武术文化遗产保护意识，建构完善的保护机制，培养专门的保护人才，加强法律法规建设，为武术物质文化遗产保护保驾护航。在武术文化资源学校教育转化中，建议吸收学校武术教育历史的经验，从国家和社会多方面入手，切实调动青少年的习武兴趣，在武术教育中践行以武载道，实现武术教育的术道并重。在城市文化建设中，有必要对武术文化进行高度提升，对武术文化资源与城市文化之间的融合进行长远规划，形成集群效应，并且在利用的同时强调对武术文化资源要充满敬意地开展保护工作。针对武术文化资源在地方社会发展中的转化问题，研究提出通过更新理念，推动区域武术文化资源整合的与时俱进，加强顶层设计，提高区域武术文化资源整合的效益，拓宽整合渠道，推崇守正创新，实现区域武术文化资源整合过程中的弘扬传统与注重当代的贯通。此外，还要制定与新时代相适应的相关法律法规来保障地方武术文化资源的整合利用。尽管这一书写策略让各章节在形式上较为独立，但它让本研究更加务实，也更能够细致地解决不同领域中武术文化资源创造性转化所遇到的特殊性问题，因此也让研究本身更加富有实践意义。

根据武术文化资源的现实表现，本研究总结提炼出了武术文化资源的"文化传承型"转化模式、"文化资本型"转化模式、"文化产业型"转化模式、"文化整合型"转化模式以及"健康转化型"转化模式五种创造性转化类型模式。在此基础上，本研究提出采取"积淀式创新"和"返本开新"相结合的模式融入武术文化资源转化的立体机制，建立基于国家、社区、社团、企业、个体的综合创新机制，以推动武术文化资源实现创造性转化，承担起武术文化资源在文化强国建设过程中的责任和担当，用世界眼光明确未来和走向，完成创造性转化与创新性发展。

在文化强国建设进程中，建议将武术文化资源进一步创造性转化的发展方向与路径选择集中于：坚持文化自信，深度融入文化强国建设进程，为中华民族复兴凝聚武术文化力量；坚守武术文化传统，不断创新，融入中国社会的现代化进程；坚持融入人们日常生活，重建武术文化资源创造性转化的生成逻辑；坚持世界眼光，面向全球推进武术文化资源的创造性转化；等等。

推进武术文化资源的创造性转化与创新性发展，必须站在为国、为民、为人类未来发展的高度，同时还要跳出武术、跳出体育来思考武术。对武术文化资源要有鉴别地加以对待，有扬弃地予以继承。武术文化资源的创造性转化要与当代文化相适应，与现代社会相协调，要发展出适应当代中国与世界格局的新武学。在武术文化资源创造性转化过程中，我们既要对武术文化资源的普遍意义给予充分的肯定和敬意，也要对其历史局限性进行批判性反思，至关重要的是要处理好继承、转化与创新的关系：继承是基础，转化是方向，创新是重点。只有如此，才能实现武术、文化与强国三者的统一。

参考文献

一 著作

陈独秀:《独秀文存》,安徽人民出版社,1987。

陈公哲:《精武会50年》,春风文艺出版社,2001。

陈培爱主编《新闻传播精品导读 广告与品牌卷——案例精解》,复旦大学出版社,2005。

程大力:《中国武术——历史与文化》,四川大学出版社,1995。

程恩富主编:《文化经济学通论》,上海财经大学出版社,1999。

崔乐泉主编《中国体育通史》(第一卷),人民体育出版社,2008。

〔澳〕戴维·思罗斯比:《经济学与文化》,王志标、张峥嵘译,中国人民大学出版社,2011。

董观志:《旅游主题公园管理原理与实务》,广东旅游出版社,2000。

〔美〕菲利普·科特勒:《营销管理:分析、计划和控制》,梅汝和等译校,上海人民出版社,1996。

〔奥〕弗·冯·维塞尔:《自然价值》,陈国庆译,商务印书馆,1982。

高平叔编《蔡元培全集》(第二卷),中华书局,1984。

龚鹏程:《武艺丛谈》,山东画报出版社,2009。

郝勤:《中国体育通史》(第六卷),人民体育出版社,2008。

胡郑丽:《文化资源学》,光明日报出版社,2016。

旷文楠等:《中国武术文化概论》,四川教育出版社,1990。

李德华主编《城市规划原理》，中国建筑工业出版社，2004。

李浩淼编著《西部地区生态文明建设与经济发展关系研究》，西南财经大学出版社，2013。

梁启超：《新民说·论尚武》，载《梁启超全集》（第三卷），北京出版社，1999。

梁漱溟：《中国文化要义》，上海世纪出版集团，2005。

鲁迅：《鲁迅全集》（第一卷），人民文学出版社，2005。

罗时铭主编《中国体育通史》（第三卷），人民体育出版社，2008。

邱丕相：《武术文化传承与武术教育研究》，高等教育出版社，2011。

璩鑫圭、唐良炎编《中国近代教育史资料汇编》，上海教育出版社，1991。

阮纪正：《拳以合道——太极拳的道家文化研究》，上海人民出版社，2009。

〔美〕塞缪尔·亨廷顿、劳伦斯·哈里森主编《文化的重要作用——价值观如何影响人类进步》，程克雄译，新华出版社，2010。

舒新城编《中国近代教育史资料》（下册），人民教育出版社，1961。

四川省武术协会编著《峨眉武术史略》，人民体育出版社，2017。

苏东海：《博物馆的沉思——苏东海论文选》（卷三），文物出版社，2010。

孙美堂：《文化价值论》，云南人民出版社，2005。

唐君毅：《中国文化之精神价值》，广西师范大学出版社，2005。

唐群：《唐代教育研究》，西安出版社，2009。

文化部文物局主编《中国博物馆学概论》，文物出版社，1985。

杨向东主编《中国体育通史》（第二卷），人民体育出版社，2008。

姚伟钧：《文化资源学》，清华大学出版社，2015。

赵冬梅：《武道彷徨——历史上的武举和武学》，解放军出版社，2000。

中山大学历史系孙中山研究室、广东省社会科学院历史研究所、中国社会科学院近代史研究所中华民国史研究室合编《孙中山全集》（第五卷），中华书局，1985。

周纬：《中国兵器史稿》，生活·读书·新知三联书店，1957。

A. H. Halsey, Hugh Lauder, Phillip Brown and Amy Stuart Wells, eds., *Education: Culture, Economy, and Society, New York: Oxford University Press, 1997.

Rodney Harrison, Heritage: Critical Approaches, London and New York: Routledge, 2013.

二　期刊、报纸与电子公告

蔡仲林、施鲜丽:《学校武术教学改革的指导思想——淡化套路、突出方法、强调应用》,《上海体育学院学报》2007年第1期。

昌仓:《南京中央国术馆始末》,《体育文史》1997年第9期。

陈翠红:《学校教育中武术课程的演变与发展》,《山西师大体育学院学报》2005年第1期。

陈华文:《论非物质文化遗产生产性保护的几个问题》,《广西民族大学学报》(哲学社会科学版)2010年第5期。

陈威、赵先卿、王舜:《近代以来社会变迁下的武术活动——基于一个武术之乡的研究》,《体育科学》2011年第6期。

陈永辉、陈勤:《对一个地域村落乡土武术的考察与分析》,《中国体育科技》2007年第4期。

陈友华:《理性化、城市化与城市病》,《北京大学学报》(哲学社会科学版)2016年第6期。

戴国斌:《门户对拳种、流派的生产》,《上海体育学院学报》2013年第4期。

《杜维明:中华文化的价值具有全球意义的普遍价值》,360doc个人图书馆,2010年7月23日,http://www.360doc.com/content/10/0723/20/2232607_40975268.shtml。

高丙中:《中国的非物质文化遗产保护与文化革命的终结》,《开放时代》2013年第5期。

郭玉成、郭玉亭:《当代武术教育的文化定位》,《武汉体育学院学报》2009年第6期。

郝勤、龚茂富:《论武术与武术文化形态》,《中华武术研究》2012年第

1 期。

黄节:《国粹保存主义》,《政艺通报》1902 年第 22 期。

黄谋军:《明代京卫武学研究》,硕士学位论文,福建师范大学,2017。

雷汉:《邯郸永年太极拳"打"出来新产业》,《河北经济日报》2014 年 6 月 5 日。

刘启超、戴国斌、段丽梅:《近代中国"武侠"再造与"武德"型塑之研究》,《体育科学》2018 年第 5 期。

刘帅兵、赵光圣:《北京体育研究社对民国时期武术教育的历史贡献》,《南京体育学院学报》(社会科学版) 2017 年第 4 期。

刘同为、花家涛:《论竞技武术套路审美范式结构》,《体育科学》2004 年第 11 期。

吕庆华:《文化智能资源产业开发的营运模式研究》,《山西财经大学学报》2006 年第 5 期。

吕思泓:《民国时期学校武术考论》,《中国体育科技》2016 年第 1 期。

吕玉萍、储建新、白震:《我国武术产业集群优劣势分析及发展策略研究——以嵩山少林武术产业集群为例》,《山东体育科技》2013 年第 1 期。

马剑、邱丕相:《武术教育观需要一次境界跨跃:从技能教育转向文化教育》,《成都体育学院学报》2016 年第 1 期。

马明达:《"武学"浅论》,《体育文化导刊》2003 年第 8 期。

乔凤杰、贾亮:《陈家沟无形资产的开发与保护》,《河南社会科学》2007 年第 5 期。

邱丕相:《武术文化与教育研究的当代意义》,《体育科学》2005 年第 2 期。

石爱桥、汤立许:《回眸、窘境与抉择:武术与民族传统体育专业建设的再审视》,《北京体育大学学报》2014 年第 11 期。

汪强:《论我国社会主义市场经济》,博士学位论文,中共中央党校,2012。

王登峰:《以学校武术教育助力国运昌盛与国脉传承》,《上海体育学院学报》2017年第2期。

王岗、张大志:《从"体育"走向"文化":中国武术当代发展的必然选择》,《成都体育学院学报》2013年第6期。

王岗、李世宏:《学校武术教育发展的现状、问题与思考》,《成都体育学院学报》2011年第5期。

王岗、李卓嘉、雷学会:《对中国武术文化资源产业转化的理论思考》,《上海体育学院学报》2016年第6期。

王凯旋:《清代武举与八旗科举》,《辽宁师范大学学报》(社会科学版) 2013年第6期。

王匡夫:《国家建设视域下当代中国行政区划变革研究》,博士学位论文,吉林大学,2018。

王胜鹏:《地方文化资源产业化发展困境及其开发策略初探》,《湖北民族学院学报》(哲学社会科学版) 2012年第1期。

王巍、吴葱:《中国文化遗产保护对象及其转变的考察——从清末到民国》,《建筑学报》2018年第7期。

吴圣刚:《文化资源及其特征》,《河南师范大学学报》(哲学社会科学版) 2002年第4期。

武冬:《体育教育专业武术课程教学内容和方法改革的研究》,硕士学位论文,北京体育大学,2006。

武冬、吕韶钧:《高等学校武术课程体系改革研究》,《北京体育大学学报》2013年第3期。

向勇:《特色文化资源的价值评估与开发模式研究》,《北京联合大学学报》(人文社会科学版) 2015年第2期。

熊晓正:《传统的批判与批判的传统——略论本世纪初提倡民族传统体育的得失》,《体育文史》1987年第2期。

杨建营、邱丕相:《武术精神的历史演变及21世纪发展的新趋势》,《体育学刊》2008年第10期。

杨建营、王家宏:《三种武术教育改革思想辨析》,《武汉体育学院学报》2015年第8期。

殷冬水：《法律滞后三论》，《行政与法》（吉林省行政学院学报）1998 年第 2 期。
袁俊杰：《两周射礼研究》，博士学位论文，河南大学，2010。
张鸿雁：《新型城镇化进程中的"城市文化自觉"与创新——以苏南现代化示范区为例》，《南京社会科学》2013 年第 11 期。
张胜冰：《产业化视角下的文化资源开发：问题及其解决方案》，《中国海洋大学学报》（社会科学版）2008 年第 3 期。
张天白：《"体育"一词引入考》，《体育文史》1988 年第 6 期。
张再林：《中国文化的大传统与小传统关系的哲学辨析》，《光明日报》2019 年 1 月 28 日，第 15 版。
赵光圣、戴国斌：《我国学校武术教育现实困境与改革路径选择——写在"全国学校体育武术项目联盟"成立之际》，《上海体育学院学报》2014 年第 1 期。
郑茜：《意义还原与价值传播——博物馆藏品实现沟通的两个向度》，《中国博物馆》2014 年第 3 期。
郑师渠：《近代中国的文化民族主义》，《历史研究》1995 年第 5 期。
周伟良：《师徒论——传统武术的一个文化现象诠释》，《北京体育大学学报》2004 年第 5 期。
周兴涛：《宋代武举武学研究四题》，《成都体育学院学报》2007 年第 6 期。
周致元：《明代武学探微》，《安徽大学学报》（哲学社会科学版）1994 年第 3 期。

后 记

我对武术文化资源的关注始于2008年,那时我正在北京体育大学师从著名体育史学家、体育新闻传播学家郝勤先生攻读体育人文社会学专业博士学位。在博士学位论文调研和写作过程中,我捕捉到了一些关于武术文化资源的灵感。随后,在一系列课题的研究过程中,伴随着对中国武术研究的深入,武术文化资源观就越发在我心中坚定起来。因此,写一本关于武术文化资源的专著也就成了我学术研究生涯中的追求之一。

正所谓"念念不忘,必有回响",而立之年,我对武术文化资源的研究计划得到了国家社会科学基金的资助,这为研究的顺利开展提供了可能。其间,由于我前往美国康奈尔大学进行东亚历史与文化方向的深造,课题延期一次,不过好在如约完成,也让我如释重负。当前,中国优秀传统文化越来越受到重视,民众对中华文化传统的认同也愈加强烈与自信,但是对武术文化资源的理解、认知与开发利用都尚未达到理想的高度与水平。在得到师友、单位以及出版社的肯定与支持后,将结题成果整理付梓便提上了日程,希望拙作能够在推进理解与认知武术的资源逻辑方面发挥一点积极的作用。然而,这一晃已是十载光阴。流水十年,白驹过隙,转眼已是不惑,萧疏鬓斑。看到拙作即将出版,难掩心中的喜悦与那份只如初见般的美好。

系统地阐发武术文化资源理论,无疑是对武术文化研究的再一次推进,也是应对武术现代化所面临的挑战、建立其发展逻辑的积极尝试。作为一种文化资源,武术现代化发展终究是要解决好如何使武术与国家和社会发展同步，如何更好地融入人们的日常生活，服务于人们的各种需要等问题。目前，主流的武术文化观，仍然将武术视为"是文化"，研究者则多将笔墨着重放在阐释其文化内涵上。而本研究则试图做另一种努力：从文化资源的视角出发，探讨武术如何成为一种文化资源，以及武术如何被作为一种文化资源而发挥作用。追寻武术文化资源的形成与发展历程，是探索武术在现代化中的内在展开，以及它和国家、社会，以及人本身的复杂关系，并打破仅把武术作为"是文化"的理论阐释性框架。这样做的目的，并不是论证武术文化资源的特殊性，而是想为认知武术现代化发展提供一种路径，为寻找传统文化的当下定位与未来期许提供一个新的维度。

这本书能够如期出版，并非仅凭我个人努力所能为。它集结了师友的支持、团队的付出、受访者的帮助、国家社会科学基金与成都体育学院中华国术院的资助，以及出版社编辑的耐心细致审定。在此，对上述各方的付出表示诚挚的感谢！

我通过该研究，培养了一批研究生，其中陈倩对太极文化资源的研究最为直接，本书中关于"蓉城太极"的个案主要来自她的贡献。书中的部分内容已整理成学术论文发表在一些期刊上，读者如果有兴趣也可以查阅。另外，在出版过程中，为保持更好的阅读体验，没有将原课题的调查问卷与访谈提纲等作为附录列出，在此一并说明。

龚茂富
癸卯年寒食记于见溪山房

图书在版编目（CIP）数据

武术文化：一种资源的创造性转化/龚茂富著.--北京：社会科学文献出版社，2023.7
ISBN 978-7-5228-1989-1

Ⅰ.①武… Ⅱ.①龚… Ⅲ.①武术-文化研究-中国 Ⅳ.①G852

中国国家版本馆 CIP 数据核字（2023）第 111569 号

武术文化：一种资源的创造性转化

著　　者 / 龚茂富
出 版 人 / 王利民
责任编辑 / 胡庆英
文稿编辑 / 林含笑
责任印制 / 王京美

出　　版 / 社会科学文献出版社·群学出版分社（010）59367002
　　　　　　地址：北京市北三环中路甲29号院华龙大厦　邮编：100029
　　　　　　网址：www.ssap.com.cn

发　　行 / 社会科学文献出版社（010）59367028

印　　装 / 三河市尚艺印装有限公司

规　　格 / 开 本：787mm×1092mm　1/16
　　　　　　印 张：16.25　字 数：248千字

版　　次 / 2023年7月第1版　2023年7月第1次印刷

书　　号 / ISBN 978-7-5228-1989-1

定　　价 / 98.00元

读者服务电话：4008918866

▲ 版权所有 翻印必究